爸爸的陪伴

——厚道的童年日记

厚爸 著

中国言实出版社

图书在版编目（ＣＩＰ）数据

爸爸的陪伴：厚道的童年日记 / 厚爸著 . -- 北京：
中国言实出版社，2019.8
ISBN 978-7-5171-3167-0

Ⅰ．①爸… Ⅱ．①厚… Ⅲ．①儿童教育－家庭教育
Ⅳ．①G781

中国版本图书馆 CIP 数据核字（2019）第 150366 号

责任编辑：史会美
责任印制：佟贵兆
封面设计：树上微出版
印章篆刻：梁立伟

出版发行：中国言实出版社
地　　址：北京市朝阳区北苑路 180 号加利大厦 5 号楼 105 室
邮　　编：100101
编辑部：北京市海淀区北太平庄路甲 1 号
邮　　编：100088
电　　话：64924853（总编室）　　64924716（发行部）
网　　址：www.zgyscbs.cn
E-mial:zgyscbs@263.net
经　　销：新华书店
印　　刷：武汉市卓源印务有限公司
版　　次：2019 年 9 月第 1 版　　2019 年 9 月第 1 次印刷
规　　格：710 毫米 ×1000 毫米　　1/16　　20 印张
字　　数：295 千字
定　　价：58.00 元　　ISBN 978-7-5171-3167-0

转眼，已是迈过 36 岁门槛的人了。我经常在自己身上找到父亲的影子，偶尔会有这样的感觉："我的这个表情好像爸爸？""我的这个语气好像是老爸的口吻？""对于这个问题，我爸也会这样想！""好像老爸就是这样做的！"……一种"随根儿"的感觉。

厚道可能也会这样"随根儿"。所以，我要把他可能"随"的这个"根儿"——我的行为，一点一滴地做好。

前　言

　　如果把陪孩子学习比喻成种花，那么学习成绩就像花，学习习惯就像茎，学习兴趣就像根。作为旁人，只看花开得好不好，很少去关注根茎是否粗壮；作为父母，若要花开得好，则要做好根茎的培育，不可只盯着花，犯"我要的是葫芦"的错误。

　　经常听到："要注重学习习惯的培养，学习习惯培养好了，孩子的学习就上了轨道。"

　　学习习惯好，当然是一件好事。但是，比好习惯更重要的是有兴趣。孩子有了学习兴趣，家长会接到一个又一个的惊喜，因为孩子的进步会一次次超越我们的预期。孩子的学习状态也会像鸟儿天上飞、鱼儿水中游一样的轻松，享受着生命成长的喜悦。

　　我的儿子——厚道，现在刚好6周岁，近一年来，像个"小书痴"，厚妈（厚道的妈妈）过一会儿就要提醒："行了，我的大学苗子，休息一下眼睛吧！休息一下颈椎吧……"厚道总是用舍不得的语气说："就这一本！就这一本！"他看的书都比较薄，还有图，读完一本也就半小时左右。一年前看书需要我陪着，因为不认识的字较多，现在不用了，学到东西还经常来考我们。

　　读书有兴趣，就一点也不累，读完自己有满足感，在厚道身上还是有所体现的，至少现在是这样。

　　"有好的根，好茎和好花自然来，反之，则不行。"这个道理大家都懂，但怎么培育好根则不是一件易事。在陪伴厚道长大的过程中，经常发生一些既有趣又有意义的事，我把这些记录下来一部分。在记录的过程中，偶尔总结一些自己的观点及思考过程，慢慢地我发现：把厚道身上发生的事与平时学到的教育观点相结合，让理论与实例结合起来，能产生一些新的理解与认识，这些应该有用。希望朋友们读了，能有一种"知道从哪里下手""早期教育也不难"的感觉。盼望这些能够帮到大家。

　　每一位家长都想尽 100% 的心力去教育自己的孩子，那么请将其中的 80% 放在他上小学以前。中国有句古话"三岁看大，七岁看老"。几年前，我理解不了这句话的价值。现在，我作为一个 6 岁孩子的父亲，越来越感觉此话有理，且分量很重！

　　如果您的孩子已经上小学了，那就马上行动起来，让孩子感觉到你爱的是他的成长与进步，而不是他的好成绩，这样能育出好根。

　　至于初中或高中，说实话，我没有陪孩子的经历，也没有与初、高中生深入接触的教育经历，我只是这样告诉自己：到那时，我只想以朋友的身份偶尔出现在厚道身边。

　　得当的陪伴越早越好，陪伴需要得当的策略与方法。

厚爸

2018 年元月

目 录

PART 1
厚爸观点

PART 2
3 周岁日记

PART 3
4 周岁日记

PART 4
5 周岁日记

PART 5
6 周岁日记

日记介绍

孩子小的时候，有趣的事很多。在厚道 3 周岁时，我开始把一些事记下来，想留给他将来看。就这样一边记，一边读着各类儿童教育书籍，并把学到的方法与观点试着应用到陪伴当中。

随着陪伴，我发现有的教育知识用在厚道身上很适合，有的则不那么适合，便经常反思：应该怎么做才更适合厚道？之前对厚道实施的方法是否得当？厚道现在是什么状态？对于他的将来，我应该做些什么？应该为他提供什么尺度的教育干预才更合理？在反思的过程中，我产生了一些自己观点，一并记到了日记里。

为了真实与清晰，日记里的事都是及时记录的，对话内容未做加工或修饰，我的心理变化、思考过程与总结的观点也记在事例后面。

在记录的过程中，偶尔总结厚道在某些方面的实时表现及成长的状态，希望对大家有所帮助。（日记情况的随手拍视频及图片，请扫描下方二维码，参见"厚爸日记"公众号。）

厚道的生活环境介绍

2012 年元宵节，厚道出生了，他天生胆子比较小，这跟他听着满城的烟花声出生应该没有关系。

小的时候，一旦有人大呼小叫他便会很紧张，如果我们大声训斥他两三句，他就会哭。好在我和厚妈平日的生活相对和睦，沟通时态度温和，语言幽默，这对厚道的成长很重要。

空闲的时间我喜欢看书，也总是觉得学点什么日子过得才充实。在厚道出生后的那段时间，学校的工作不是很忙，闲暇时间较多，我打算参加 2013 年的司法考试，便集中精力在家自学近两年。这两年，厚道每次醒来，看到的都是我学习的样子。回头想想，这在学习方面为厚道做出了好的示范。

也许有人会说："这和孩子有什么关系？"我个人认为：关系很大。孩子的感知能力应该在妈妈肚子里就有了，我学习的样子，他每天看着，便会进行模仿。大家知道：孩子有模仿的天性。

厚道 2 岁左右，看我在读书，他自己也翻书看。他看什么，我凑过去适当地讲上一两句，不管他明不明白，先说着嘛！大约 4 岁半时，一些常用字他已认得差不多了，就不用我讲了，他自由了，我也自由了。

我和厚妈平时很少应酬，除了上班就是陪厚道。我们没有刻意地为厚道设计学习环节与内容，只是他问什么，我们就及时地、愉快地为他讲到适当的程度。他对我们讲什么，我们就认真地听，并给予适当的赞美和纠错。就这样，他的问题越来越深入，知道的也越来越多。根据厚道的兴趣及问题，我经常为他买一些新颖的玩具，让他从玩具中学到东西。

周末，我们一起去看花、鸟、虫、鱼……寒暑假，到其他城市看大海、轮船、地铁、科技馆……厚道不是健壮型的孩子，我们怕他因疲劳而生病，一般选择近途或是行程方便的城市。厚道也算见多识广、阅历丰富。

我和厚妈分工基本明确，她负责饮食起居，我负责陪玩和陪学。在厚道身边，我尽量把自己调整到积极、乐观、善思、宽容、博爱（好的词都往我身上用吧）的状态上，我想给他好的示范。

我们希望他动手能力强。平时家里什么东西坏了，我通常自己动手修理，即使修不好，也要打开看个究竟再扔掉，万一修好呢？买了组合柜我自己组装，改装家庭用品、设计制作简单的玩具……总之，能自己做的，都当着厚道的面儿做。5岁左右他正式成为我的学徒工，不仅动手意识强，能力也不弱。

2018 年 厚道帮我改装蚊帐

我们希望他乐观，我们也每天一副开开心心的样子，经常给他充满喜悦的笑脸，偶尔开开玩笑。

我们希望他善思，我们也对新鲜的事物充满好奇，和他一起探讨。

我们希望他勇敢、有创意，不是危险和违反原则的事，让他随意做。

不能做的，给他讲清楚其中的缘由。

我们希望他有担当，家里的水电费让他来操心，生活物品放在哪里，请他记住。

我们希望他博爱，我们热情地帮邻居扶门、随手帮助有困难的路人等。

我认为：家庭教育的重点是"培养孩子基本的品质"，如道德的品质、专注的品质、乐学的品质、善思的品质、勇敢的品质。这些等入学后再去培养，就晚了些。

事实上，不管我们是否认真地去培养这些品质了，孩子都会被我们影响。也就是说：不管我们是不是在刻意地培养，孩子跟在我们后面，都接受了培养。所以，我们做得好与坏，对他的影响是直接的。

厚道酷爱车辆。2015 年 8 月的一天，他看到了车的说明书，一下就爱不释手，那里都是他喜欢的东西，就这样拿到家里，看了小半年，学了很多关于车的知识。

厚道喜欢思考。他经常琢磨一些自己不明白的事，问题也多得让我们应接不暇。与我们聊天时经常说到离心力、分子运动论、百分比、分数、小数、部分化学元素，等等。5 岁半左右，他坐在马桶上对厚妈说："妈妈，我知道 46.8+46.8 得多少。"

"多少？"

"93.6。"

"怎么算的？"

"你看 40+40 不是 80 吗？6+6 不是 12 吗？这就 92 了。8+2 不得 10 吗？加上剩下的 6 个不是 16 吗？再加上 92 就是 93.6 了。"

关于计算，我们只给他讲过加、减、乘、除的用法，剩下就是在游戏中领他玩儿着用，没有进行过数学练习。

我和厚妈没打算让厚道提前学会很多知识，平时引导的主要方向是：人生有理想、生活有激情、看事有胸怀、遇事有方法、处事有勇气、辨别是非有智慧、对社会有爱心。

PART 1

厚爸观点

面对刚刚会走的小孩儿,通常是我们做什么,
他们就模仿什么。我们应该让他模仿些什么呢?

孩子的好习惯,常常是在父母那里模仿来的。
孩子的坏毛病,也一定有人教。

示范是为孩子传递对的感觉

很多优秀的品质，无法用语言讲清楚，比如：胆识、勇敢、沉稳、宽厚、激情……但人们却能体察得到。这些，我们需要通过示范，为孩子"讲"清楚。示范是为孩子传递那个对的感觉，正确地做事的感觉。

不想孩子脾气暴躁，我们就不要暴躁。孩子看到别人暴躁，我们要马上带孩子离开，并告诉他"这样不好"！

大人爱生气，孩子会学；大人和气，孩子也和气；大人抱着书看，孩子也想翻；大人说脏话，孩子马上就会；大人有礼貌，孩子也有礼貌；大人有责任感、诚信，孩子都会跟着学……总之，我们的一言一行直接影响孩子对世界的认知。我们做了，孩子看了，他会认为"就是那样的，就应该是那样的"！

父母要有良好的生活方式，做事尽量有原则，生活尽量有条理，这能给孩子一贯的感觉和感知，起到好的示范作用。

为孩子示范学习，不仅要示范"形"，也要示范"神"。有的家长不喜欢读书，但为了给孩子示范，经常拿着书本看，摆个样子，希望孩子照着学。我认为：这比不看强，但这还不够。我们虽然在看书，但看得是不是认真，是不是入神，孩子能感觉到。如果眼睛盯着书，心里想的是其他的事儿，定是坚持不长，孩子也能感觉到"假"。

为孩子示范专注。2015年12月份，厚道开始喜欢汽车小积木，几百块的那种。每次回来的结果都是我拼，他看。

他看了一会儿，感觉没有意思了，就跑一边玩儿去了。等我用两三个小时拼装完，他只玩个三五分钟，便丢弃一边不再过问。后来的两次，买的块数太多了（近 500 块），我不想再费劲地给他拼了，费力劳心不说，还耽误我大量时间。可为了给他树立"做事坚韧、专注"的榜样，我还是坚持一气呵成地拼好。拼完后，已是头晕眼花，但我还是故作轻松地笑着，陪他欣赏陪他玩儿。

为孩子示范幸福。玩儿是幸福的，要尽兴地玩；学习是幸福的，要安静地学。看到好的、对的要幸福，因为我们喜欢。看到坏的、错的要沉稳，因为存在即合理。有勇气去改变可以改变的，要坚定；有胸怀去接受不可改变的，要大度；有智慧去分辨两者的不同，要清醒。总之，要高高兴兴地，开开心心地，用内心厚实的幸福的感觉，为周围的人带来阳光、愉快、进步。

为孩子示范一点一滴，我们现在的行为，是孩子将来的准则；我们现在说的话，影响着孩子将来的人生方向。

不要过多地讲道理，孩子需要具体的示范，需要体验。对于空洞的道理，孩子其实都懂，他也认可这些道理，很多时候只是做不到。因为他没有那个做到的感觉，这个感觉需要我们用实际行动去示范。重复的道理讲出来是没有说服力的，甚至会转化为孩子的反感，他们需要具体的帮助——我们的示范。

孩子的觉察能力远高于理解与表达能力，其实大人也是一样。所以，我们要传神地做给他看。

示范不局限于父母。让孩子和优秀的孩子玩儿，优秀的孩子能给他好的示范。孟母三迁就是为了寻找好的示范。

负面情绪是教育的高级杀手

父母对孩子的未来都充满期待。孩子的实际情况达不到我们的预期，家长会产生负面情绪，训斥、强迫、大喊大叫……

这些负面情绪是扼杀孩子与我们有效沟通的高级杀手。我的身边出现过很多这样的家长或老师，给孩子讲完知识或是说完什么事，认为孩子应该会了，但孩子并没听懂，便开始烦躁起来，情绪开始变坏。此时，如果我是孩子，大人接下来讲的东西是不会用心去听的，而会把更多注意力放在"尽快把这件事对付过去，可别再惹他发怒了"上。这样孩子接受知识的状态就变得紧张了，自然无法掌握知识点，就更不用说举一反三了。

时间长了，孩子就了解大人了，沟通还没开始，孩子便会评估大人的状态，并策划如何解决，接下来的学习将不会是高效的、轻松的，沟通的真诚度也会随之下降。因为，孩子知道"直说会导致什么样的后果"，还不如用"善意的谎言"换个"海阔天空"。

我们试想：孩子没听懂或是没听，我们使用气愤的教学方式，有用吗？有人可能会说："太气人了，我控制不住！"

如果有一天孩子说同样的话："爸爸，对不起！我控制不住自己！"我们应该记得："哎……随我，是我教的。"

正视孩子的缺点，合理使用情绪。成人尚有缺点，何况孩子。我们要正确地看待孩子的错误和缺点，控制好自己的情绪，用适合的方法提醒孩子修正。

如果多次提醒和引导无效，要在孩子听懂了道理的基础上，给孩子施加适当的压力。比如：孩子犯的是大错误，那我们就匹配大情绪；如果是小错误，就匹配些小情绪。不可犯了小错误，用大情绪，而犯了大错误时，却用了小情绪。孩子通过我们的情绪，可以体会到事情的严重性，他自然会给予相应的重视。

打屁股是最后一招。非到万不得已，不要打孩子。底线一破，后面不好收场。"打屁股"就像核武器，尽量不要用，但也要让孩子知道它的威力和存在。

孩子的错误，可怕的是认识上的错误，我们要引导孩子的认识；家长的错误，可怕的是情绪上的错误，我们要管理好自己的情绪。

不管发生什么事，我们使用什么情绪，要让孩子体会到我们的善意。

孩子在内心平静的情况下才能吸收沉淀，才能理性思考，才能发现创造……

保持情绪平和，是重要的教育原则。对于孩子的错误，要给他充足的改正时间。孩子不讲道理，爱发脾气，做事逆反……不要试图强制纠正，那样最后输的一定是我们。首先保证我们自己情绪稳定，这是示范；然后选一个他能接纳我们建议的时机，用简洁的语言，把正确的思想传递给他。要有思想准备，很可能会多次地传递才会逐渐产生效果，每次尽量用不同的句子或例子，传递相同的意思，这是策略。

告诉孩子：不要带着不良情绪去表达思想，那样是不明事理的表现。生活中没有几件事值得体现不良情绪。也不要和带着不良情绪的人交谈得太多，尤其是在无法改变他的情况下。

关于情绪，父母的示范很重要。

如果孩子重视一件事或是喜欢一个东西，在不太影响他人的情况下，尽量不要跟他对抗，因为"对抗"是教育的天敌。

在他动机不坏的前提下，出一点格，就出一点，先让他深入地体验一下，我们只需要给予指导性的评价。等情绪过了，再帮他认识到问题的严重性和性质就可以了。

生活是孩子的体验场

生活的道理并不多，也都比较简单。只是人们理解的方向与深度不同。

让孩子去实践、去体验吧！多数道理孩子都懂，甚至讲的比我们还清楚，但只有做到了才是真的懂了，才会持续做好，才会有生命的成长。

文字传递思想有一定的局限性。一方面是说不明白。因为文字表达思想会有偏差，就像"传话游戏"。另一方面是听不明白。每个人的知识背景、理解能力是不一样的。所以，在实践的基础上体会道理，会更深入。

家里的东西给孩子看一看，家里的事让孩子参与参与。比如：吃完饭买单、保管钥匙、到银行取款、交各类生活费用、车辆的保险单、水的总开关、帮我们按肩、踩背、剃须、拔白发……让他尽可能多地参与生活，承担适当的责任和义务，也分享共同的收获。这是让孩子增长见识、增加体验的常用方式。

生活是孩子的体验场。不管我们在做什么，教育孩子这根主线可以贯穿始终。

小学的知识对于孩子聪明的大脑来说，是比较简单的。也许有父母会说："简单？那我家孩子都没学好。"我的回答是："可能是孩子的兴趣和注意力被其他的事物吸引了。"课本里的知识是有限的，我们要为孩子提供广阔的见闻机会，让他去多接触、多了解、多体验。

《菜根谭》有说："德随量进，量由识长。故欲厚其德，不可不弘其量；欲弘其量，不可不大其识。"

增加孩子的见识很重要。同一个问题，当认识的高度不同，就会产生不同的看法，这就是"不识庐山真面目，只缘身在此山中"和"不畏浮云遮望眼，只缘身在最高层"的两种情况吧？

孩子的懂事，需要体验。

让识字发挥作用

让孩子尽早识字。文字是他与这个世界做深入沟通的工具,这种沟通越早越好。厚道3岁半左右玩秒表,里面有"记次"功能。他按了99次后,显示"列表已满"。他看了文字便说:"让我给按满了。"若不认识那些字,就不会知道是怎么回事。

不要为了识字而识字,让识字与感知事物结合起来,比如:认识"西瓜"二字,最好搭配实物西瓜与西瓜图片一道。认识了"西瓜"二字的同时,还知道:这两个字表示的是那个绿花纹的圆东西,纸上画的也是它,再跟他一起吃掉;认识"入口",我们就带他到入口看一看,告诉他"入口"是我们"进入小区的口,回家要经过这里"。

这样不仅认识了字,还建立了文字与事物的联系。将来他自己阅读的时候,就不会为了识字(读对)而阅读,而能去关注文字所传递的意思,达到阅读的真正目的。

孩子阅读不是为了读对,而是为了体会文字里所体现的意思与思想。识字只是掌握工具,我们要让这个工具,在孩子那里发挥作用。

孩子识了字,提的问题自然就多,就深。厚道4岁多,在宾馆看到"禁止黄赌毒"(赌字不认识)就问"是什么意思"?他若不问,我们通常不会主动讲那么多。即便我们主动讲了,孩子听的兴趣也不会那么浓。识了字,会促进孩子深入地理解与思考很多事,有助于学习自信与学习兴趣的建立。

个人意见:要让孩子的识字过程在有兴趣的前提下、与生活建立联系的前提下完成。若是送到识字班,请了解一下,班里的老师是为了数量而教,还是为了质量。

玩具不局限

对于玩具我们可以有点提前意识，比如 3 岁时玩 5 岁的玩具，只要他有兴趣玩就好。开始可能不懂，玩多了也就懂了。举个例子：若是古代人看到遥控玩具车，可能会认为是灵异事件。而现在刚会走的孩子，看一会儿就能知道：那个"带尖儿的"是管"下面有四个圆东西"的。

如果超出了孩子的能力范围，我们可以送孩子一程。比如：拼图，看他太费力或是没有兴趣，我们可以先给他拼一半或多半，让他接着拼，也可以给他建议"先拼角、后拼边"等。这样为孩子提供方法，留住兴趣。

在每一款玩具上，孩子能体验到什么或是开发出什么非设计的玩法，我们并不确定。让他们尽情地去体验吧！厚道最早学到的 4 个汉字是"公安"和"警察"，因为在他的车上。

玩具款式尽量丰富，不同的玩具会有不同的体验。孩子不玩了，最好不要丢弃，包装也不要丢。说不定哪天还会再玩，每一次玩都会有新的体验。家里空间够的话，最后看上去会像一个卖玩具的店铺，孩子的感觉一定很好。

购买各类配件，制作玩具给他玩。我们了解孩子，知道什么适合他，等他自己能做了，自己也会去做。

孩子感觉闲来无趣的时候，正是我们跳出来的好时机，跟他玩数字、玩文字、玩长度、宽度、图形、钟表、刻度、引力、重量、演说、推理、猜测、植物、天体的运行、四季的变化、人类社会的变迁、物种的进化、光与声的传播、宏观的、微观的，父母会英语的，用英语玩……这些是给孩子将来的语文、数学、物理、化学、自然、生物、地理、历史、英语做预习。这里是实物的十万个为什么，等老师讲的时候，自会轻松，更重要的是：已经有了兴趣。

让孩子童年的玩儿，变成他学业的大预习。让他去玩大自然，玩各个学科，玩万事万物吧，玩儿有营养的就好。

厚道 6 岁前的玩具：地球仪、显微镜、天文望远镜、吸尘器、面条机、拳击手套、各种棋类、桌游、电子积木、打码机、陶泥、沙画用品、电子秤、机械密码箱、电子密码箱、小学实验器材套装、魔术道具套装、初中物理实验器材、化学实验用具等。还有最重要的一个玩具 —— 我。只要他想用，想玩，想看，想拆，基本默许，只是提醒他一些注意事项。

总之，孩子有大量的精力与时间，我们不要让他闲置。他还有一个聪明的大脑袋，让他想有用的事，不要把时间浪费在无聊的事上。

在孩子小的时候，这些仅仅是我们的一个"选择"。因为，引导他玩什么，长大了可能就会喜欢上什么。等孩子大了，我们的"选择权"会过期。因为，孩子已经有了自己"喜欢的事儿"。到那时，我们再去引导，他可能不再跟从。孩子大了，我们在教育上投入的心力、体力、财力，都会显得力量单薄。对孩子来说，我们也在逼他做不喜欢的事儿。

关于玩具，总体上把握以下原则：

1. 不要怕浪费，适当控制限度就好。

2. 不局限。生活中的各类用品、用具，都可以是他的玩具，都能拓宽体验，开发智力。

3. 不要认为孩子小，4 岁的孩子就能知道"日食是月亮挡在了地球和太阳中间"。

4. 孩子玩的时候，我们切不可对孩子有"一定要会，尽快会，咋还不会？"之类的说法和要求。这只是玩！

5. 玩的时候有问题，我们要及时地告诉，并引导他多问，问得越多越好。

6. 如果孩子不喜欢，不可硬来。慢慢引导，引导无效，就等以后。

回答孩子的问题要"会说"

认真回答孩子提出的问题，对他提出的问题表示感兴趣，能培养他提问题的兴趣和意识。我们回答了一个，他就会了一个。

回答孩子的问题要客观、全面。吃三鲜馅饺子时，厚道问："虾皮是虾的皮吗？"我答："虾皮是小虾，由于虾肉很少，看上去好像都是皮，没有肉，所以人们称其为虾皮，其实还是有少量虾肉的。"

回答孩子的问题要"留白"，启发孩子思考、怀疑、探索。如：1.厚道问："人是从哪来的？"我答："现在来看，最大的可能性是由猿猴进化而来，但还不能完全确定，等你长大了可以深入地研究一下。"再给他找一张进化的演示图看一看。2.我和厚道一起看恐龙的电影。我说："这些恐龙的形象是科学家用恐龙化石推理出来的，没有人亲眼见过恐龙，恐龙是不是真的长这样，是不确定的。"客观地回答，可启发孩子的探索精神。

回答孩子的问题，要根据孩子的情况调整答案的长度。当我们准备好详细的答案时，孩子却不一定长时间地有耐心。如果孩子有10分钟的耐心，准备好说什么；如果孩子只有5分钟的耐心，准备好说什么；如果孩子只准备了一句话的耐心呢？那就用一句话说重点。

不回答他自己能解决的问题。对于孩子提出的问题，他自己是否能找到答案，我们大概清楚。所以，什么样的问题应该回答，什么样的问题不用回答，什么样的问题我们向他求助……可酌情处理。

经常求助孩子，他会更担当。

孩子的梦想不用我们规划

对于孩子的未来，我们先不要设想太多、预期太多。孩子是独立的个体，他的成长是千变万化的，我们在尽力做好当下的同时，要随着孩子的变化而调整。

远大的目标是孩子前进的动力与方向。孩子朝着目标而去，即使跑偏，也不会偏太远。目标明确了孩子甚至没有跑偏的想法与时间。大约5岁左右，厚道的梦想是当"研究科学家"，他喜欢看揭秘类、科技类的书。随着知识面儿的拓宽，现在那个梦想是否还在他心中，我并不清楚，也不想知道。我认为梦想应该悄悄地待在心里，不适合经常拿出来"晒"。厚道一直喜欢研究和阅读。厚妈的化妆品、家里的米面、液体的、粉状的、经常被他勾兑、搅拌。我送了他一箱大小不一的试管。

我们的期待并不一定能成为孩子的梦想，他自己的目标也可能会换来换去，这都不重要，重要的是：**只要他在好学的路上，早晚会成为自己想成为的人。**

勇敢需要底气

每个孩子都有导致他恐惧、焦虑或是不自信的点。遇到这些点，会让他没有底气，失去勇敢。我们应该针对这些点给孩子卸包袱、加底气。

厚道对未知的事物没有安全感。他愿意投入精力去弄清楚那个未知事物，让自己不再因它而焦虑，我想：这也是他求知欲的内驱力之一。

他会经常问我一些类似的问题："是老虎厉害，还是人类厉害？"我会趾高气扬地说："当然是人厉害。因为人类会思考，擅长使用工具。咱们人类可以使用多种工具击倒老虎，也正因为这一点，人类统治着地球。不过要是在没有工具的情况下，人类是很难打倒老虎的。事实上，人类与动物相对的时候，动物比人类更害怕。因为，它看见咱们直立行走，对它们来说已经很可怕了。多数动物袭击人类都是因为想保护自己的领地或者食物，迫不得已才发动的攻击。"

在动物园散养区的观光车里，他看到狮子在车边转来转去，问我："爸爸，它们打不开车门吧？"我用自信满满的语气告诉他："当然打不开，动物不了解车，它们连车门在哪儿都不知道。只有人类能打开车门，动物不会思考这些对于它们来说很难的事。"

5岁左右，厚道遇到新鲜事物，他首先考虑是否会有危险。他每次问我，我都在符合事实的情况下，把他说得更强大一些，让他多些底气，勇敢起来。

让孩子觉得"自己擅长解决问题"

生活中经常见到这样的事情：家长和孩子因为某件事情不能达成共识或者没能理解对方的意思，父母一时没办法，只好启动自己的威严，导致孩子开始是不解，后来是不知所措。面对父母的压制，孩子不知道自己怎么做是对的，也就失去了主见与解决问题的意识与能力。

一群小孩子在一起玩，有的爱出主意，有的爱听他人的主意；有的擅长解决问题，有的则喜欢等待结果。爱出主意的孩子通常比较自信，面对问题时解决的办法也多，主观能动性较强，做事喜欢处在主导角色，还不觉得累。爱听他人主意的孩子，遇事往往更喜欢等，他们不认为自己能想出解决问题的办法，承担结果比解决问题容易得多。

以上这些不难理解，难的是"如何引导孩子有主意""如何调动孩子的主观能动性"。

第一，我们家长在处理事情时，要灵活、迅捷、有主见一些。这样能给孩子做好示范。**孩子看到我们解决问题的思路与方法，往往也是他将来的思路与方法，更重要的是，孩子能感受到我们身上那股"积极的劲儿"。**

第二，在灵活、迅捷的基础上，家长要"会隐"。我们什么事都灵活、迅捷地解决了，孩子就没事做了。所以，孩子能做的事，我们不要伸手，只负责"支嘴"（就是会表扬、会指导、会给孩子合理化建议，还不感觉我们碍事）。引导、鼓励孩子做，给孩子提供做的空间、时间和方法，让他忙起来、动起来、去自己想办法处理问题。

第三，给孩子自信，自信的前提是安全感。我们要有一个温馨、稳定的家庭关系，孩子从不担心爸爸、妈妈不爱我。让孩子感觉自己的根扎在了坚实的土壤里，不担心自己长高了，会被风刮倒。这样就能安安静静地、踏踏实实地去思考、去研究、去想办法，克服困难的内驱力就会大。

第四，是前面说的，不要把孩子弄到不知所措。生活中真正的大事没有几件，绝大多数都是大不了的事。既然是大不了的事，就给孩子自主的空间，偶尔犯些规，我们不要太在意，给孩子讲清楚便是。若当时没时间讲清楚，事后也要给孩子讲清楚，让孩子从道理的层面了解这件事的性质，理解我们当时的处理方式。

第五，给孩子应有的尊重。他感觉自己被尊重了，便会自重，自重就会自主，会自主了，做事便不等不靠，让孩子感觉到，自己在思想上是一个独立自主的人，他会期待自己变得强大，会主动去提高自己，感觉自己进步了，会有发自内心的喜悦，这种喜悦是他"再进步"的精神食粮。

顽强地解决问题的意识建立后，他会 "胆大艺更高"，这种"认为自己擅长解决问题"的意识，会让他受益终身。就好像：一只站在树上的鸟儿，不会害怕树枝断裂，因为它相信的不是树枝，而是自己的翅膀。

教育的抗生素原则

管孩子就像用抗生素，管多了就是滥用抗生素。

不要让孩子经常哀求我们。若是正当的想法，孩子也用哀求的语气与我们沟通，说明我们管得太多了。什么事该管？什么事该指导？什么事不需要指导？什么事应该装聋作哑？什么事应该问问孩子？……这些，我们要把握好尺度。我们的尺度影响着孩子前进的速度。

哀求是逆反的前奏，多半是家长约束得过多，管得过多导致。我们要与孩子平等，那样才能给孩子一个稳当从容、不卑不亢的状态，孩子才能开始真正的自主。正当的事，正当地说；有需求的事，商量着说；做了错事，解释着说；手握真理，淡定着说……

孩子确实犯了应该打一顿的错误，可以打。不值得打的，千万不能打，打错了，危害更大。

生活中没几件事值得打！

注意力是方向

　　家长的注意力影响着孩子的兴趣方向。我们心里的事儿就是我们的注意力。我们想着享乐，注意力就是享乐；我们想着成长，注意力就是成长。同样经历一件事，有人关注趣儿，有人关注事儿，有人关注其中的错误与糟粕，有人关注受益与精华……关注趣儿的一乐就过去了，关注事儿的品味了其中的道理，关注糟粕的内心更黑暗了，关注精华的成长进步了……就这样，孩子跟在我们后面学着。

　　我们要把注意力放在精进的事情上，这是家庭进步的原动力，也是孩子进步的原动力。然后，经常回头关注孩子：他说什么了？心里在想什么？身边的朋友有什么变化？……这些是我们需要注意的事情。只有注意了才能了解，了解了才能修整。

　　平时生活中，我们努力一点、认真一点、进步一点，回头告诉孩子：跟爸爸来！

逆反的根儿

记得一位初中生说："爸爸其实你说得都对，但我讨厌的是你说话的样子。" 可见，孩子逆反的不是父母本人，是错误的教育方式。

孩子做到了我们所期待的，我们会笑。如果孩子没有做到，我们还会笑吗？我们应该笑，因为他做不到，也是正常的！我们要做的是想办法帮助孩子。

如果我们生气了，那会是孩子逆反的开始，孩子不再对我们说心里话的开始，孩子讨厌我们给他方法的开始，我们无法与孩子有效沟通的开始……我们生的气是孩子前进的路障，亲子沟通的隔墙。不要生气，即使我们的孩子比别人慢半拍或几拍。我们要"善待花未开"。"静待花开"是把"静"留给孩子，我们却不能"静等"，我们要想想办法。

孩子犯了错误，要清楚孩子是不是在恶意地犯错误。如果不是恶意的，真诚地与孩子做好沟通就好。如果是恶意的，还要弄清楚他为什么恶意地犯错误，我们应该针对恶意的那个原因，本着爱孩子、理解孩子的态度，做好他的思想工作。

我们不仅要讲对的话，也要用对的样子讲。

宁静是开启智慧大门的钥匙

人在轻松宁静的状态下，才会有灵动的思维。轻松宁静的状态是开放的，是智慧的，也是幸福的。"心静生智能""宁静致远"嘛！

孩子有了手机等电子产品，很安静，却不宁静。面对手机的灵魂是兴奋的、奔忙的……

我们要给孩子一个宁静、轻松、略感闲暇的生活环境。这种宁静是内心的宁静，就像吃饭时只想着食物的香味，睡觉时只感受着自己的呼吸……

在家里，大家都从容和缓地享受着这个环境，一举一动、一言一语都流露着轻松。大家都不忙，也不慌，都很悠闲，思想也都深入到这种悠闲之中。

此时拿起一本书，体会起作者的本意来会更流畅，更有体悟；此时玩一个玩具，可能更有趣，更有收获；此时写起作业来，也会更投入。

为孩子提供宁静的外在环境没错，但内心的宁静才是真宁静。家庭氛围要轻松、愉快、充满笑声。笑是智慧，笑能让孩子静心、安心。

有的家长怕孩子学习分心，什么事都不让孩子做，尽可能多地为孩子提供一个安静的、纯纯的学习环境。我觉得这样不妥，孩子是"学"了，但没有"习"，也就是少有机会实践，少有机会把学的用上，这违背了"精通的目的，全在于应用"的道理。

我们给孩子宁静的环境，更多的功夫要下到他心里，让他心静。

为什么学习

为了高考而学习，会得出下面的学习能力图：

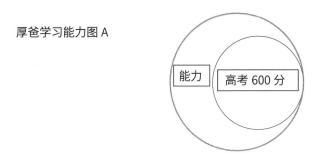

厚爸学习能力图 A

能力

高考 600 分

为了应用而学习，会得到下面的学习能力图；

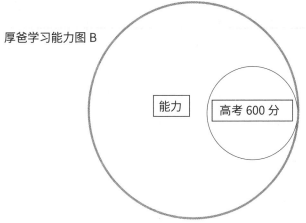

厚爸学习能力图 B

能力

高考 600 分

为了考试学习，学习的外延就会变小，整合各种知识的意识会变弱。因为，学习的时候心里想的是卷子，而不是知识本身，就像为了考试学《论语》，是体悟不到其深刻含义的。

为了高考而学习的孩子，上了大学将不再学习；为了应用而学习的孩子，会有终身学习的兴趣。

大学毕业后的人生差距，多半是课外能力拉开的。

"开始的感觉"很重要

大家都会有独处的时候。对于独处，每个人的感觉可能不一样：有的人觉得轻松、舒服；有的人会觉得寂寞、恐惧。当然，同一个人在不同的时期，感觉可能也不一样。长期喜欢独处的人，遇到独处的时候，自然就喜欢起来；长期恐惧独处的人，遇到独处，自然就恐惧起来，大家能理解这种感觉吧？

与独处的道理一样，每个孩子，对于校园，对于课堂，对于考试，感觉也都不一样。有的信心满满，有的游刃有余，有的兴奋，有的沮丧，有的迷茫，有的害怕……

所以，在孩子刚刚接触校园、课堂的时候，我们要格外小心，帮他喜欢起来，让他能愉悦地、轻松地、信心满满地对待这些。时间长了，喜欢的会更喜欢，想不喜欢都难；不喜欢的想变喜欢也不容易。所以，这个"开始"很重要。

我们要小心翼翼地给孩子一种好的感觉。

孩子的早期教育，也是他人生的"开始"。每一个新事物，对他来说都是"开始"，我们应慎重！

PART 2

3 周岁日记

2015 年 3 月 5 日 星期四

厚道 3 周岁生日

爱好啥，玩儿啥

2015 年 1 月 12 日　星期一

厚道就要 3 周岁了，身高 1 米，重 28 斤，偏瘦。

晚上，我和厚道一起把地上的小车装进收纳箱。为了运用数字，我说："儿子，数着点，看看有多少辆小车？"

"我不数。"

"好吧，那爸爸来数吧！"我俩一边装，我一边数"一、二、三、四、五"，到第六个了，我借着再去拿小车的空当儿，故意停下来。他开始往下数"六、七、八、九……"，一直数到最后，还做了个总结："爸爸，54 辆。"

"嗯，可真不少了，家里的玩具车够多了，以后咱们再买玩具，就买其他类型的吧？重复的也没什么可玩的，也学不到什么新知识，好吗？"

他用稚嫩又真诚的语气回答我"好"！

事实证明，他还是喜欢车类的玩具，每次还是选车，真是酷爱呀！

前一段时间，见一辆玩具车上写着"公安"两个字，他问我："这是什么？"

"公安，是警察叔叔专用的车辆。"

从此，他就记住了这两个字，这两个字在其他地方出现或是分开出现也能认得。这回好了，再选玩具的时候，我都建议他选车身上带字的，很快又认识了"警察""工程"……

从这儿开始，他对汉字产生了兴趣，经常问我们"这个念什么""那个念什么"。小区院里的"出口""入口"，楼房顶上的"北国之春""亿达物业"……他问，我们就认真地告诉，一年左右的时间，认识了有几百个字。

孩子的喜好是最好的教具，也是我们想让他学到什么的突破口。

我经常写日记。今天，厚道凑过来问我："爸爸，这是什么？"我说："爸爸在写作业。"

"宝宝也想写。"

"好呀。"

我给他找了笔和纸，他又问："要是不写作业呢？"

我用一个比较沮丧的表情说："不写作业，爸爸会感觉到没有意思，会很无聊的。我写作业的时候和写完作业都很开心，因为我学到了知识。"

我想：他看我喜欢什么，将来也会先喜欢上什么吧？希望我的暗示，能对他将来的学习有所帮助。

他在纸上画来画去好一会儿，才跑去玩自己的。

第一粒扣子

2015 年 1 月 13 日　星期二

几天前早晨醒来，我说："儿子，快过年了，爸爸送你一副对联呗！"

他高兴地说："什么对联？"

"就是两句话'聪明勇敢爱学习，厚道正直有礼貌'。你看啊，你很聪明，做事也比较勇敢，还特别爱学习。厚道呢？是比较善良的意思，正直就是不说谎话，你平时也很有礼貌，所以，我觉得这副对联很适合你。"他开心地接受了。

我想：这是我为厚道的思想扣的第一粒扣子。他认为那就是自己，也会照着去做。

近几天，和厚道玩儿的时候，我偶尔说上一遍，厚道已经完全记牢了。

……

今天，厚道四爷来家里做客，走的时候厚道没有说"再见"，我笑着问他："你刚才好像没跟四爷说'再见'？"

他说："人太多了。"

我又笑着说："你不是厚道正直有礼貌吗？要是不打招呼就没礼貌了。"

厚道笑了，那是个会意的笑，好像似是而非地表示着自己的不妥。他可能知道今天在这方面有所缺失了。

认识到，离改正就不远了。

正向引导

2015 年 1 月 15 日　星期四

晚饭后，我们带着厚道去理发。商量了好一会儿，他才肯坐上理发凳。理到过半，可能是太痒了，耐心也耗尽了，比每次挣脱得激烈些。厚妈和厚道谈论起了小汽车，分散了他的注意力，好不容易坚持到最后。

晚睡前，厚道和厚妈商量说："以后可不可以不理发了？"

"不理发，会变成女生的。"

"我想当女生。"看来厚道真是太讨厌理发了。他要是彻底地讨厌起来，下次再去理发时会很麻烦。

我接过话说："儿子，理发是必须要做的事，因为头发长了，里面会滋生细菌的，会生病的，其实理发也并没有你想象的那么难受，只是有些痒而已。厚道是男子汉，这根本不算什么，也没什么大不了的，你说是不？"

他高兴起来，说："我可不像xxx（小区里的一个小男孩儿），一剪头，就喊'我不剪！我不剪！'买小汽车还乱扔。"

我笑着说："是的，你是'聪明勇敢爱学习，厚道正直有礼貌'嘛！"

厚道说："爸爸，我想看一会儿书。"

"从小养成的习惯"里的"从小"是重点

2015 年 1 月 18 日　星期日

近几天，厚道脾气有些不好，总是真呀假呀地生气。

他生气时，我提醒他："男子汉不要随便生气，生气很难看，也不让人佩服。"我说的时候态度认真，语气和蔼，不说太多。几天过后，效果不错，厚道生气了很快意识到这样不对，然后笑起来。

傍晚，厚妈躺在床上睡着了。我和厚道用爬行垫在北屋床上支了个帐篷，小声地玩起了钻山洞的游戏。大约一个小时，厚妈醒了，看我们在北屋玩有些生气，她认为北屋有些凉，怕厚道感冒。厚道说："生气不是好妈妈，生气很难看！"

看来他懂一些了。事实证明，厚道的脾气也收敛了许多。

我想：他在刚学会发脾气时，并不一定真的是在发脾气，可能是在模仿或是玩儿。此时我们及时地给予正确的评价，让他知道"这样不好"，他可能就改了。如果不进行引导，时间长了，次数多了，就成了那个"从小养成的习惯"。

鼓励孩子做主

2015 年 1 月 30 日　星期五

上午，我在挂春联，厚道在我身后转来转去"帮"我的忙。我把主要的春联、福字都挂好后，还剩下四个水杯垫，其中两个是"福"字，两个是"喜"字。

厚道说："我想把这些也挂上。"他想自己做一次主。

我爽快地说："行，那你挂吧。"

"挂在哪里？"

"你想挂在哪儿，就挂在哪里！"

我心里想：不管他说挂哪儿，我都说"好"。这样他每次看到都会觉得这是他自己的主意。尽管他挂的地方不会太合理（这事儿也没什么合理不合理的），重要的是让他敢于决策，哪怕最初的决策有些跑偏，我也不干扰他，让他干吧！

最后，他挂在了电视下面。厚妈走过来奇怪地问："这不是杯子垫吗，咋挂上了？"

我示意厚妈："这里不挺好吗？还是我儿子想出来的呢！"

厚妈明白我的意思，说："也不错！你们说好就好。"

这一挂就挂了小半年儿。

重复更好

2015 年 1 月 31 日　星期六

晚睡前，给厚道读《弟子规》，读完"年方少，勿饮酒。饮酒醉，最为丑"的时候，他看正文右侧的插图有个小孩儿在饮酒，便让我讲一下图的内容。讲完了，我要往下翻，厚道让我再讲一遍。

我心想："怎么让讲重复的呢？而且是刚刚讲完的。"看我没有说话，厚道友好地伸出一个小手指说："爸爸再讲一遍。"

"好的。"

后来我想：重复听是有好处的，"书读百遍，其义自见"。对于类似的内容，厚道听一遍，只会是一知半解，再讲一遍，可以多理解一些。

更重要的是：他有听的兴趣。

为孩子"排障"

厚道的头比较大、身体比较瘦,脱衣服的时候,经常卡在下巴的位置上。

早晨给厚道换衣服时,又卡在了那个位置。他急忙用力地撕衣服,动作里带着紧张,希望早一刻脱离黑暗。

为了不让他因为这些不必要的事情紧张,我说:"儿子,脱衣服时脑袋被罩住了,眼前变黑了,不用害怕,这只是衣服挡住了眼睛,不会有什么危险的。"并给厚道演示了几下,挡住眼睛与挪开的区别。

从此,厚道便不再紧张地撕扯衣服了。在孩子成长过程中,会有一些类似的困惑,我们需要多观察,体谅孩子心里的感受,并及时给予疏导,排除孩子成长中不必要的障碍,孩子便可以把精力用在更有意义的事情上。

应该做好的事,不要让步

2015 年 2 月 24 日　星期二

厚道舅舅的岳母来舅舅家,我们去拜年。见到姥姥厚道没有问好。我提醒说:"见到姥姥应该说什么呀?"

厚道知道应该说"新年快乐!",可由于心情有些低落不肯说。我温和地提醒他:"见到长辈要问好,是基本的礼貌,否则别人会讨厌的,将来也干不了大事了……"

厚道还是不肯说,低头摆弄着小拼图。我看时机不对,一会儿再说吧。

我偶尔偷看他,他的心思根本不在小拼图上,好像还在想我说的话。

过了 10 多分钟,他趴到我的身上说:"爸爸,我想看电视。"

"估计姥姥不能让,没礼貌的孩子姥姥不喜欢,就不能让!"

"那爸爸替宝宝说。"

"这个不能替。"

"能替。"他扭动着身体说。

"不行,只能自己说。"

"那我就在这儿说。"意思是,不到姥姥的身边去说。见好就收,我同意了。他朝着姥姥大声说了出来,姥姥开心地朝他笑……

我认为:有礼节、懂礼貌很重要。厚道已经三周岁了,礼貌的生活方式应该注意养成。

原则上应该做好的事,我们不要让步,但要掌握方式方法,不要硬来,不能伤了与孩子的感情,引起孩子逆反。

两天后,下班时顺道送两位同事回家。同事一上车,厚道高兴地依次问好。

两位同事逗他:"要不,中午我们都到你家吃饭吧?"厚道不肯,再后来就表现出不高兴了,大家都笑了。

我心想:这帮家伙,非要看到"这个结果"才肯收手呀?我又有思想工作要给厚道做了。

在孩子没有分辨能力的时候,这样逗孩子不好。

哭着坚强

2015 年 3 月 1 日　星期日

下午,厚妈想去楼下超市买晚饭用品。由于天气比较冷,不想带厚道下楼,和他商量:"自己在家里待一小会儿,妈妈很快就回来。"他答应了。

厚道做事一向小心,所以厚妈并不担心他会在家里捣乱或是有危险。于是厚妈飞快地下楼,用最快的速度购物,尽快赶回来。我家住二楼,到一楼时就已经能听见厚道的哭声了,进屋后,厚妈关心地问:"害怕了吧?"

厚道说:"宝宝不害怕,就是哭两声。"

2015 年 5 月 21 日 楼下乘凉

让他体会

2015 年 5 月 21 日　星期四

今天下午穿衣服时，厚道不肯抓着内衣袖子穿外衣，我也假装不在意地继续帮他穿。

穿好了外衣，内衣袖子堆在胳膊的根部，我问："舒服吗？"他笑了说："不舒服！"

我也笑了，但并没有直接帮他把内衣袖子拽出来，而是脱了重新穿，虽然有些麻烦，但效果应该不一样。这次厚道自己早早地抓好了内衣袖子。

他在"原理"上明白了，为什么要抓着内衣袖子穿外衣。

给他合适的参考

2015 年 3 月 27 日　星期五

厚道问我："宝宝给爸爸打针，爸爸害怕吗？"

我说："不害怕，打针有啥可怕的？"

孩子对在意的事儿或不确定的事儿，往往想知道父母的感受，为自己的感受找个参考。我们在给孩子传达这样信息的时候，要意识到答案对孩子的影响。如果我们的真实感受不利于孩子成长，可以不说实话。我们想让孩子产生什么样的感受，就怎样说。即便不是真话，但对孩子来说却是好的暗示与引导。

当然，回答的时候也不要太离谱，比如：一点都不疼。

打针这件事到底有多疼，每个人的感受都不一样。我告诉厚道："爸爸感觉有些疼，但不是很疼，可以忍受。我在心里面是不害怕的，因为也没什么可怕的，只是打一针而已。"

这样他可以正确地看待这件事。如果我们说"很痛"，他刚看到针，可能就要崩溃了；如果我们说"一点也不痛"，他会认为我们骗了他。

避免误会

2015 年 4 月 5 日　星期日

上午，厚道舅舅、厚妈和我，我们三人去祭祖，留下厚道、姥姥、二姨姥、妹妹四人在家。

中午 11 点回到家，厚妈自己上楼，我和舅舅去给车做保养。

到了楼上，厚妈敲了好久的门也没人开，但能隐约听到屋里有人在喊着什么。结果是：在家的四个人，一起在北卧室玩儿的时候，不小心把门反锁上了，没有钥匙，也没有手机。听到厚妈在敲门，他们只有大声呼喊，才能勉强让声音穿过两道门，做着隐隐约约的沟通。厚妈只好给我们打电话。

赶回家，我用钥匙打开了入户门，到了北卧室门外。我先安抚大家的情绪："你们还真会玩儿！"听见厚道在屋里的笑声便放心了。没找到这个门的钥匙，最后用螺丝刀把门锁拆了，大家都笑着走出来。

二姨姥说："是厚道不小心把门锁上的。"

厚道说："是二姨姥锁的。"

姥姥说："在想办法开门的时候，厚道还不让我说是他弄的。"

他们都自顾自地描述着，是不是有误会也不清楚，我也只是笑，没有做什么评价。

生活中经常出现误会。因为每个人的表达能力、沟通能力、倾听能力、理解能力、背景知识都不一样，在表达或倾听的时候，会加入自己的理解。在不能较好掌握真实情况时，我们不要对孩子进行确定性的评价或批评，否则孩子会认为不分青红皂白就去处理他，显得我们做事武断、不通情理。

保护兴趣

2015 年 4 月 14 日　星期二

平时，厚道经常在爷爷身上爬来踩去地玩。

前几天，厚道爷爷做了肠息肉切除术，在家里静养。这次我认真地做了他的思想工作："爷爷的肚子里有一个小口，刚刚缝合不能碰，一碰有可能会出血的。"厚道很听话，不去碰爷爷。

晚上，厚道给爷爷读汽车图画书，其中有一款车叫克莱斯勒，他只认识"克"字和"斯"字，就读成"克斯莱斯"。他读完我们都笑了，看我们笑他也跟着笑。

虽然读错了，但我也表扬了他，因为他会大胆地去读，甚至是猜。其实读得是不是正确，对于他这个年龄段来讲并不重要，重要的是"想往下读""喜欢读"。他虽然读错了，文字表达"断"了，但兴趣却没有"断"。

最近，厚道经常"猜字"，遇到不认识的字一般不停，而是编一个音滑过去。他没有在意字的对与错，更像是专注于文字里说的事儿，我们应该保护他这个习惯。

文字是传达思想的工具，阅读的重点是思想，而不是文字的对错。如果能够理解思想，有个别不认识的字也没关系。

厚道唱歌时也会这样，忘了词儿的地方，会哼哼着往下顺。后面的歌词想起来了，继续唱。这样可以保持节奏和调子顺畅，兴趣顺畅，虽然忘词，也无大碍。

对于类似的事情，我们不要较真儿。**发现孩子错了，不要马上去纠正，更不要说影响孩子兴趣的话。如果一定要纠正，也要等这件事告一段落，再去纠正。**

我想：等厚道上学了，如果考试没考好或是做错了题，我不会给他扣上"学习不好，太马虎，不认真"的帽子。首先保护学习兴趣，等有合适机会，我们在轻松的状态下，把错了的题改一改，分析一下问题的所在，也就可以了。

"鬼主意"是个好东西

2015 年 5 月 5 日　星期二

这几天，厚道看的书里有"沙尘暴"。早晨醒来，他指着外面的天气说："沙尘暴！"

我在写日记，厚道又跑过来问："爸爸，你干啥呢？"

"写作业。"

"我也写。"

"好呀，爸爸给你一支铅笔。"

厚道在牛奶盒上写了几下，趁我不注意，在我的"作业本"上迅速地划了一笔。我做出一副碰了我心肝宝贝的表情，说："儿子，可不能乱划爸爸的作业，作业很重要。"

他看了看我，接着画自己的牛奶盒。过了一分钟，同样迅速地又划了一下。我心想：无视我的生气？这回我略带生气地说："不能再划了。再划我要惩罚你了……"

我还要往下说，他若无其事地指着铅笔没有削的那头说："宝宝用的是这面。"然后又指着笔尖说："这个在这儿呢。"

我看了看"作业本"，确实没有留下痕迹。我心想："乳臭未干，就会耍诈，以后我得多留点心眼儿了。"刚准备好的情绪，还要马上收回去，我哭笑不得地说了一声："别那么坏行不行？"

最近，他鬼点子有些多，平时和他玩经常能感受到。

我认为这是好事！

晚上，给厚道讲书，有一课是爱护牙齿。其中第二幅图是用牙齿咬硬物。我讲成了"用牙齿咬硬东西"。厚道看了看说："是物。"我不好意思地笑了，说："我马虎了。"

讲完书，我们躺在床上休息，我一伸手摸到厚道的屁股，逗他说："这是谁的屁股？"

"我的。"

"好吃吗？"

"不好吃。"

"我想尝尝。"

"不行，只能舔一口行吗？"

我说："那还是算了吧，太臭！"

（笑！）

给他父亲的爱，朋友的感觉

2015 年 5 月 4 日　星期一

这段时间，厚道有些迷恋手机里的跑酷小游戏。前几天还能控制自己，说玩儿几把，就玩儿几把，基本上说话算数。可近两天，时常过分地对我们说："再一把，好你了，再一把，好你了。"我认为有些过分，应该找个时间，做做他思想工作。

吃完午饭，厚道想玩几把，我没有同意，他非常不高兴。我刚蹲下来想劝他，我的脸却进入了他小手的"射程"。他一甩胳膊，刚好结结实实地打在我的脸上。

近期，厚道已经有三四次这样了，前两次我只是说："爸爸很疼，你这样做不对。"让他明白道理。

事不过三，这回我生气了，我毫不手软地打了一下他的屁股。他清楚我为什么打他，假意地大哭起来，这是有些害怕了，毕竟我没打过他。

我没有顾及他的哭，坚决地问："还打人吗？"他哭着扑到我的怀里说："不——打——了——呜呜呜。"

说实话，这样打他我也很心疼，但我更清楚：这次打他肯定没错，只是希望厚道会更好。事实证明，仅此一次厚道就改掉了打人的毛病。

直到上小学，我也没有再打过他。厚道在 6 岁以后，我们之间的沟通一半像是父子，一半像是朋友，没什么事不能用商量解决。

渗透节约

2015 年 5 月 11 日 星期一

平时，我经常渗透节约的思想给厚道。

记得听一位教授说：告诉孩子"有的是"和 "没多少"，孩子吃起东西来口感会不一样，其实大人好像也这样，饭做得越少越能吃。

最近，厚道的玩具买得有点多，而且有一些是重复的。今天又要买玩具，我说："爸爸妈妈上班很辛苦，而且家里也没有钱了。今天挣的钱要买米，明天挣的钱才能买玩具。"

厚道回答说："那我少买玩具，咱们多买点儿米吧！"我表扬了他。

晚睡前，厚道喝调和乳，喝了一半就不喝了。我说："儿子，调和乳可贵了，我们不能浪费。"

他问："几块钱？"

"两块五一瓶。"我摇了摇剩下的调和乳说，"你剩这些足足有一块五的，够买一个小玩具了。"厚道把剩下的调和乳都喝了。

躺在床上，厚妈逗厚道："让爸爸再给你娶一个妈妈吧？"

"那可不行。"

"你知道为什么不行吗？你要能说对为什么不娶，就不娶，要说不对就娶，行不？"

"因为……因为……因为这个妈妈还没旧呢！"

厚妈追问说："要是旧了呢？爸爸再给你娶一个妈妈，行吗？"

"哎……别说那话，别说那话。"

3 周岁日记

厚道的童年日记

35

健康是前进的基础

2015 年 5 月 23 日　星期六

晚上，一鸣姐姐（厚道姑姑的女儿，9 岁）来家里住。姐俩玩得很开心。

厚妈在看电视剧。我也看了其中的一段：一个小学开家长会，一名教授在指导各位家长，不要为了世俗的成功而把成年人的不良情绪传染给孩子。而各位家长并不领情，纷纷跟教授讨论，他们只希望孩子成为成功人士，所以不惜牺牲孩子的童年……（写到这儿，一鸣抢走了我的日记本，思路略受打扰。）

接着，女主角一边擦着瘫痪老爸的身体，一边说："爸爸，如果你和我的女儿能健健康康的，我宁愿不读名牌大学，不做什么成功人士。"

我有所感触，尤其是我所在的单位 —— 通辽市特殊教育学校 —— 对通辽市盲、聋哑、智障三类残疾孩子实施义务教育的学校。看到这些残疾孩子，可以颠覆多数人对成功的理解。

人们大概如此：家人在身体上出了大问题，宁愿用一切成就与金钱去换。可健健康康的时候，还会不在意地牺牲身体换取成功。

孩子的身心健康是最重要的，但"最重要的"不代表全部，在保障了健康的基础上，引领孩子有自由的思想和约束的行为，必不可少！

姐姐们为厚道设计的新形象

尊敬长辈

2015 年 5 月 25 日　星期一

傍晚，我们一家三口从姥姥家往回走，走到十字路口时，一个人正在烧垃圾，火苗很高。厚道没见过这么大的火，我提醒他："看那边，火很大！"

厚道问："那火怎么那么大呀？"

"叔叔在烧垃圾。"

"那消防车怎么不来？"

我解释说："那位叔叔用火把垃圾烧掉，所以这个火是叔叔故意点着的，是有用的，也是可以控制的，不用消防车熄灭。比如：咱们家里的燃气灶，每天都着火，因为我们要用火来做饭。这个火是有用的，那就不能用消防车了。没有用的火，危害人们的火，才用消防车。"

他"哦"了一声。

回到家，桌上放了一瓶杏仁露。厚道说："爸爸，咱俩喝呀？"我打开了，厚道拿起就要喝，我对他说："应该长辈先喝，爸爸先喝。"

他一边递给我一边问："为什么长辈先喝？"

"因为爸爸、妈妈、爷爷、奶奶、长辈们照顾你很辛苦啊！每天还要上班，有钱了还要买生活用品，买玩具，所以，你要孝敬长辈，这是礼貌。"

一年前，我给厚道讲过这个事儿，并且我分东西给大家吃的时候，总是先给家里年龄最大的，然后再按顺序分给他，希望他能记住并体会。

有一段时间，厚道做得很好，有东西先分给长辈，最后自己吃，最近有些淡忘了。

生气没用

2015 年 5 月 30 日　星期六

晚睡前，厚妈找不到厚道的睡裤，有些不高兴。厚道说："妈妈不要生气，生气也没用。"

我回来时，厚道已经睡着了，厚妈唠叨了几句。厚道好像是说梦话似的，又说："妈妈别生气，生气也没用。"然后又睡着了。

最近，厚道的脾气收敛了很多。前一段时间还会因为一些小事，动不动大喊大闹地生气。每次等他平静了，我都针对让他生气的那个问题，告诉他应该如何正确地处理。再和他聊上两句："儿子，这种小事没有必要生气，生气也解决不了问题，想想办法就可以了，动不动就生气，将来就干不了大事了，关键是生气也没用。"

现在，他在"原理"上懂一些了，想明白一些了，也很少生气了。

看见啥，研究啥

2015 年 6 月 10 日　星期三

吃完晚饭，厚妈、厚道奶奶我们一起去超市。车刚开出小区，厚道指着路上的水问："爸爸，车轮子压到水里，为什么会湿呢？"

"因为水沾到车轮上了，就湿了。"

"为什么水沾到车轮子上就会湿呢？"

"因为水沾到什么上，什么就湿了，水有附着力。"

"为什么呢？"

我正在想应该怎么说，他自言自语："因为水是水，沾到车轮上就湿了。"

我们都笑起来。奶奶说："平时和我在家，这小嘴儿也一直问个不停，问得我回答不过来了，我也就不出声了。他还说'奶奶没听懂宝宝说的话吧'。我心想，听是听懂了，但是说不起了。"

最近，厚道确实进入了一种"烦人"的状态，"这个为什么""那个为什么"地问个不停。有时候问的能回答上，有时候问的回答不上，有时候他又自问自答，有一种让人难以招架的意思。

不过这是好事，问了说明他有好奇心和求知欲，问了才能懂，才能知道，不问会更麻烦！

有兴趣就不轻敌

2015 年 6 月 11 日　星期四

晚饭后去商场玩儿，遇见一个小弟弟在骑自行车。厚道也想玩自行车，小弟弟的奶奶听见了，说："和哥哥一起玩吧！"哥儿俩玩得挺和谐。

看护小弟弟的阿姨和我聊起来。她说了一套理论：这个小男孩在幼儿园小班，能认识 20 左右个字，孩子妈总是担心输在起跑线上，说"朋友家的孩子也这么大，能认识几百个字了"。

这位阿姨则认为不应该让孩子过早学习，因为现在学多了，到了一二年级什么都会，就不好好学习了，养不成好的习惯，到三四年级就跟不上了。

听他这么说，我产生了一些想法：难道不让幼儿园小学化，也是出于这样的考虑吗？

我个人认为，早学也好，晚学也罢，并不是让孩子一定要学多少，而是为孩子培养喜欢学习的感觉，培养学习的兴趣，专注的能力，喜欢探索新事物的习惯。有了这些，孩子上学后便容易进入学习状态。

如果真的像阿姨说的，孩子现在学得多，上学后就会"轻敌"，那说明孩子没有学习的兴趣，掌握的知识是通过家长或补习机构强塞进孩子脑袋的。如果孩子有学习兴趣，应该不会出现这种情况。

我认为，孩子在低年段学习轻松，确实可能进入"轻敌状态"，若真是那样，家长应该及时跟进，比如：孩子今天学了第一到第十，这对他来说没有难度。回家后，我们可以玩儿些游戏：1. 队伍里有十个人，从前数你是第三，从后数你是第几？2. 从前数你是第三，从后数小明是第三，你和小明中间有几个人？3. 从前数你是第七，从后数小明是第七，你和小明中间有几个人？让孩子把课本的知识深入一下，还可以让孩子觉得，今天学的知识有用。

但是，我们的"深入练习"，需要孩子的兴趣。要注意引导，或是聊天式的，或是游戏式的。重点是：要在兴趣的前提下，不要硬塞给孩子。

孩子真的在跑偏吗？

2015 年 6 月 13 日　星期六

早晨，厚妈要去电视台手语翻译。为了赶时间，我们一家三口去外面吃早餐。

吃饭的时候，看见一位妈妈在喊游乐场里 3 岁左右的孩子喝水。孩子在玩滑梯，不肯出来喝。喊了几次，妈妈不高兴地说："快过来，妈妈生气了，妈妈生气了！"妈妈也是没办法了，只好用生气引起孩子重视。可孩子会害怕吗？当然不会。即使会怕，也是最初那几次，时间长了，这招就不好用了。

还有另一对母女，母亲带着女儿去洗手。走着走着女儿突然停下来不走了。母亲开始想办法让女儿继续走，生气地说："不走了是吧？我打你屁股啦！"

生活中，父母经常会说些吓唬孩子的话，但往往都不起作用，反而用这些话把孩子放到了对立面，这不利于孩子与家长关系的融洽发展。

孩子不来也好，不走也罢，往往都是有原因的。我们应该多去关注一下孩子当下的想法。不是原则性问题，不要用激进的方式去改变，也许孩子是舍不得玩儿的时间，也许孩子当时看到了一个新奇的东西或冒出了一个新奇的想法，我们的强迫有可能会导致孩子错过。科学家在做实验的时候，有时不吃不睡，就是怕灵感断了。

不要认为孩子小。在某些事上，孩子的思绪比我们更灵光。因为，已有的知识束缚着我们，孩子则没有。

下午，我和厚道去广场遛弯，他跑到滑梯上玩起来。过了一会儿，一位奶奶带着孙女也来玩滑梯。可能是因为玩的人太多，小孙女不肯上去，只是在旁边看。

奶奶做了好一会儿思想工作，孙女就是不肯上去。奶奶有些生气，说："昨天不是玩得好好的吗，今天咋不玩了呢？不来吧，还不干，跑了大老远的，来了又不玩！快上去！快上去！跟着小弟弟后面上去。"一边说着，一边用力推孩子的后背，孩子的表情开始沮丧起来。奶奶陷在那个"来了，要是不玩，就白来了"的怪圈里，唠叨着……

我认为，孩子不玩一定有原因，这个原因才是我们应该思考和了解的，找到原因才能对孩子进行准确的引导。引导不是为了这次上去玩，而是让孩子今后不要在没必要的事情上分心。

教育孩子应该是一个顺向的事。我们应该在尊重孩子自然成长的前提下，实施教育方法或策略，不可硬来。就像治水，我们做的是修整河道，让水按照有益的轨迹流淌，而不能硬是把水堵在某个点上，水越涨越高，后患岂不更大？

我们应该去注意孩子所注意的，发现孩子所思考的，然后站在孩子的角度，把孩子领到"正道儿"上来。

利用他的痴迷

2015 年 6 月 20 日 星期六

晚上，我把一年前买的故事机拿出来给厚道，里面有儿歌、故事1000 多条。厚道对着目录可以熟练地播放自己想听的曲目。

厚妈在洗衣服，我在修玩具，厚道一遍一遍地听着《汽车》这首儿歌，用一种极其投入的状态，学着这首儿歌。我小声对厚妈说："看那小样，今天学不会这首歌是不能睡觉了！"

回头想想，厚道学的多数知识都是以汽车为突破口。识字、颜色、前后、数字、歌曲、画画……

每个孩子，都会有那么一种或几种事物让他痴迷。我们可以把他应学的知识与之联系起来，让他在一种喜欢的状态下、玩的状态下掌握并运用。

讲压强

2015 年 6 月 22 日　星期一

下午，一鸣姐姐、厚道我们三人在购物广场喝果汁。一鸣姐姐问："舅舅，为什么吸一口果汁，用舌头一堵，果汁就会停在管儿里，一松舌头，果汁还会流出来。"

我笑着问她："一根吸管拿在手中，这根吸管里有什么？"

"什么也没有。"

"有，是空气。吸管是中空的，平时一直有空气在里面。我们吸果汁时，先把管儿里的空气吸进了嘴里，果汁就填充进了吸管里，用舌头一堵，果汁会一直在里面，舌头移开，果汁流下来，空气又填充进吸管里。"

我讲到这儿，厚道迅速地抢过话说："宝宝听明白了，一吸空气去了，果汁来了；一放果汁去了，空气又来了。"

我高兴地说："是的。"本来是讲给姐姐的，没指望厚道能听懂。但他一直在听，理解得也正确。

看他俩兴致勃勃，我继续讲："这是大气压强造成的。我们把吸管里的空气吸走，吸管里的气压就变低了，大气压强把杯里的果汁压进吸管里！这个可能一时理解不了，没关系，先对大气压强有个印象就行。"

厚道最近的语言能力进步较快，对事物的原理也很关注，理解能力也提高了很多。

"戏水"与"游泳"

2015 年 6 月 24 日 星期三

晚饭后，我们一家三口来公园骑自行车。骑到湖北岸时，厚道看湖边牌子上的字。他读了出来："水深危险，禁止……"他停顿了一下，继续说："戏水。"

我和厚妈偷笑。我更正说："儿子，后面那两个字是'游泳'。"

他追问："为什么？"意思是：这里为什么不写"戏水"？

"因为'戏水'一般是在有少量水的地方玩耍，用到这儿不太合适。这是一个比较大的湖，有人会到里面去游泳，由于湖水比较深，游泳会有危险，怕人们不知道，所以设置了这个提示牌，告诉大家：湖里水很深，不要去游泳。"

解释完后，我心想：他猜得还比较靠谱，'戏水'这个词儿是在哪看的也不知道。

学习不为考试

2015 年 7 月 5 日 星期日

一鸣姐姐今天考期末试了。

厚道盼着姐姐放暑假，等得有些心焦，每天都吵着让姐姐来家里住五天，后来又改为八天。

下午，我早早地来接一鸣姐姐，在家长的人群中等一鸣出来。出来一拨又一拨的学生，好像每个家长第一句话都在问："考得怎么样？都答上了吗？有几个不会的？……"都表现出很重视这次考试的样子。

其中有一位爸爸，带着儿子从我身边路过，爸爸说："这回使劲玩儿。"儿子大叫着直接跳起来，好像刑满释放一样，表现得极其兴奋。

我认为：这种状态不好。孩子好像是在一种无奈的状态下学习的。无论是考试，还是学习，好像都是迫不得已，没什么学习乐趣可言。

　　如果小学阶段就把学习看作是如此大的负担，那后来的学业孩子能坚持走下来吗？在这种痛苦的状态下，能长出甜美的果实吗？

　　理想的状态应该是学也乐乐，玩也乐乐，能够在学习中感受生命成长的喜悦与智慧给我们带来的幸福；不应该是在困苦中熬出学习的这段日子就算解放。

　　考试只是对近一段时间学习的总结或检验，平时的学习不是为了考试，而是在于应用，应用到生活里、生命里。有了这样的指导思想，孩子才会理解到：课内的知识要学习，课外的也很重要，自己在主观上会积极地去掌握课外知识，提高自己的实践能力和综合素养，而不是考高分就万事大吉。

　　学习的过程，是能力培养的过程，理解能力、分析能力、统筹能力、表达能力、自学能力，等等，学校里课程的设置也是以培养孩子的多种能力为目标的，我们要和学校配合起来，让孩子变得强大。

　　为了考试而学习，会把学习和生活剥离开来，出现高分低能的情况。

解释不离字面

2015 年 7 月 15 日　星期三

　　明天，一鸣和我们一家三口要去大连住几天，带厚道坐火车、看大海。

　　晚上，厚道躺在床上看着蚊帐问："妈妈，蚊帐的蚊是蚊子的意思，那么帐是啥意思？"

　　厚妈解释说：蚊帐就是挡蚊子的帐篷。

　　我们汉语的词汇，大多数可以通过字面直接理解，尤其对于厚道这个阶段，尽量从字面上解释就好，这样他自己可以举一反三，有很多词汇，一看就知道大概意思了。

对待第一次要有耐心

2015 年 7 月 21 日　星期二

16 日到 20 日，我们四口人在大连。两个孩子长了一些见识，也吃了一些苦，权当这些是我们的收获吧！

去时火车上，一鸣欢天喜地，厚道时喜时忧（好像是没有安全感），有时想回家，有时不开心，但都在可控范围内，转移一下注意力也就过去了。

晚上入住宾馆后，怕厚道不适应，我特意做他思想工作："儿子，这是我们的新家，要住几天的，是不是很好呀？"

他没有吱声，显然是不知道这个新家怎么样？

我想：他把这儿当家了，应该就会多几分亲切感吧！至少吵着"回家"时，指的是这里，要是非要回通辽老家，可就麻烦了。随后的几天里，他真的没有抵触过宾馆，不爱在外面了，就要说"回新家"。

17 日，我们跟着旅行团去老虎滩。8 点开始，一会儿等人一会儿等票，10 点才入园。厚道的耐心被磨光了，刚进里面便吵着要回家，我艰难地想着办法和他商量着，勉强走马观花地看了半小时，厚道不肯待下去了，只好回了"新家"。

下午在街上转了转，厚道仍然不在状态，就想"回新家"，唯一让人欣慰的是：不吵着回旧家。

吸取了昨日的教训，18 日我们把旅行社炒了鱿鱼。早饭后去星海广场，这回是"私人订制"的车和人，一路上厚道兴致很高。到了广场，厚道兴奋起来，我和厚妈的心里也舒服了很多。厚道与一鸣坐车、骑马、坐游轮、踩浪花……玩得不亦乐乎。

19 日，我们来到一个温泉山庄。厚道看见水高兴起来，这是厚道第一次戏水，一定要小心，不要让他第一次就对水产生恐惧，否则会怕水很久。

一开始用脚，过一会儿用腿，然后让水没过他的屁股，厚道体验着被大量的水淹没的感觉。大约用了半个小时的时间，厚道才肯把身体全部放进水里，自己在没过前胸的水里走来走去。接下来便一发不可收拾，让我把他举向天空，再迅速地放进水里。由于害怕感冒，我们没让他玩太多时间，便去吃午饭了。利用厚道睡觉的两个小时，我和一鸣玩了个痛快。

20日，一鸣爸爸开车到沈阳接我们。天快黑时，我驾车上了高速公路。厚道吵着要听歌，我帮他放DVD时，走错了高速的匝道。跑了大约20分钟，我们发现路标都是指向大连的——走错路了。从下一个高速出口往回赶，千辛万苦11点30分到家。

在后来很长一段日子里，每次出城，厚道都会问我："认识路吧？能找到路吧？别走错了。"那次走错路的经历，他记了很久。

心思细腻的厚道

2015 年 7 月 26 日　星期日

据说按摩头皮可以促进脑神经增长，也不知道有用没用。每天睡前我都用十个手指肚，给厚道按一下头皮和后颈椎。刚开始他有些不适应的，我的手碰到他的头或者脊柱，他就想笑，还有想躲开的动作。经过几天的按摩，他已经很适应了。

因为是躺在枕头上按，挨着枕头的部位总是无法按到。厚道问："按摩的时候落下一块，怎么办？""没关系的。"他估计上面按得差不多了，便把头转一下，就把剩下的部分也按到了。

记得，我第一次给他刷牙的时候，是先把牙膏涂抹均匀，才开始刷。他当时给我竖了一个大拇指，我想：看来厚妈是上来就刷，和我不一样，而厚道认为我的做法更好吧！

这些细节说明厚道心思细腻。为了尽可能多地了解他，我们的心思也要细腻一些才行。

厚妈情商课

2015 年 7 月 30 日 星期四

早晨起床后，厚道在床上滚来滚去地玩儿了一会儿，觉得无趣了，喊厨房的厚妈："我想去客厅。"厚妈没有出声，他大喊起来："我想去客厅，客是嗑瓜子的嗑，厅是听话的听。"厚妈笑了，给他纠正。

晚睡前，厚妈又开始逗他："等妈妈老了，走不动了，咋办呢？"

"背。"

"那娶了媳妇，还背吗？"

"也背着，让媳妇背妈妈。"

"不用，你背着就行。等你长大了，想娶几个媳妇啊？"

"0 个。"

"那你的意思是不娶媳妇了呗？"

哈哈哈哈，他笑起来。

厚妈又说："长大了，你会嫌弃妈妈吗？"

"嫌弃。"

他不知道"嫌弃"是什么意思。厚妈解释说："嫌弃就是讨厌的意思。"

"那不嫌弃，宝宝喜欢妈妈。"

"那等我老了也喜欢？"

"老了也喜欢。"

厚妈经常这样逗厚道，他都适应了，基本上是怎么好听，怎么说。

让"及时懂"成为习惯

2015 年 8 月 1 日 星期六

厚道快要上幼儿园了，为了接送厚道，新买了一辆电动车，车的后座没有安全座，我们要安一个。

下午，走了几家店铺都没有适合的。我观察了一下车的结构，决定自己安装了。这也是厚道乐意做的事，他喜欢在我工作的时候帮我，虽然越帮越忙，但我也表扬他。

回来时，路过游乐场，厚道买了一套轨道玩具车。

晚饭后，我俩一起组装好。这款车速度比较快，小车跑到厚道的位置时，碰了一下他的腿，便脱轨而出，直奔厚道的小鸡鸡。恰好旋转的车轮遇上了鸡鸡下面软软的肉，小鸡鸡被车轮卡住了。厚道有些小紧张，急忙问："爸爸咋地了？"

我来不及回答，迅速将还在加油的车轮按住，慢慢地把车拿下来。厚道没有受伤，我把车轮卡住小鸡鸡的原理给厚道讲了一遍。讲完后，打算再给他演示一下刚才的过程，我说："咱们再试一下啊！"

厚道急忙说："还是别试了。"

我笑着对他说："不用你试，咱们用纸条试一试，演示一下就行。"

"那行。"

我把纸条放到旋转的车轮上，纸条一下卷进了车轮里。厚道明白了刚才发生了什么，张开嘴，哈哈大笑起来。

遇到孩子不清楚的事，要给孩子讲清楚，不要认为孩子还小，其实他听得懂。一方面，他再遇到这样的事，可以自己分析。另一方面，也能激发孩子对"不明白的事物"的研究与思考兴趣。如果等大了再讲，无论是从他的兴趣上，还是事物的原理上，会错过很多。

不管是大人还是孩子，明白了什么事都会开心，这是生命成长的喜悦。我们要利用这个开心，提高孩子探究意识。

偷艺

2015 年 8 月 5 日　星期三

下午，我们一家三口一起翻书看，厚妈随便指了一个"草"字问厚道："组一个词。"

厚道轻描淡写地回答："草原，草地。"

我略带惊讶地说："你小子学得还真快，什么时候偷着把组词学会了。"

厚道自豪地看了我一眼，没有说话。

大约在半个月前，我们给厚道渗透过一次"组词"这种事。当时看他没太在意，我以为他没兴趣，就没有继续讲下去，看来他已经知道是什么意思了！

我故意说他"偷着学会了"，希望能增加他学知识的成就感，将来好"偷着"学更多东西。有句话叫"学艺不如偷艺"，也许"偷艺"既有获得感，效率又高吧？

舍小顾大

2015 年 8 月 11 日　星期二

这段时间我和厚道玩儿得比较多。他什么事都不想找厚妈了，包括玩、吃、睡、洗……我感觉：他跟我在一起，好像更有安全感，玩的东西也新鲜、刺激。

昨天下午，我在单位加班，厚道睡醒了就吵着让我回家。厚妈实在拗不过，拨通了我的电话，我刚说一句话，厚道在电话那头哭得更来劲了，好像在用行动告诉我"马上回家"。

处理完手头工作，我赶紧回家，厚道看到我，趴在我身上，又是一顿小哭。

过了一会儿，他开心了，我做他工作："儿子，你都快上学了，是男子汉了，不能说哭就哭，哭是解决不了问题的，有事说清楚就行了。"

他"呃"了一声。

早晨起来，厚道心情不是很好，看着我说："爸爸，我想看一会儿电视。"

"早晨刚刚醒来，眼睛还没适应光亮，看电视是很伤害眼睛的。"

"不行，我就看，不伤眼睛。"

厚妈听到说："不行。"

厚道马上准备了情绪和眼泪。我赶紧说："儿子，昨天咱们俩不都说好了吗，哭是解决不了问题的，男子汉遇事就哭，多丢人呀！你不都答应爸爸了吗？有事说事。"

听我这么说，厚道迅速收回了情绪和眼泪，和声细语地对我说："就看一小会儿。"

"多长时间？"

他打了一个十的手语。我说"行，就十分钟，十分钟后自己关掉。"他痛快地答应了。

其实我还是不想让他看，但为了让他体会到"别乱哭，'有事说事'是管用的"，这次也只能舍小顾大了。厚道最近用"哭"这一招，用得有些多了，得帮他改一改。

十分钟左右，他自己关了电视。

他敢问，我就敢讲

2015 年 8 月 12 日　星期三

大约一个月前，厚道问我："骑自行车，猛地拐弯儿，为什么会摔倒？"

我说："是因为离心力把我们甩出去了，就会摔倒。""离心力"这个概念，我是在初中才知道的，对 3 岁多的孩子讲这个，是不是难了些？

我认为不是，即使他听不懂，也至少在头脑里有"离心力"这个词出现过，有可能明天或后天，他又问类似的问题，我再给他讲，说不定哪天他就记住了、理解了。

晚上，我们一家三口和另外两个家庭聚会。厚妈在点菜，厚道快速地旋转桌上的圆玻璃，把圆玻璃上的餐巾纸盒甩到了婶婶的身上，婶婶说："你转得真快呀！力气好大呀！"

我问厚道："知道是什么力量把纸盒甩到了姊姊身上吗？"厚道疑惑地看着我，没有说话。我提示了一个"离"字，他用试探的语气说："离心力吗？"

"正确。"我把纸盒放到圆玻璃不同的位置，让他观察：同样旋转，中间的离心力小，边缘的离心力大。他开心地做了很多次实验，每次把纸盒甩到我们身上，都笑个不停，毕竟是干了坏事嘛！

还有一次，我俩在卫生间里泡脚，看到正在"脱水"的洗衣机，我告诉他："洗完的衣服，在洗衣机的转筒里高速旋转，利用离心力能把衣服里大部分的水甩出去，剩下一小部分很容易就蒸发了，我们的衣服就可以穿了。"

他指着紧贴在滚筒上的衣服，说："这是离心力吗？"

"是的。"

在生活中，类似于"离心力"这样的原理很常见。孩子问，我们就告诉，不要认为孩子理解不了而不说。

洗脸总跑偏

2015 年 8 月 14 日　星期五

晚上给厚道洗脸，听见水声，厚道说："我想尿尿。"他一直都有这个习惯，好像条件反射似的，听见水声就想尿尿。

"好吧，去尿吧！"

他从小板凳上下来，走到马桶边上，做了两三次脱裤子的动作，嘴里嘟囔了一句："宝宝错了。"

我偷着讲给厚妈听："其实厚道只穿了一件背心，下半身是光着的。他还习惯性地脱了两三下裤子。"

办完事儿，他指着洗衣机上面的字，问："爸爸，为什么洗衣机上有高、中、低呀？"

我给他解释完以后，他又指着"桶、干燥"问："这是啥字？"又指着"儿童"问。我说："这个你认识，自己看一下。"

"童儿。"

"是儿童。"

他又指着"快速、标准"读了起来。但是把"标准"读成了"指推"。

我说："这两个字读'标准'，只是和'指推'有点像。"

"那你能给我写一下'指推'吗？"

"没问题。"

我拿出"作业本"，在前面的扉页上写给他看，接着又按他的要求，写了几个感兴趣的字。

渗透学习用小雨

2015 年 8 月 16 日　星期日

晚上和厚道一起看书，突然飞过一只蚊子，厚道警觉地提示我。我想快速地找来苍蝇拍，把蚊子歼灭。

找了一会儿，没有找到。我想起：昨天用拍子打蚊子的时候，由于拍子上的孔有点大，漏掉了一只。我便拿来胶带，把上面的大孔粘一粘。厚道问："粘这个拍子干啥？"

"因为拍子的孔有点大，爸爸粘一粘，蚊子就不会从大孔漏掉了。"

"为什么孔有点大？"

"因为设计拍子的叔叔，把拍子设计得不太实用。"

"为什么不实用？"

"因为叔叔不好好学习，粗心大意，设计拍子的时候考虑得不够周到。"

他明白了，说："哦，用胶布粘上，一打，蚊子就钻不过去了。"

他话题一转，又问："爸爸，今天白天我和爷爷听见蛐蛐唱歌了。你不说蛐蛐只在夜里唱歌，白天睡觉吗？"

我想了一下，还没等我说，他追问："爸爸，你怎么不吱声啊？"

"爸爸想想原因。"

"不用想了，我知道，可能是因为蛐蛐不好好学习。"

我笑着纠正："这个不是，动物是不像人类这样学习的，都靠本能生存。因为人类会使用工具，不好好学习，设计的工具就会不实用。"

"哦，爸爸，咱俩还是去学习吧！"

我想：这段时间，我给厚道渗透了很多学习的事，他什么事都联想学习。我的渗透就像下小雨，一点一点把他改变。

夸赞是动力

2015 年 8 月 27 日　星期四

前几天，我们一家三口逛商场，我和厚道进了一家副食店。店里没有其他人，只有戴着一副眼镜的店主，看我还要看管孩子，便说："你看吧，我给你看着孩子。"她和厚道聊天时发现厚道认识很多字，非常惊讶，对我说："以前我当过老师，这孩子 3 岁半能认识这些字，神童呀！得让他跳级读书，读个少年大学什么的。"我笑了笑说："不比别人差，就行了。"

晚饭后，去给厚道买上幼儿园的鞋，鞋店阿姨问厚道："上幼儿园了吗？"

厚道回答说："九月一。"

"去哪家幼儿园？"

厚道看着我回答阿姨："去科区吧？"

我纠正说："咱们后来改了。"厚道一时想不起来，我把手机拿出来，把实验幼儿园发的飞信给厚道看。厚道笑着回答阿姨："实验幼儿园。"

阿姨好奇地说："还认识字呢？"厚道没有回答，我指着屋里的牌子说："给阿姨读一下。"

厚道读："非食品区。"

阿姨又是一顿表扬。听到表扬，厚道当时并没有什么反应。

回到家，厚道还没脱衣服，便拉过一本书："爸爸，给我讲书。"

我想：这小子这么积极，看来是从别人的表扬中得到成就感了。

复杂事，简单讲

2015 年 8 月 30 日　星期日

晚睡前，我和厚道例行公事地"看灯"——远眺，这是让厚道休息眼睛的一项重要活动，每天睡觉前"玩一玩"。

厚道站在窗台前，用奇怪的口吻问："怎么看不见月亮和星星呢？"

天空中飘着一片片的鱼鳞云。淡淡的月光，偶尔能从空隙里透过一些，我说："是看不见，你能猜到月亮在哪儿吗？"

"不知道。"

"你可以试一试。"

厚道找了一小会儿，月亮从两片云中间透过微弱的光亮。他指着月亮的位置高兴地说："在那呢！"

说着说着，月亮变得更清楚了。厚道问："月亮出来了，怎么出来了呢？"

"儿子，你想一想，月亮为什么出来了？"

"是云彩在飘。"我肯定了他的答案。对于天上和地下发生的这些事儿，厚道每天都问个不停，每次我都认真地回答他，尽量用简单的方式直接告诉他。

例如："为什么会有闪电和雷声？"

"因为云彩和云彩撞上了。"

"为什么云彩和云彩会撞上。"

"因为两块云里有不同的电荷。正电荷与负电荷，它们互相吸引，导致相撞。"

"天为什么会下雨？"

"因为天上的水蒸气太多了。遇到冷空气就落下来。"

"为什么天上会有水蒸气？"

"因为地球上的水和植物，在不停地蒸发水分，这些水变成气体飘上天了！"

......

一天，厚道问厚妈："为什么云彩和云彩撞上又有闪电，又有雷声？"

厚妈一时答不上，说："等爸爸回来告诉你。"

我给他举例子："汽车和汽车撞上了，是不是'咣'的一声响？如果撞得严重的话，还能看见火星，和这个差不多。"

厚道对大自然的现象，已经了解一部分了。其中大部分都是凭记忆而了解的，还没有在原理上了解。有一天，他自言自语："有电荷的云就会撞上，没有电荷的云不会撞。"这句话是我告诉他的，他已经记住了，但对他来说仍然还是个问题。

厚道的幼儿园生活，一波三折

2015 年 9 月 1 日　星期二

第一天上幼儿园的早晨

厚道上幼儿园了，厚妈陪厚道一个上午，中午回来后娘儿俩都很高兴，讲了很多厚道的"先进事迹"。整个上午的表现，厚道是尽情尽兴。从幼儿园出来，跟厚妈说了两遍"这个幼儿园真好"！

老师问："谁能数到 5？"……所有的问题对他来说都简单得很。第一个做自我介绍，第一个回答问题，第一个想办法……得到了老师和其他家长的一致好评。总体来讲，今天入园的效果还是很好的，良好的开端是成功的一半嘛！

但厚道只上了 13 天幼儿园，就辍学了。

晚上，厚道的眼睛有些发红，可能是结膜炎。厚妈一边上药一边讲道理："为什么要上眼药？眼药是给眼睛治病的，眼睛治不好，将来就什么都看不见了，也不能开汽车……"

厚妈讲的都是些吓人的事儿，等她不讲了，我想给厚道卸卸包袱，说："其实上眼药不也挺舒服的吗？就像给眼睛吃雪糕一样，凉凉的。"晚睡前上药的时候，厚道适应了很多。

失去兴趣

2015 年 9 月 7 日　星期一

9 月 1 号、2 号，厚妈陪着上了两个半天幼儿园，厚道表现很好，积极乐观，喜欢幼儿园。3—5 号放假三天，玩得很高兴。

6 号自己上幼儿园了。我和厚妈发自内心地惦记。中午老师发了视频和图片，我们放心多了。下午放学接厚道的时候，由于排在人群后面——我们有些晚了，厚道见到我们时眼里含着些许泪花，可能是看见其他同学走了有些着急和害怕。

早晨，厚道跟厚妈商量："送我时妈妈别走，陪我一起在学校好不好？"

我看势头不妙，抓紧接过话说："儿子，老师说了，上学不能再让妈妈陪着了。厚道已经长大了，而且聪明勇敢爱学习，完全能够自己学习了。老师会像妈妈一样照顾你、帮助你的。"厚道见我说得认真，也就放弃了自己的想法，开始准备上学的事情。

晚上，我和厚妈早早来到幼儿园大门口，尽量往人群前面挤了挤，这次希望能让厚道早一点看见我们。厚道见到我们，扑过来说："宝宝，今天没哭，上学太好了。"我们表扬了他。

其实，他是在硬挺着。

厚道在班里是 8 号，他所有的物品也都是 8 号。昨天，他因为 8 号的毛巾在 7 号上挂着，又没能拿下来，在洗手间里哭了一次，有些影响心情。

晚上，他突然说："我想到办法了，我应该把 7 号上的毛巾都拿下来，再挂到 8 号上一个 7 号上一个就行了。"看来他还在纠结那个"难事"。

平时玩的时候，他也经常叨念"宝得想个办法""我想到办法了"之类的话，说明他想通过自己的努力解决问题。这个意识很好！

开始抵触

2015 年 9 月 9 日 星期三

昨天早上，厚道不想上学的想法很强烈。我给他讲了一些道理，他不想听。虽然行为上没有反抗，但嘴里一直念叨着："我不想上学，你们来得太慢了，妈妈陪我在幼儿园……"

到了班级门口，老师抱起了厚道，他终于忍不住了，大声哭了出来。我对着厚道和老师轻声说："想哭就哭一会儿吧！"

我想：不哭出来可能更上火。我和厚妈尽管很担心，但也直接走了。

晚上，厚道看见我来接他，没有做出什么反应，等到老师说："厚道走吧！"他才跑过来，高兴极了。

昨天晚上，厚道问我："爸爸哪天放假？"然后就睡着了。早晨起来，厚道又说了几遍"我不想上学,我不想上学……",是笑着说的。因为他知道这事儿没得商量。又跟厚妈说:"今天我到班级指定不哭。"到了班级,虽然有一些不情愿,但没有哭,也许要适应了吧?

"坚强"更好

2015 年 9 月 12 日 星期六

厚道感冒,在家休息。

上午,厚妈上班,吩咐爷爷按时喂药。爷爷给冲好了药,怕厚道不肯喝,便开始表扬:"看我大孙子老坚强了。这些药一口气就喝完。"

厚道问:"这是啥药?"

"二丁颗粒。"

他接过药对爷爷说:"这个不用坚强,是甜的。"

厚道上学这几天,"坚强"这个词经常出现在他耳边。晚上我和他躺好了,他说:"爸爸,把你送给我的那两句话改成'坚强勇敢爱学习,厚道正直有礼貌'不行吗?"

我痛快地说:"行呀,这么一改更符合你的特点了!"

他很开心!

我想:"聪明"这个词,对厚道的引导意义确实小于"坚强"。

有想法了

2015 年 9 月 17 日 星期四

厚道流黄鼻涕一个星期了,每天早晨起来还会有很黄的眼屎,估计是上幼儿园有火了。

昨天中午,奶奶包饺子,厚道在一旁玩面,玩着玩着,他和奶奶说:"爸爸回来指定得说我。"

奶奶说："没事儿，爸爸说你，我说他。"

"你说也不行啊！我得把面藏起来。"等我快回来时，厚道把自己的"玩具"藏到了床的下面。

晚上做饭时，大家想起此事，厚道把藏在床下的两碗面、三个饺子拿出来，还要玩儿其他的面。我说："这面是农民伯伯辛辛苦苦种出来的，也是我们辛苦挣钱买的，浪费了太可惜了。我们还得再去买，那样就没钱买玩具了。"

厚道感觉自己理亏，把面桶送了回去。

吃完晚饭，厚道拿着瓜子篮，问："爸爸，买瓜子吧？"

"不买。"

"求你了，买点吧！"

"好吧！买一块钱的。"和以前一样，往他手里假装送个东西，算是一块钱。

"不行，得真花钱。"

我心想：看来是有事了。我笑了，找来一块钱递给他，看他想干什么。他高兴地收起钱，给了我一把瓜子。

过一会儿又来问："买瓜子吗？"

"再来一块钱的。"我又给他一块钱。他把两个一元钱在地上刷了一下，模仿我们刷卡的动作，"藏"进了抽屉里。

又一会儿，他趴到我身上，慢慢地从我口袋里拿出一张 100 元的说："爸爸，这个给我吧？"

"儿子，这个钱是买米、买面用的，不能给你。"

"给我吧！我不花！"

拗不过他，只好同意了。过了一会儿，又来求我要钱，又骗走了一张，真是没办法。

这时，厚妈过来给他喂红霉素，他不肯喝，藏到我身后趴着。厚妈把药塞到我手里，让我想办法。我举起药假装大喊："谁把药喝了？给他一块钱。"

厚道急忙说："我先喝！"连滚带爬地赶紧起来，生怕被谁抢了先。一口气喝了药，我找了张一元的给他，他美滋滋地装进了自己的抽屉。

这家伙看来是知道钱的作用了。我想看看他怎么支配这些钱。

给孩子讲原理

2015 年 9 月 26 日　星期六

厚妈的胳膊做了水瘊子冷冻，不能陪他玩。

早晨起床后，厚道拉着我和他拼拼图。我一边扫地，一边跟他说："儿子，妈妈的手不能干活，爸爸要把家里的活都干了，这样妈妈的病情才会尽快好起来。"如果是其他的理由，厚道一般不会同意。今天的理由厚道很理解，看来他也懂得一些轻重缓急了。

平时开车的时候，我习惯给他人让路。厚道问："爸爸，你怎么不走呀？"

我把道理给他讲清楚："如果这时候爸爸开过去，旁边的叔叔就走不了，叔叔的后面就会堵一排车，这里的车会堵得更严重。咱们让一下，他那面先通畅了，我们这面也会通畅很多。另外，互相礼让是美德。"

生活中，关心家人和他人的事，我们不光要告诉孩子怎么做，也要给孩子讲清其中的道理。这样他们不仅去做，还能知道为什么要这样做，他会举一反三做得更多、更好。

物的理

2015 年 10 月 10 日　星期六

下午，和厚道在家练字（乱画而已）。厚妈端来一大杯水，厚道喝了一小口，看他要放下，我鼓励他："男子汉，把水都喝了吧。干杯！"

因为，多喝水有利于咳嗽的缓解。厚道便喝呀，喝呀。喝到只剩下一大口的时候，停下来说："爸爸，是不是把这些水都喝了，我再吃东西，就会'咕咚'一声了？"

"也许是。"他又喝了起来，直到喝完才满意地放下水杯。

我说："其实，这时候吃东西也并不会'咕咚'一声。因为，我们吃的食物是慢慢地从食道滑到胃里的。"

他说："而不像我们往水里扔东西，直接掉下去。"

"是的，另外我们的胃是有弹性的，水进到胃里会被胃包裹住，所以不会发出'咕咚'声。"

晚上，从厚道姥姥家往回走，走到单位北侧路口等红灯时，看到学校的霓虹灯 "通辽市特殊教育学校"。其中的'教'字，反文旁不亮了。

厚道开始读"通辽市特殊孝……""孝"的读音已经清楚地读出来了，开始犹豫：他知道单位的名字，但自己读的又好像是对的，有些迷惑。

我没有出声，看他怎么办？他想了想，又开始读"通辽市特殊教育学校"。我接话儿说："儿子，开始你读对了，那个字是读 xiào，因为'教'这个字没有'反文旁'念'孝'。反文旁里面的灯坏了，又是黑天，我们看不见。"

"为什么坏了？"

"电子元件的工作时间是有限的，随着时间的推移就会老化，就会有坏的，然后灯就不亮了，就出现了那种情况。"

积极疏导并指明方向

2015 年 10 月 20 日 星期二

晚上陪厚道玩，他说："爸爸，其实小朋友们一开始都不愿意上学。但上了一段时间，发现上学能学到很多知识，也就愿意上了。"

"是的，对于小朋友们来说，学校有很多优点，但也有一些小缺点。过了一段时间，这些缺点，也就不算什么缺点了。"

吃饭的时候，厚道用袖子擦了一下嘴角的饭粒。厚妈说："别用衣服袖子擦，把衣服弄脏了。在学校不有面巾纸吗？平时用纸擦。"

"纸都让小朋友和和（糟蹋）了。"

厚妈说："以后刚开饭，你就抽两张纸放在碗的边上。"我心想：即便是那样，其他孩子也一样会拿走。

厚道略带气愤地回答："我就是放在我这里，其他小朋友也会拿走的。"

厚妈说："那咋地呢？（为什么）"

我给厚妈解释："小孩子，哪里有纸用哪里的，他们不管这是谁的。"我给厚道出了个主意："把纸拿过来，不要放在桌上，可以先塞到衣兜或袖子里，这样小朋友就'抢'不走了。"

厚道没有说话，不知道他是否认可我的方法。

下午放学，厚道的右眼有些红，厚妈问："眼睛怎么红了？"

"是同学打的。"

厚妈紧张地问："是用手打的，还是用胳膊打的？"

"用手。"

在学校出这类事，还是很棘手的。先缓解一下紧张的气氛吧。我安慰说："没事的，在学校有一些磕磕碰碰是正常的。"

过了一会儿，我和厚道聊天，顺便说："儿子，每个人的性格和行为习惯都不太一样，平时碰到好打人的、不太老实的孩子，咱们离他远一点就行了。打人不是本事，只有不懂事的孩子才会那样做，学到知识才是最大的本领。"

我想先疏导他的纠结，再帮他指明方向。

施教要连贯

2015 年 10 月 21 日　星期三

晚上 7 点 30 分我在"写作业"。厚道在吃哈密瓜，他给厚妈送了一口，又给我送了一口，我们都谢了他，他很高兴。这段时间，厚道在这方面表现很好，有好吃的都记得给周围的人分享，这可能与前几天发生的一件事有关。

几天前，在一鸣家玩。一鸣和厚道分火龙果吃。我看见的时候一鸣已经快吃光了，我逗她说："大外甥女，这火龙果是酸的，还是甜的，也不给舅舅留一口？"

一鸣不好意思地笑了，脸有些红，没有出声。我话音未落，厚道捧着他的半个火龙果（剩下的也不多了），送到我嘴边，跳着舞走开了。

一鸣奶奶在旁边看见了，夸了厚道好一会儿"懂事！聪明！"厚道这个"好习惯"一直都保持着。

教育孩子是一个连贯的过程。每个孩子的心智模式、成熟程度都不一样。我们并不知道孩子什么时候，能悟懂什么问题，体会到哪些人生道理，这需要我们一贯地去引导文明、诚信、谦逊、分享……我们有原则地做着，孩子经常看着，不一定哪天就醍醐灌顶地明白了，体悟到了其中的道理。若是我们今天一套说法，明天一个原则，孩子很难产生正确的体会。

关于"分享"这件事，我们一直都在引导着厚道，效果时好时坏，也许现在到了他能懂的年龄阶段了。

家风，家训

2015 年 10 月 23 日　星期五

厚道从学校带回一张"传承好家风，遵循好家训"的表格。老师要求周一带去学校。

经过三口人研究，我们填的是：

家风——坚强勇敢爱学习，厚道正直有礼貌。

家训——把该做的事儿做好，再去做想做的事儿。

晚上，厚道又发烧了。

结果，输了 7 天液。病好了以后，没有急着去上学，打算在家休养一段日子。

就这样一拖再拖，一直拖到毕业。

骗子上当

2015 年 11 月 3 日　星期二

晚上，为了哄厚道喷"开喉剑"，我说："儿子，咱俩石头剪子布，谁输了谁喷一下。"

"好呀！那你出布，我出剪刀。"

我心想：哪有这种规定？为了哄他继续和我玩，我也同意了。为了树立榜样，显示诚信，我如约地喷了一下。接下来，我得赢他一下了，好把"正事"办了。结果他却说："不玩了。"厚道奶奶在旁边笑着说："上当了吧？"

陪玩

2015 年 11 月 29 日　星期日

厚道盼望堆雪人、打雪仗的情景很久了。今天可以玩一下了。

近段时间，我和厚道玩的主要游戏：

第一，下国际象棋。经过近一个月的试玩儿，厚道已经能掌握运子规则了，但还不会规划与部署。这已经很好了，重要的是培养他的感觉与兴趣。

第二，踢足球。厚道在运动方面表现一般。每天踢球儿，既锻炼身体，又提高他身体的协调性。

第三，踩背。他在我的背上走来走去。踩背是我俩都爱做的事，既锻炼了他，也舒服了我。

第四，骑大马。他骑在我背上，我在床上爬。骑大马对厚道平衡能力的锻炼很有好处。虽然看上去儿子骑着爸爸不符合中国的孝道，但是为了锻炼他这方面的能力，也没有更好的方法，孝道的教育通过其他事引导吧！

第五，看灯 —— 晚睡前远眺。这是一项保护眼睛的活动，既休息了双眼，也观看了夜晚的美丽景色。在这项活动中，厚道提出很多关于天体运行的问题。他知道了东、南、西、北，还初步了解了月亮、地球、太阳的运行方式。

第六，涂鸦。熟悉纸与笔的运用。

第七，玩水。水是很好的玩具。据说《道德经》就是老子长期观看水和大自然的其他事物总结出来的。孩子在玩水的过程中，可以观察现象，体悟知识与智慧。

第八，翻床。打开床箱，把床板支起来，形成一个大斜坡。就像游乐场里的小型滑梯，厚道在上面施展着各种创意翻滚动作，是活动筋骨的好方法。

第九，讲书。对于厚道来讲，这是一个开始了就不想停的游戏。昨天，在厚道老叔家，他给大家表演了一番"阅读"，在大家的"吹捧"下，厚道兴趣盎然。

每天都是一拖再拖，才肯停下来。学前的书，厚道基本上能独立阅读了，偶尔还会给我们讲一些我们没教过的知识。

孩子独立阅读后，学到的知识会超出我们的设计与想象，文字裹挟着知识与思想，不断地涌进孩子的脑袋，为孩子的成长提速。

让孩子识字，不可胁迫，要让孩子在有兴趣的前提下去识字，不可在孩子不喜欢的情况下，采取"硬塞"的识字方法，保护兴趣第一。若是没了兴趣，就是因小失大，就好像我们帮他修了很棒的路，但孩子就是不愿意从这里走一样。

个人建议：识字的好方法，1. 从他喜欢的物品或玩具上开始。2. 孩子问时，要及时地、高兴地告诉他，再加上几句适当的表扬。3. 当着孩子面读书，这一"示范"大招就不多说了，好处很多。无论是从孩子学习兴趣的培养，还是孩子识字量的增加，都会大有帮助。

第十，做家务。在我们的"引诱"下，厚道认为自己是一个勤劳的小男孩。他能这么想很重要。一般来讲，认为自己是什么样的人，就会成为什么样的人。厚道经常帮我们做家务，有时候会尝试一些他力所难及的"体力活"。看他摇晃着身体去做这些，虽然有些舍不得，但更多的是欣慰。

第十一，调挂钟。前几天，卧室的挂钟没电了，我拿下来更换电池，厚道一看就喜欢上了，让我讲述后面按钮的功能。等我讲完了，他开始试验这些功能。从那以后，每天睡觉前，他都会把挂钟卸下来，让我说一个日期，他负责调出。

我心想：还有逼着家长出考题的？这是兴趣！

挂钟上的这一套组合按钮熟练了以后，那么这一类按钮，也就触类旁通了。按钮的设计思路与工作原理也会有所了解，这项活动颇有益处。

讲原创故事

2015 年 12 月 7 日　星期一

几天前晚睡时，他让我讲故事，为了锻炼他"有主意"，我想了想说："你说讲什么？"他想了一会儿，好像是编了个名字："就讲《小猴上树的故事》吧！"

他出题目了，我只能答题，开编！我编了一个小猴上树抓蝴蝶的故事，生动地讲述着：这是一个阳光明媚的早晨，小猴吃过早饭，在家里看了一会儿书，学到了知识很高兴，打算再到森林里玩一会儿。走着走着，他看到了一只美丽的蝴蝶，他想：这个小蝴蝶好漂亮呀，我要抓到他。

趁蝴蝶不注意，小猴高高跃起，抓到了小蝴蝶。可怜的小蝴蝶对小猴说："猴哥哥，请你放了我吧！我的妈妈生病在家，我正在为他寻找食物。我的妈妈要是没有我的照顾会死的。"小猴说："你很漂亮，也很孝顺，我们都应该做孝顺的好孩子，我还要向你学习呢！"小猴放了蝴蝶，还送了她一块苹果。

蝴蝶谢过小猴，高兴地回家照顾妈妈了。从此，小猴也懂得"孝顺父母"了。孝顺父母是我们中华民族的美德。

讲完了，厚道问："那我孝顺吗？"

"你也很孝顺呀！给妈妈爸爸捶腿、踩背，还很懂事、爱学习。"

他甜滋滋地睡着了。

第二天，还是这个时间，他又让我讲《小猴上树的故事》，并且说：

"今天别抓蝴蝶了，抓蜜蜂吧！"我说："好呀。"

于是，我又编了一个蜜蜂的勤劳感动小猴的故事，并总结了小猴的机灵与善良。最后，小猴美美地抱着大苹果，在树上睡着了。

他问我："那我勤劳吗？"

"你就很勤劳，平时自己的事，自己完成，还帮助妈妈爸爸做家务，和蜜蜂一样勤劳。"

厚道也美美地睡觉了，不知明晚又让我编什么故事？

就这样，在讲到第5天的时候，我开始加上序号。每天开始第一句，我都模仿故事机里的声音：《小猴上树的故事》第5集……然后再编内容。最后讲到了220多集。

回头想想，编故事给孩子听很好，可以根据孩子近期的想法和不足之处，调整故事内容，起到弥补不足的作用。

说实话，编故事也有点辛苦，后面的那段日子，我都形成条件反射了，刚说"小猴……"两个字就开始打哈欠，但又不能停，"上树的故事"这几字，几乎是一边打着哈欠，一边从我嘴里滑出来的。

糊涂妈"拽"明白儿

2015 年 12 月 8 日　星期二

昨天，厚妈给厚道穿衣服，衣服裹到了裤子里，看上去鼓鼓的，厚妈便把衣服都拽了出来，看裤子里还是有些鼓鼓的，又在裤子外面拽了两下，也没弄清楚是怎么回事。

厚道无奈地告诉厚妈："就是小鸡鸡长长了而已。"

厚妈哭笑不得，也是够糊涂的。

在生活中，厚妈经常犯一些"马大哈式"的错误，这也把厚道"逼"得明白了一些。

学话游戏

2015 年 12 月 18 日 星期二

近日，我们经常玩"学话游戏"。我说他学，一些基本的"准备好了吗？""你又错了！"等等，他已经知道套路了。想让厚道跑偏，只能用一些他在乎的事儿。

有一次他在大便，我们玩儿起来，我说："准备好了吗？"

他学："准备好了吗？"

"你又错了！"

"你又错了！"

"行，进步很快！"

"行，进步很快！"

我稍停了停，换了个语气说："拉完了吗？擦屁股吧！"

他说："还没有。"

我笑，他知道上当了。

有一次，前面说了几句后，我说："咱俩换个游戏呀？你打我一下，我打你一下。"

他说："不行。"

还有一次，我很认真地说："儿子，今天上学吧！"

他学："儿子，今天上学吧！"然后看着我："爸爸，你开玩笑呢吧？"他还是害怕上学。

后来，他也经常想方设法"套路"我。

第三秒原则

2015 年 12 月 30 日 星期三

早晨，我在扫地，客厅中间的位置散落了一些黏糊糊的小贴纸。我说："儿子，你负责把这些贴纸都贴到电视下面的墙上，可以吗？"

"好的！"

他立刻执行起来，左手一个，右手一个地往墙上运输。两趟过后，他开始不再往墙上贴了，而是贴在了自己的衣袖上。

这些贴纸已经影响了我扫地的进度。我想指导他："这样粘在袖子上不行，快往墙上贴。"但是没有说出口，于是便站在那等，看他想怎样。

他把贴纸都粘在了自己的袖子上，然后跑到墙边，再把袖子上的往墙上粘。原来他是在用"简便方法"。

幸好我没"指导"他。我若是说了，他可能会照我说的做，但却影响了他的"好办法"。

等一等，停一停，明白了孩子的意图再讲话，否则犯错误的可能是我们。"等一等，停一停，不着急"我管它叫"第三秒原则"。

昨天，大姑带来两袋海苔虾，厚道愉快地沾了一点儿番茄酱。然后模仿广告里的表情与动作："好原料，才有好产品。"美美地咬了一口。大姑被他逗笑了，高兴地说："你再说一遍，很搞笑。"他并没有按照大姑说的做。

本来我想建议他"快给大姑再说一遍"，但话到嘴边，还是想看看他怎么办。

等他吃完嘴里的，又稳稳当当地拿了一片，认真地沾了一下番茄酱，调整好情绪说："好原料，才有好产品。"这次更是形神俱在，大姑笑得前仰后合。

原来他正在准备自己的情绪。

很多情况下，孩子会有自己的想法或做法。如果我们不能等待，不能理解，可能会扼杀他独立的想法，甚至是创意。

所以，有些时候要给孩子一些时间与空间，看看孩子到底想做什么，然后"知己知彼，百战不殆。"

那么，应该什么时候及时地讲，什么时候合理地等呢？这需要我们多观察孩子，对他的行为习惯和思维方式有较好地了解，便能做出适当的选择。

收下他的孝顺

2016 年 1 月 2 日　星期六

几天前，厚道得了支原体肺炎，最近已明显好转。他又恢复了往日的活泼。

晚上，我洗脚时，水有些热了，说："好热呀！"厚道跑过来说："我给你吹吹。"然后"噗噗"的吹起来，我们都笑了！

"儿子，这样吹作用太小，还是给爸爸打些凉水兑里吧。"他一边说："好的"，一边去打凉水。

水温可以了，但是水溢了出来。厚道说："我拖一拖，水洒了。"他用拖布拖起来。

我表扬他："厚道可真孝顺哪！"他费力地左拖拖、右拖拖，还乐呵呵地念叨着什么。

干完了活儿，厚道一边走一边问："我孝顺吧？"

"非常孝顺，爸爸发自内心地高兴啊！"

生气也有节奏

2016 年 1 月 17 日　星期日

最近几天，厚道觉得自己的玩具不够丰富了。

昨天，我给他做了一款我小时候的玩具 —— "掌中飞碟"，用细线穿过大扣子的两个眼儿，双手适时地拉动，然后让扣子飞速地旋转起来，玩了一天，总算是顶过去了。

今天，我在大纸壳上挖了一个小洞，当玻璃球坑。玩了一会儿，坑变粗了，玻璃球掉到纸壳下面，卡在沙发空里。一鸣看了一下情况，玻璃球很难取出，便念叨了一句："只有神人能取出来呀！"

厚道追问："姐姐，那你是神人吗？"

姐姐笑了笑，没有回答。

就在刚才，厚道生姐姐的气了，故意把牙签弄散了一地，我淡定地说："儿子谁弄散的，谁负责捡起来吧！"

他生气地说："谁弄散的，谁的大人捡！"

看他很生气，我笑着说："这是什么规矩？"

"正规矩。"

一鸣姐姐失望地念叨说："看你爸爸老了指望谁？"意思是：看你现在这个样儿，是孝顺不了爸爸了。

他愤怒地大声喊："我！"

看那小样，比以前能对付多了！

孩子生气了，我们不要陷入他的节奏，你气我不气。 这样我们既做了正确的示范，也不会助长他的气。

体验式讲解

2016 年 1 月 21 日　星期四

晚上，厚道拿着姐姐手机看来看去，我凑过去看了一眼，原来是在看手机屏保上的卡通女孩。他指着说："我喜欢这个姑娘。"

"为什么喜欢她？"

"漂亮。"

对于厚道这个表达，我还真没准备好怎么引导他。这是厚道第一次表达类似的想法，不知是偶然乱说，还是真的有他自己的想法。

事实上，直到上小学，厚道也没再有过类似的表达。当时应该是巧合或误会。

前几天，故事里有一句"此地无银三百两"，他问我什么意思，我给他讲了这个故事，也说了寓意。故事知道了，但寓意好像没听太懂。

早晨，他把一鸣姐姐的筷子碰掉了，说："姐姐，这不是我弄的。"

我告诉他："'此地无银三百两'的寓意，就是这个意思。"他一下就明白了。

晚上，他和我玩"此地无银三百两"的游戏：他藏个东西，然后他指着藏好的位置说："不在这里，不在这里……"

三分"怪"与"坏"

2016 年 1 月 31 日　星期日

上午，我下楼买了一些东西。一鸣问："舅舅，你干啥去了？"

我逗她说："我在外面抽了一根烟。"

一鸣半信半疑地说："哦？你还抽烟呀？"

厚道看着我，不高兴地说："都禁止吸烟了。"

我笑着问他："你在哪看见的？"

他说："我走着走着，看见一个，走着走着，看见一个，有很多。"

"那你说得还真对！但是，你没看出来爸爸在逗姐姐吗？"

他知道自己也"中计"了，露出了"怪呆"的表情。（怪呆就是眯着眼睛、身体放松并下垂，呈发呆状的搞怪。）

晚上，厚道摆弄着 1000 元红包。厚妈说："给我点呗？"

厚道没有抬头，小声说："不给。"

厚妈说："你要他干吗？"

厚道说："买玩具。"

厚妈拿出 11 张十元的，说："咱俩换吧？我这个多。"

厚道想了想："好吧！"但只拿出 9 张给了厚妈。

厚妈笑了。但并不知道，厚道只给了她 9 张。

我看着厚道，对他坏笑着，意思是：被我知道喽！

厚道看我笑个不停，以为我在提示他"吃亏了！"他凑过来小声对我说："我的大钞票，到游乐场买不了游戏币。这大钞票往里一放就吐出来。"

他看我还在笑，知道他骗厚妈的手段被我看穿了。

他转过头对厚妈说："妈妈，我给了你 9 张，你给了我 11 张。"然后自己也捡了便宜地笑。厚妈仍然在笑，我也仍然在笑。但是，我们三人都笑着自己的笑。

我想：在陪伴孩子的过程中，要有三分"怪"与"坏"，虽然是小聪明，但这些也是智慧，也是创意，也是乐趣。这些让我们的生活变得丰富，也增加若干色彩。

PART 3

周岁日记

厚妈告诉厚道吹生日蜡烛

聊天儿即教育

2016 年 2 月 19 日 星期五

今天，我要去听《九型人格》的课。早晨 7 点，我告诉厚道："今天爸爸要去上课，这个课程一共有三天，爸爸白天就不陪你了，晚上回来咱们再一起玩儿。"

"为什么要去培训？"

"因为，爸爸上班的时候，觉得知识有些不够用，需要学习一下，这样才能更好地工作，更顺利地完成自己的任务。"

我忙着穿衣服，厚道说："爸爸，你再陪我玩一小会儿可以吗？"

我说："好的，但是上课是爸爸很喜欢的事，我要把之前的准备工作先做好，咱俩再玩一小会儿啊！"我一边准备，一边自言自语地说："学习是最重要、最快乐的事情。"

他说："玩也是最重要、最快乐的事情。"

我说："是的，玩也很重要，在玩中也能学到知识，增长本领。但是我觉得，玩儿跟学习比起来，还是学习更重要一些。"然后回头跟他笑了笑。

他不再打扰我，准备完毕后，跟他玩了大约两分钟，我就出发了。

昨天早晨，厚道说了一句梦话："这不是我喜欢看的节目，真无聊！"醒来后，我问他："什么是无聊？"

他说："不知道。"

"无聊"在他的潜意识里吗？

4 周岁日记

厚道的童年日记

小人儿难养也

2016 年 2 月 25 日　星期四

这两天姐姐没有来，厚道多数的时间都在看书、听故事、拼拼图，很少运动，吃得也少，还有一点拉肚子，愁坏了厚妈和我。

晚上，厚道听了两个小时的故事机，一动不动。我和厚妈说："唉，咋整？吃得少，怕瘦；吃多了吧，还拉肚子；看书，怕费眼睛；听故事又一动不动，都听呆了，是不是过两天还得给收起来啊？"

有时候我们也反省：是不是顾虑得太多了？孩子顺其自然，想干啥就干，是不是也没什么事啊？不管肯定不行的，那管多少才合适呢？真是很难拿捏。

此时家里现状：厚妈用手机查"止泻方法"，我用电脑查询"腹泻原因"，厚道抱着故事机像个孤儿。

今天是个例，事实上：我们极少在厚道面前用手机或电脑。

引诱

2016 年 3 月 1 日　星期二

为了不因为看电视打官司，家里的电视用定时开关设置成了 7 点到 7 点 20 分自动开关。

下午，厚道从 3 点睡到 5 点，为了让他活动一下身体，我想带他出去玩。他为了看电视，怎么也不肯出去。

我用充满诱惑的语气说："咱们去玩大滑梯啊？"

"不去。"

"咱们去玩小火车呀？"

"不去。"

"那里还有赛车，十个金币抓坏人的那个。"

"不去。"

"那里还有打怪兽、骑摩托车。"

"不去。"

"那咱们去玩车里的导航啊？"我模拟导航的声音说，"本次导航结束。"看我模仿得阴阳怪气的，厚道先是笑了，然后紧接着就哭了，说："都怪你，把我的程序都打乱了。"

我笑了，知道他是矛盾了，动摇了，犹豫了，所以感到有些痛苦。

我不再勾引他，过了一会儿，他说："那好吧，电视里的熊大、熊二都是假的，玩一会儿才是真的！"

吃不着葡萄说酸了。

家庭幽默（一）

2016 年 3 月 7 日　星期一

晚上，我们一家三口一起泡脚。厚妈说："看我儿子，身材多好呀！"

我对厚道说："妈妈着急呀！为什么厚道的身材不像妈妈。更着急的是，为什么自己的身材不像厚道。"

厚道笑了，也不知道明不明白。

中午，厚道让我给他的几辆玩具小车穿上绳子。我的动作有点慢了，他说："看你笨手笨脚的。"

"这是哪儿学的？"

"熊出没！"

我笑着说："这样说话不文明！"

词语接龙

2016 年 3 月 10 日　星期三

晚上，和厚道一起玩词语接龙。为了降低难度，选上一个词里任意一个字组词就可以。

厚道开始："流水。"

厚妈说："喝水。"

我说："喝茶。"

"茶叶。"

"落叶。"

"降落。"

......

厚妈说："面条。"

我想给厚道增加些难度，说了一个"条件"。我认为他一定组不出"件"的词来。他很快说："文件。"

厚妈说："语文。"

我说："语言。"

厚道想了一会儿，勉强说了个"吃盐"。这是难住了，为了保持兴趣，吃盐就吃盐吧，完事再纠正，继续……"吃饭""米饭""大米""大人""人类"……最后，厚道说了个"选择"就结束了。

最近陪厚道时，偶尔感觉知识有些不够用，以前还总觉得绰绰有余呢。

表演式讲解更有趣

2016 年 3 月 22 日　星期二

早晨，我在洗脸，厚道在大便，他问："爸爸，为什么故事机有'暂停'按键呢？"

"如果你临时有事不能听，就可以把故事暂时停止一会儿。等你的事儿办完了，再按'播放'键可以继续播放，比较方便。"

"那为什么离远了，就听不清楚故事机的声音了？"

"因为声音的传播特点是：随着传播距离的增加，声音会变小。声音是通过空气振动传播的，随着传播距离的增加，振动会逐渐地衰减（我用手抖动着，模拟声音振动的样子，向他的方向传，并不断减弱），声音也就变小，所以我们离远了，听到的声音也会变小。"

看他还在认真地听，我继续说："另外，离远了也容易受其他声音干扰，比如我放水'哗哗'的，你是不是就听不清楚故事机的声音了？因为被水的'哗哗'声干扰了。"

"那为什么不设计一个我离远了它就自动停止，我走近了，它就自动播放的功能呢？"

我笑了，说："应该是可以设计的，等你长大了研究研究，你这个想法非常好。"我给他竖了一个大拇指。

平时，在给厚道讲东西的时候，我经常加上一些形象的动作，这样即能帮助他更好地理解，也能引起他的兴趣。有时候，遇到难讲的事情，为了给他讲得清楚些、形象些，简直就像自己演了一出话剧。

知识听着学

2016 年 4 月 5 日　星期二

晚上去超市，我用购物车推着厚道往前走，他转过头对我说："爸爸，刚才我想让你把车往前推推，可话到一半，又咽了回去，你说为什么咽回去了呢？"

我给他举例子："比如说，你站在那不动，我想对你说：'儿子快走。'可我刚说完'儿子'你就已经开始走了，那我还用再说'快走'吗？"

他摇了摇头。我继续说："这时，我便把'快走'两个字咽了回去，因为没必要再说了，说了也没有作用了。"

"咽回去"这个词儿，厚道是在《舒克贝塔历险记》里听到的。

最近，厚道走到哪都提着故事机听，即便是看电视，也不会把故事机关掉。这边看着电视，那边故事的结束曲刚想起，他会自然地去按 "下一首"。有时，我偷偷帮他关了，他又马上打开，从不耽误，也不知道他是不是真的能一心二用。

直到上学，"听故事"这个习惯一直伴着厚道，他有4种（6台）故事机。经典故事、儿童四大名著都用听的方式接触，这让他受益匪浅。我想："听书"将会成为厚道重要的学习方式。

孩子的坏情绪需要我们的耐心

2016 年 4 月 10 日　星期日

最近，厚道经常用"哭"来争取自己的利益或是发泄自己的不满。

下午在超市，厚道想买个玩具，我劝他说："买一个可以，但是要把正在邮寄的玩具退了。"他不同意，我又说："网上的和这里的类似，应该选一个。"

他一副满不在乎的表情说："可是我听不懂你说的规则呀！"

"'不能买'这三个字能听懂吧？"

"那也听不懂。"我慢慢地推着他向办公用品区走。他嘴里嘟囔着什么，不高兴的态度，不同意又没办法的表情。

买了两个他喜欢的双面胶，看他情绪好些了，我像以前一样做他思想工作："儿子，生气啦，哭闹啦，是没有用又不礼貌的……"

他用一种不耐烦的语气打断了我："行了，你别说了。"

我被他的话"砸"蒙了，一时不知说什么好，只好收声。我们之间都沉默着。虽然我装得像什么也没发生过，但我的心情仍沉浸在刚才的坏气氛里，还没想到如何引导他的方法。

过了大约十分钟，他像什么也没发生过一样问我问题。我用尽量自然的语气回答他。

突然，有一丝丝感觉：对厚道的教育，我有些力不从心？也许是我多虑了。

后来反思，孩子因为坏情绪犯一些小错误，是正常的，我们要帮他慢慢改正，建议如下：

首先，我们要调整好自己。他发脾气，我们不能用更大的脾气来压制他，这样就陷入了他的节奏。一方面，会给孩子不良的示范。杀鸡给猴看，猴子也可能学会杀鸡。另一方面，不能从根本上解决问题，不利于孩子成长，因为孩子表面上被压住了，但心里可能记下了一笔不良的账。

然后，用一些时间，让他回归到正常的节奏中来，让他陷入我们的节奏，被我们引领。

最后，在适当的情景下，针对必须要引导的事项，做合适的沟通，没必要提起的不必再提。

这一过程中，重要的是理解孩子，懂孩子，实在不懂，也不要与孩子对着干，至少为孩子示范大度。

有一次，厚道发脾气，我说："儿子，不要生气，也没什么大事！没必要生气。"

看我经常这样说，他反问我："那什么是大事啊？"

我回答他："学习、增长本领和见识是大事。如果有人耽误咱们学习，可以生气。"

先好着，再改变

2016 年 4 月 15 日 星期五

晚上，厚道给我讲 3D 泡泡书，首页是一辆消防车，车上放了一艘橡皮艇，他给起名叫"救水消防车"。

"嗯，这个名字很好，爸爸都没听过。"其实不太好，但是先好着，让他自信。

很多事都可以先好着，再改变。

这时我突然想起：明早要打豆浆，得先把黄豆泡上，要不一会儿就忘了。

厚道看我突然想起了什么，转身要走，一把拉住我说："你先别激动，看完这个再去。"我笑了，这是我最近经常提醒他的话："你先别激动。"

不要那样想问题

2016 年 4 月 16 日　星期六

最近，厚道对路口的违章摄像头非常感兴趣。在车里的导航上出现摄像头标识，也问一些相关问题。

晚上，我们一家三口在马路上兜风，厚道问："爸爸，违章摄像头照下来的传给公安局啊？"

"是的。"

"如果咱们前面是一台很高的车辆的话，是不是就照不到我们了？"

"是的，那样会有照不下来的时候。但是通常情况下，我们前面有大车的情况并不多。"

"哦，一般情况下都是小车。"这时前面出现了一辆越野车，侧面支着一面大约两米高的小红旗，他惊讶地说："这个红旗一定是改装的，一般的车是没有红旗的。"

"是的。"

为了看清前面的情况，他蹲到我右侧的扶手箱上。这样不安全，也影响我驾驶。我想让他往后一点，走到一个右转弯时，我说："快往后去，前面的摄像头会照到你的。"

他没有动，说："拐弯时只能照到我，照不到车牌照。"

"儿子，不要那样想问题，对的就是对的，错的就是错的，跟照不照得到没关系。关键是蹲在这里很不安全，也影响爸爸开车。"

他还是没动。

不良现象讲亮点

2016 年 4 月 18 日　星期一

晚上，我们一家三口去书城，厚道买了一本越野车 3D 泡泡贴。结账时，厚道又"顺"了一块糖，这已经是惯例了，因为糖就摆在结账的电脑附近，落不下。

我在付款，听见封包的阿姨喊："小伙子，别晃那个。"原来厚道在晃门口的检测仪。厚妈说："儿子，那个不结实，容易晃坏。"

最近这半年，厚道到哪里都动手动脚，大改以前斯文的"好习惯"。说实话，我们不想他太斯文。

厚道被阿姨说了，有些不开心，嘴里念叨着："真烦人！真烦人！"

出了书城，厚道问："妈妈，为什么要在门口安那个呀？"

厚妈说："有时候人们拿了书，忘了结账就直接走了，通过这个检测仪时，这个仪器会发出警报的声音，提醒他结账。"

厚道愤愤地说了一句："哼！那不是小偷吗？"

我和厚妈都笑了。我说："如果是故意不结账，就是小偷，但也确实存在忘记结账的情况，不是故意的，就不算小偷。"

为了培养厚道阳光的心态，在解释一些不良现象时，我们尽量选择比较阳光的一种情况给他解答，但也不脱离实际。

对于厚道说的那种情况，我们也不争辩。因为他说的确实也是情况之一，而且可能更接近安装者的初忠。

认识的艰难期

2016 年 4 月 18 日　星期一

最近，厚道见到谁，都不肯问好了！昨天，在超市遇见梁叔叔，无论我怎么介绍，他也不问好。以前尽管不太愿意，但也会主动问好。

我想：这是个"认识艰难期"吧！厚道在接受"问好"这件事的时候，是我们告诉他的，他对其中道理的体会并不深刻，虽然服从，但是心里可能会有些抵触，所以"问好"时的状态并不自然，也不从容。

现在，他的自主性比以前强了，不想接受这个"我们给的"东西了，所以不服从、不问好。

等他彻底理解了"问好"这件事，就能很好地应用这个"礼貌"。到那时，应该就能自然地"问好"了，这个礼貌也就成为他生活习惯的一部分了。

孩子在很多事上，可能都会有"认识艰难期"，我们要正视这个阶段，不要给孩子太多的约束与批评，否则可能会引起孩子逆反，无法顺利地度过这个艰难期。

对面艰难期，让他有消化、反省、思考的时间与过程。

给孩子出些生活题

2016 年 4 月 19 日　星期二

厚道每次求我做事，我都提出一个条件：往我的脸上亲对我说的数，亲多了、亲少了都要重新亲。

半年前是，亲 8 口、亲 6 口、亲 13 口……

后来我只是用手语打一个数字，他就开始亲……

最近，增加难度，3+5 口、4+3 口、6+4 口……

通过练习，十以内的加法已经可以了，但还要掰手指。

我认为：这样既提高了本领，又增进了父子感情。也许对于他来讲，不一定增加父子感情，说不一定哪天就烦我了。

平时，厚道总是掌管着一部分现金，没事玩玩数学，我问他"还有多少？昨天是多少？谁给了多少？……"

前两天，我们在外面吃完饭，他去结账，需要支付 75 元，他递给阿姨 100 元，阿姨逗他："我应该给你多少钱呀？"

他想了一会儿："25 元"。我不确定他是不是蒙对的，反正阿姨很惊讶。

后来的一段日子里，厚道在计算方面的进步比我们想象的要快。

生活中的事，只要是孩子能做的或是可以参与的，尽量让孩子去完成、去参与。这样会让孩子的综合能力有所提升，大家多挖掘吧！

晚上，厚道研究削笔器。他想找个铅笔削一削，可家里唯一一支铅笔已经削得只有 2 厘米了。他拿了一个牙签来试，卡不住，他不明白为什么，来问我。

我用手电筒帮他照了一下卡铅笔的装置，想讲给他听，还没等我出声，他给我讲了起来："这里面只有两个卡扣，牙签太细，正好从剩下的小洞里穿过去，卡不住，但是铅笔比较粗，在这里就能卡住了。"

"嗯，你说得挺明白！"

树立"办法总比困难多"的意识

2016 年 5 月 6 日 星期五

盼了四五天，厚道的魔幻车神 —— 装甲车，终于到货了。我们高兴地打开后，厚道把小车神 —— 涅槃凤凰，装进装甲车里。

玩了一会儿，我觉得装甲车缺少装饰的贴纸，便奇怪地问："是不是我们落下什么了？"我又到包装里找了找，没找到。

"难道是做车的叔叔没给设计吗？"

厚道接话说："叔叔没给设计，咱们自己设计，不就行了吗？"

"这是个好主意！"

厚道找来了贴纸书，里面的汽车贴纸可以做材料，按照适合的大小进行剪裁：轮胎、车门、车标、车玻璃……结果非常满意。

经常听厚道叨念"得想个办法！""有办法了！"的话，说明他正在发挥自己的主观能动性，动脑思考，解决问题。

不怕眼前有山，就怕心中无路，困难是有限的，可办法是无限的，关键是我们能不能想到。

我们在陪伴孩子的过程中，要做积极主动、爱思考的人，遇到问题或困难不等不靠，善于发现问题、解决问题。这样，可以帮助孩子树立"办法总比困难多"的意识。

想让他干啥，我就干啥

2016 年 5 月 7 日 星期六

厚道看我又写"作业"，他也拿出自己的日记本，让我帮他写。我说："妈妈现在有时间，让妈妈帮一下吧！"

厚妈凑过来说："好的，你说，我来代笔。"下面来看一下厚道的第一篇日记吧！

今天下楼，下完楼玩水枪，交了两个朋友，第一个叫朵朵，还有一个叫晓乐。

过了一分钟，走掉了一个朵朵，然后我和晓乐玩起来。

过了一会儿，妈妈去超市给晓乐和我每人买了一瓶饮料。然后，玩了一会儿泡泡，然后，妈妈和我就上楼了，到了家里，我妈一看钟表都四点了，然后就睡觉了。

厚道
妈妈代笔

在写的过程中，他问了两个问题。 第一个："朵朵，这两个字，你不会写吧？"厚妈说："会。" 第二个："那你为什么会写那么多字？"这个我替厚妈回答："妈妈小时候学习很好，所以会写很多字，这个并不难，长大了你也会。"

我想：他知道妈妈爸爸小时候都喜欢学习，他自然也就喜欢学习了吧。

写到中间的一处，厚妈提醒了他一件事。他说："别提那事儿。"从他的语气来看，好像思路受打扰了一样。

过了一会儿，厚妈偷偷对我说："你知道刚才他为什么对我说'别提那事'吗？是因为他睡觉起来哭了，不好意思提，呵呵。"

哭的原因是：4点30分睡觉时，厚道让5点30分叫醒他看电视，结果厚妈没有叫，厚道就错过了5点30分到5点50分看电视的机会——为了晚上能出去玩一会儿，电视的定时开关改成了5点30分到5点50分。

厚道的日记，虽然有许多地方需要指导，但是我们并没有现在指导，只是表扬了他，希望他能有兴趣写下去。

事实证明，他只"写"了三篇，就不再提这事了，不提就不提，好像确实早些。

趁热打铁

2016 年 5 月 11 日　星期三

晚饭前，厚道跑过来问我："爸爸 100 减 1 是不是等于 99 呀？"

我有些惊讶地说："对，你怎么算的？"

"我想的。"

"那 99 减 1 得多少？"

他想了想"98。"

"30 减 1 得多少？"

他回头看了一下钟表说："29。"

厚妈笑着问他："你回头看一眼钟表，是为什么？"

"我看一下 3 前面是几。"

原来，他一时想不起来 30 前面的数是几十九了，到钟表上找了个参考。

趁热打铁，我又接着问他："10 减 1 呢？"

"9。"

"10 减 2 呢？"

他想了大约 5 秒钟说："8。"还是打着手语说的。能回答这些问题，说明他已经会使用减法了。

我停下笔，接着问他："28 减 1 是多少？"

显然这个问题对他来讲好像已经很轻松。他开始为我表演：用两只手在空中胡乱打些手语，从他打手语的样子，我知道他是在迷惑我。

手语乱舞之后，打了一个"2"又打一个"7"，说："27。"我又说："28 减 2 呢？"他又继续胡乱比画，右手打"2"左手打"6"嘴里说"26"。

从这以后，躺在被窝里睡不着，我们就玩这种游戏。偶尔我想不起来，他拉着我玩儿。

让孩子说下去

2016 年 5 月 21 日　星期六

中午，厚道在故事里听到了一个知识："飞鱼是如何飞行的？"

晚上，厚妈给厚道洗澡。厚道坐在浴盆里，一边用手模拟，一边给厚妈讲飞鱼的飞行原理："妈妈飞鱼就是这样，这样……飞出水面的，但是，它只能在空中飞行几秒钟，再回到水里，不能像飞机那样一直在空中飞。"

厚妈把心思都用在了给他洗澡上，没有认真听他的讲述，敷衍的"哦"了一声，然后认真地问："下午把腿磕了，疼不疼？水温热不热？……"

我在旁边看着，心想：我的儿子，妈妈不擅长听你讲原理，妈妈正在认真地照顾你。

我接话儿："儿子，你讲得很有道理，但是，爸爸没听全，一会儿给爸爸再讲一遍啊！"

"没问题！"

家庭幽默（二）

2016 年 5 月 25 日　星期三

晚上，厚妈问我："这件衣服好不好看？"

我给厚妈讲："对于一件衣服来讲，一般只能表达一种感觉，或者是大气，或者是时尚……而对于一个人来说，通常外观上也只有一种主要气质，比如说精明，比如温柔，比如沉稳……我们一般要根据自己的气质，去选择适合的衣服。另外，你想穿出自己的风格，尽量选择能表达同一主题的衣服，这样更能让人记住你的风格，也更容易给人留下深刻的印象……"

厚妈听得有些烦了说："动点真格的，说点有用的行不行？"

厚道接过话说："好看！"

我们都笑了！我也承认：他这个确实简单、有效。

厚道最近很会哄厚妈开心，不管真假，就是夸。厚妈也是不管真假，都按真的处理，经常乐得合不拢嘴，有时候还要追问："哪里好看？"

"哪都好看！"

"是人好看，还是衣服好看？"

"人好看！"

"真的假的？"

"那我还能骗你？"我心想：不能是陈述句吧？

有时，厚妈穿上一件衣服问："儿子，这衣服好看吗？"厚道忙着玩，连看都不看一眼："好看。"厚妈假装生气地说："你都没看！"厚道坚持说："我看了，真好看！"厚妈也没办法，只好念叨一句出卖我的话："和你爹一样！"

爱，让孩子踏实

2016 年 5 月 27 日　星期五

凌晨 4 点，厚道说要喝水。过了一会儿，又吐了一次。上午拉了五次肚子，下午有所好转。

晚上，我们一家三口去超市。出发时，我偷偷对厚妈说："用不用带一点纸？"还是被厚道听到了，他说："爸爸，你还以为药不管事呢吧？"

我笑了，没有吱声。他又问我："笑什么？"

"爸爸以为你不知道我是什么意思呢，没想到你知道了，我很高兴。"

到了楼下，厚道想骑电动车去，我建议走着走。厚道说："我有两个条件，第一骑电动车去，第二走着去，但你得一直抱着我。"

"好的，我选第二个。"

他说："第二个是啥来着？"

"走着去，一直抱你。"　他认为我根本不会同意第二个，所以第二个是什么，都没往心里去，没想到我同意了。

结果他又反悔了，只好骑电动车去。路上我告诉他："刚才你说那两个不叫'条件'，叫'选择'。我从两个'选项'里选一个。这种情况下，我一旦做出了选择，你就不能再反悔了，反悔就是不诚信了。"

中午，也没发生什么事，他搂着厚妈脖子说："你对我真好！"不知道是忽悠，还是真情实感，但从表情看像是发自肺腑的。

2018 年 11 月份，有一天夜里醒来，他对厚妈说："谢谢你，一直陪着我！"很快又睡着了。

对于这种现象，厚道可能是在心里认为：他得到的是踏实的爱，真情而丰富的陪伴。他这样表达，是有幸福感、有安全感的一种表现。

抓住时机做引导

前两天，厚道大姑跟我说：一鸣最近做什么事都不太专心，玩时想着学，学时想着玩，状态不太好。

晚上，厚妈和大姑骑一辆电动车，厚道、一鸣和我三人骑一辆去公园玩。路上一鸣说："咱们两辆电动车并排走吧？"

我说："那样不礼貌，可能会妨碍其他人超车。"

厚道问："什么是并排？"

我把电动车的速度降下来，和大姑的车并了一下排。告诉他："这就是并排。"

过了一会儿，一鸣趴在我耳边说："舅舅，一会儿到了公园可以玩大转轮吗？可能是 30 元。"

我想顺便引导一下她，说："当然可以！在玩的时间，你想玩什么就玩什么，但是到了学习的时间，也一定要静下心来学习。"

一鸣高兴地回答："一定的。"

厚道接过话说："该学的时候好好学，该玩的时候好好玩，这才叫活。"然后摊开两只手："要不，不就白活了吗？"

我们都笑了起来，"说得有道理！"

厚道又问："你们笑什么呀？"

"因为你说得有道理，样子也很搞笑，我们都很高兴。"

大家说话都算数

厚道拉肚子第三天了，厚妈在他的白开水里撒了一点儿盐。由于味道不太正常，厚道每次都说："我要喝原味的水。"

平时，陪厚妈逛街的时候，厚道总是吵着要回家。下午，厚道答应厚妈去买鞋，全程表现良好，非常配合。在一个鞋店，厚妈试了几双鞋，没有买。最后，他说："妈妈，还是把你原味的鞋穿上吧！"

逗得阿姨们呵呵笑。

回来的路上，他做厚妈思想工作："妈妈，你总是在这几个店买鞋干啥呀？你去娇娇买吧，娇娇也有。"（娇娇是他最近经常光顾的游乐场，同时也卖童装和玩具。）

近一段时间，厚道说话算数，在诚信方面表现良好。只要是说好的事儿，他都会"履行协议"，从他的表现可以看出：答应了的事，思想上就接受了，就不会产生为难与勉强的情绪。

我想：我们三口之间的沟通是有效的，大家都说话算数、遇事讲理。在这个阶段，我们要帮孩子培养"说话算数"的好习惯，建立好了后，也不要去破坏。

从"费斯汀格法则"看教育

2016 年 6 月 2 日 星期四

今天，在朋友圈读到了"费斯汀格法则"。

费斯汀格法则是美国社会心理学家费斯汀格的一个判断：生活中的10% 是由发生在你身上的事情组成，而另外的 90% 则是由你对所发生的事情如何反应所决定。也就是说，生活中有 10% 的事情是我们无法掌控的，而另外的 90% 却是我们能掌控的。

为了印证这个法则，费斯汀格举了这样一个例子：一位叫卡斯丁的男人，早上起床后洗漱时，随手将自己高档手表放在洗漱台边，妻子怕被水淋湿了，就随手拿过去放在餐桌上。儿子起床后到餐桌上拿面包时，不小心将手表碰到地上摔坏了。卡斯丁疼爱手表，就照儿子的屁股揍了一顿。然后黑着脸骂了妻子一通。妻子不服气，说是怕水把手表打湿，卡斯丁说他的手表是防水的。

于是二人猛烈地斗起嘴来。一气之下卡斯丁早餐也没有吃，直接开车去了公司，快到公司时突然记起忘了拿公文包，又立刻转回家。可是家中没人，妻子上班去了，儿子上学去了，卡斯丁钥匙留在公文包里，他进不了门，只好打电话向妻子要钥匙。妻子慌慌张张地往家赶时，撞翻了路边水果摊，摊主拉住她不让她走，要她赔偿，她不得不赔了一笔钱才摆脱。

待拿到公文包后，卡斯丁已迟到了15分钟，挨了上司一顿严厉批评，卡斯丁的心情坏到了极点。下班前又因一件小事，跟同事吵了一架。妻子也因早退被扣除当月全勤奖，儿子这天参加棒球赛，原本夺冠有望，却因心情不好发挥不佳，第一局就被淘汰了。[1]

在这个案例里，手表摔坏是我们不能掌控的其中的10%，后面一系列事情就是我们可以掌控的90%。然而，由于当事人没有很好地掌控那90%，才导致了这一整天的错误一再发生。

那么，我们换种方法对待呢？卡斯丁在自己无法掌控的10%产生后，换一种反应。比如，他安慰儿子说："不要紧，儿子，手表摔坏了没事，我拿去修修就好了。"这样儿子高兴，妻子也高兴，他自己心情也好，那么随后的一切就不会发生了。

由此可见，我们虽然控制不了前面的10%，但完全可以通过自己的正确处理来掌控剩余的90%。

联想到孩子的教育，好像也适用此法则。

前几天，有位亲戚打电话给我：孩子读高二，前两天在学校和同学打架，被学校劝退，问我怎么办？我了解情况后才知道，这已经是第二次了，之前那一次是求熟人帮忙，好不容易才复读的，这次全家又在四处求人说好话，很是操心。

我想：也许是在孩子之前的教育中，家长没有做好那10%，才有了后边一连串的90%吧？

生活中，看似互不相干的事情，却可能有着某种内在的联系。我们小小的一个举动不仅会影响自己，也会影响到周围的某一个人或是后面的事。我们在教育孩子方面，要多积累一些对孩子真正有用的方式、方法。

[1]费斯汀格 Festinger . 认知失调理论[M]. 杭州：浙江教育出版社，1999.

厚道的童年日记

家庭幽默（三）

2016 年 6 月 3 日　星期五

明天，打算去开鲁县——爷爷奶奶家。

晚上，我给厚道洗脸时溜号了，由于心里想着工作的事，用机械的动作，一直在给厚道洗。厚道有些受不了了，说："行了吧？你想洗到去开鲁的时间吗？"我忍不住笑了！

他问我："你笑啥？"我没有出声，他又笑着问："你笑啥呢？"

"爸爸觉得你说的话很搞笑，呵呵。"

过了一会儿，厚妈觉得厚道穿长裤有点热，用剪子把裤腿减去一半，还向我炫耀："他爸，你看儿子凉快不？"

我笑着说："你妈又开始玩'服装设计'了？最好再搭配上一点不讲道理。"

厚妈生气地说："去去去去……"

厚道接过话说："妈妈，你漂亮！你讲理！"

我们都笑了，还是自己笑着自己的笑。我笑的是儿子识时务。厚妈笑的是把儿子的表扬当真。厚道笑的是自己做了一件"扶大厦于将倾"的事。

对于厚妈的"服装设计"，我的观点是：剪了是不是可惜了，换一件不是更好吗？

厚妈的观点是：没有合适的。

第一印象很难改

厚道爷爷买回了几条泥鳅鱼。我下班回到家，厚道开心地跑过来说："爸爸，看'泥了耗子'！"

"嗯，这帮小家伙还真活跃，不过他应该叫'泥鳅鱼'。"

"泥鳅鱼？"

"是的。"

过了一会儿，他还是随口叫出"泥了耗子"。

"儿子，是泥鳅鱼！"这样纠正了三四次，可见第一印象很难纠正。

这段时间，厚道认识了一些车辆品牌。

今天下午和爷爷下楼去遛弯儿，他指着宝马的车标问爷爷："爷爷，这是什么车？"

爷爷为了有趣儿，说："叫宝驴。"从那以后，厚道看到宝马就说"宝驴"，也是纠正了好一段时间才改过来。

我想："宝驴"也好，"泥了耗子"也罢，这些倒也无伤大雅。不过孩子的"这张白纸"尽量不要用到"橡皮"，那样会给孩子的认知造成不必要的麻烦。

给孩子讲东西的时候要严谨、认真。

认真对待孩子的第一次

比如：第一次下水游泳。如果第一次下水的时候被水吓到了，可能导致他一生都会不喜欢游泳。

厚道第一次接触小狗，就被小狗突然的吠叫吓到了。从那以后，无论

遇到大狗还是小狗必须让我抱起他，我也会迅速抱起他，让他获得安全感，而不是让他强行地去接受"只是狗，不用害怕"这个事实。我估计：厚道成年后也会对狗产生没有必要的敏感。如果我们恰当地处理好了前几次他与小狗的接触，可能就不会这样了。

厚道3岁半时，在星海广场看恐龙奇迹，里面很黑，声音很大，场面也很血腥，受到了一些惊吓。第二天去温泉山庄，换衣间里面有点黑，他就不肯进去。2017年6月，在上海看激光电影，里面很黑，只看了不到一分钟就出来了。厚道仍然怕黑。2019年的新年，我们提议去看电影，他不肯去，原因还是里面太黑。

建议大家：孩子们的第一次由我们来完成。如果他的第一次是由他人来完成的，那么很有可能不是我们想要的结果。

很多重要的观念，我们应该在第一次讲给孩子的时候，正确地告诉他。例如：小孩不能饮酒，因为对身体发育不好；小孩儿不要玩手机，因为对眼睛不好；不要浪费时间，要把时间用在有意义和有价值的事情上；不爱学习的人，没有出息，不要说成"学习不好，没有出息"，那是不一样的。因为"爱学习"是我们的目标，"学习好"是结果，结果属于孩子，不属于我们……

兴趣是最大的规则

2016年6月22日　星期三

厚道盼望的中国象棋到货了。每次带着包裹回家，进门时我都模仿乐迪送包裹时的情景"我是乐迪，每时每刻，准时送达！"厚道很高兴。

打开包裹，我们玩了起来。我把棋子和运子规则给厚道讲了一遍，他听得很认真。摆好棋，我们试着走。

有一步棋：他的"炮"在我的"帅"前面，我把自己的"炮"不小心走到了他的"炮"和我的"帅"中间。我马上又退了回去说："不行、不行……"

他笑了："我知道，你要是走到那，我的炮就可以直接吃了你的帅。"

还有一步：我用"车"将他的"将"，我以为他会措手不及，结果他用"车"干掉了我的"车"。我没想到他会这样 "解围"。

他一边下棋，一边讲中国象棋与国际象棋的区别与相同点，讲得很有道理。

在下棋的过程中，厚道喜欢和谐：他可以吃我的时候，也不吃。我提醒他应该吃了，他说："先不吃你。"他的意思是：如果要吃，也是一人吃对方一个，也许他觉得这样公平。

近一段时间，我给他讲"和谐、公平"的概念，也许起作用了吧？怎么有趣怎么玩，兴趣是最大的规则，我听他的。

第二局只下了一半，他说"有点困"。我还真怕累着他的大脑袋。

对于中国象棋，厚道表现出了较强的应用能力，也许是有国际象棋的底子吧？

我们爱你，自律是你自己的事

2016 年 6 月 26 日 星期日

近一周时间，厚道自己吃饭。

早晨吃饭时，厚道说："爸爸，这次我想让你喂。"我爽快地同意了，说："那你到桌子前面来吧！"他高兴地凑过来，自己拿起了饭勺开始往嘴里送。

吃了几口，他好像想起了什么，说："爸爸，刚才我不是说让你喂吗？你看我自己吃了。"

"你已经形成习惯了，这个习惯很棒！"他自己又继续吃起来。

我想：这里面应该有一个微妙的心理现象。长久以来，厚道每次吃饭便说"喂我"，说明他在思想上不愿意接受"自己吃饭"这个事实。刚刚，我同意喂他，他很高兴，凑到桌边自己吃起来，说明他在行动上，已经接受了自己吃饭。对他来讲，内心不想自己吃，可吃起来发现自己吃也不错。

如果他在说让我喂的时候，我拒绝了，可能会激化他的情绪，后面就很难出现这个和谐的饭局了。

每个孩子都不一样，内心世界更是千差万别，我们应该把握的原则是：用行为告诉孩子"我们爱你，自律是你自己的事"。

让孩子学会自律，孩子才能在人生路上步步为营。自律要从小开始，并需要长期的引导才会成功。

我们要做的是示范、引导与提醒，不是"管"，不是限制与压制。

家庭幽默（四）

2016 年 6 月 26 日　星期日

每次吃完药，厚道都让我给拿一块冰糖解苦味。他总是要大的，我们又不想让他多吃。所以，每次我都拿两块，一块大的放在食指和拇指之间让他看，另一块小的放在手心里，不让他看见。等他确认了，这块足够大，在张嘴的时候，我便把小的放到他的嘴里。前两天，效果还是蛮好的，第三天这两块冰糖的个头差别太大了，被他发现了。

从这以后，我拿冰糖的任务就被他取消了。

我们理解不了的心愿

2016 年 7 月 8 日　星期五

昨天，厚妈买了一个油壶。厚道又是擦，又是洗，弄得还算干净。厚道想往里装油，我说："油壶里有残留的水，这时倒油进去，油就不纯了。"

早晨，厚妈吩咐我们爷俩把油装好。我和厚道一起往油壶里倒了一大半，停下来。厚道说："油还没满呢。"

我解释说："装一大半是最合适的，如果装满了，妈妈在往锅里倒时，油会从上面的口溢出来。"

他好像没听明白我的意思，但是感觉上好像有道理，"噢"了一声，表示认可后，又提了一个要求："再少倒一点点行吗？"我爽快地答应了，又倒了大约 20 滴，他满意了。

我想：这 20 滴倒的不是油，倒的是他的满意。孩子经常会有一些我们理解不了的"心愿"或"梦想"。

比如厚道每天晚睡前，总是对我说："爸爸，我用你的手搭一个小房子。"于是，我用一只手他用一只手搭一个小房子，然后他就睡了，也不知是什么用意，我只是配合他。

比如：他已经盼了一夜的，给油壶装满油。尽管这 20 滴油对于我们来说倒不倒没什么区别，也许在孩子心里会是成功与失败的差别。

有原则地顺着孩子，倾听他的心声，孩子也会有原则地顺着我们的，更愿意接受我们讲的道理，后面便是和谐、宽容、进步、幸福。

会说

2016 年 7 月 12 日　星期二

晚上，我在网上预约儿童医院消化科。厚道问："爸爸，你干啥？"

"在网上给你预约调理脾胃的医生。"

"那我也跟你学一学，等我长大了，万一你们……"他说到此处略有停顿。我以为他会说："万一你们生病了，我也给你们约。"他继续说："万一你们身体不好，我也给你们约。"

我笑了，他也笑了。我笑的是：说话还真好听，注意词语的使用。"生病"这个词他没说出来，不知他是不是觉得别扭，不过听上去就是没有"身体不好"那么好听。

他笑的是什么？我不知道。但和我笑的内容准是不一样。

昨天中午吃鱼，厚妈负责把鱼刺挑出去给厚道，吃着吃着厚道说："妈妈，等我长大了，你老了，我也给你挑鱼刺。"

厚妈感动了两三天。

走丢练习

2016 年 7 月 17 日　星期日

下午，他们娘儿俩在商场玩游戏机时，厚妈抽空去看裤子。结果时间没掌握好，厚道的游戏结束了，她还没回来。厚道跑到附近的商铺向阿姨借手机。刚要开始拨号，厚妈回来了，赶紧抱起厚道向阿姨道谢。

当时，那个阿姨问厚道："你知道妈妈的手机号码吗？"

"当然，这个两年前就会了。"

我夸赞厚道：处理得很恰当。

厚妈指导了一番："和我们走散了，找附近的人借电话，或是去找警察、保安、服务员帮助都行。"

厚道说："可是我没找到'走失儿童认领'这个标志。"

我说："咱们这个地区，极少有那个标志，爸爸也没看到过。以后再走失了，除了妈妈刚才说的方法，还可以去银行，现在的银行都有保护走失儿童的职能。"

有些马大哈的厚妈，经常带着厚道"演习"。

"勾引"孩子

2016 年 8 月 15 日　星期一

劳累的北京之行，于昨日结束了。一路上发生了很多的故事，没能及时记下来，只记得去了天安门和长城。

上午，我在单位借了一本《神龙童话》故事书。我推荐给厚道看，可能是书皮颜色已经泛黄，他不屑一顾的样子，表示不喜欢。

晚上，他在玩小汽车，我在旁边有感情地读起了那本《神龙童话》。我认真地、大声地读我的，毫不关心他的反应。

大约读了两页，他开始凑到我后面看。当读到"太阳要灭了"时，他问："那是啥意思？"我给他讲了"太阳的原理"和"童话的本质"。他明白了：其实太阳是一个大火球，童话里的故事情节是虚构的。

我继续读着，他听得很认真，还给我指出了三处错误："熏烟"我读成了"烟熏"；"少的"我读成了"小的"；"气球"我读成了"皮球"。后两处错误是我故意的。

读完这一段，我回头问他："你坐在这儿，是给我挑错的吗？故事内容听懂了吗？"

他笑着说："听懂了。"

读了20多页，他揉了一下眼睛，我说："行了，今天就这些吧！眼睛累了。"他求我："再读一集，再读一集！"

最后读到30页，才肯停下来。

我们想让孩子干什么，可以"勾引"他，让他先建立兴趣。建立兴趣的方法：第一，示范。孩子有模仿的天性，我们做什么，他们也会跟着做。第二，诱导。这要根据孩子的情况，采用相应的方法。如果所有的方法都用尽了，还是不行，就等一等，等到适合的机会出现，再诱导。总之不能强加给孩子，兴趣没了就会南辕北辙。

多观察，再经常略施一些小计，孩子定会被我们感染的。

日记要趁鲜

2016 年 9 月 2 日 星期五

早晨和厚道玩军旗，玩着玩着，他说："这次让你赢一把。"我笑着说："好呀。"结束后，从他的眼神里我能感觉到：他还是有一丝不快，尽管是他让我赢的。

平时我俩玩象棋或军旗，每次都是他赢……

写到这儿，被打扰了一下，想不起要写啥了。日记就是这样：不能拖。因为及时写的时候最有灵感，使用的词语也更恰当，更能还原当时的心情，措辞和用句也最符合当时的情景与感受。过时了，只能记得故事的

"骨"，已经错过了"血"与"肉"。

厚道的日记，基本上都是第一时间记录的。我们的对话内容，都是原句、原词，没有进行修改。我认为改了，就不能较好地还原当时的情境了。

身边没有日记本的时候，我会用语音输入法快速地记好发给厚妈。回家后，再记到本上。

很多时候，牙刷到一半，要去记；马上要睡着了，要去记；上班要迟到了，要去记；半夜醒来，也要爬起来去记……说来也怪，往往这些时候，想记的内容最多。毫不夸张地说：找日记本的动作都要加快，慢一点都有想不起来的危险。厚妈偶尔看见我疯魔地找本儿的状态，会被吓一跳！

有时候，某一个字想不起来怎么写了，要赶紧用拼音或错别字代替，避免头脑中快速流淌的句子暂停或者脱轨，更怕那些真切的对话，得不到还原。

善意的谎言

2016 年 9 月 11 日　星期日

最近这段时间，厚道对手机很感兴趣，游戏、视频……为了不伤眼睛，他了解个差不多，我会偷偷地把软件删掉，并告诉他："手机不小心掉在地上，就会把一些软件摔坏，便找不到了。"

晚上，我俩一边玩军棋，他一边问："爸爸，你是不是把妈妈手机里的视频软件给删了？"

"没有！你是不是摔妈妈手机了？或是不小心掉在地上了？"

"没有。"

"那是妈妈自己摔过？"

"妈妈也没摔过。"

"那可能不小心什么时候掉过地上？把视频软件给摔没了。"

"喔，也许吧！"

过了一会儿，他又问："爸爸，为什么每次摔坏的都是那个视频软件呢？"

我忍不住笑出了声，强忍着回答他："因为，那软件对人身体不好，所以就会被先摔掉。"他没有再问。

我想：这个回答太不科学了，不过有一天他知道真相了，如果还记得这个答复，他会明白原因吧？

晚上我去值班，厚道在泡脚时，给厚妈讲"血液循环"与"汗毛孔"的工作原理，这是他最近自己看书学来的。

输赢不重要

2016 年 9 月 15 日　星期四

平时和厚道做游戏，我很少赢他。因为，他输了就不高兴，我也多次引导他：输了也要有个好的心态。

早晨起来玩军棋，第一局，我赢了他。这一次他并没有表现出不高兴，但也不是很高兴。我想再聊聊输掉后的心态，可话到嘴边又咽了回去，说多了怕他烦。

这时，他自己说话了："爸爸，为什么输了也要高兴啊？"

"因为输赢不是我们下棋的目的，下棋的目的是在玩中增长本领，锻炼能力，玩了，进步了，玩了，进步了……这就行了。另外，如果输了，影响吃饭吗？影响玩玩具吗？影响学习吗？都不影响。所以，为了增长本领和放松身心而玩才对，输赢不重要。"

孩子的错误有人教

2016 年 9 月 16 日　星期五

晚上，我们一家三口去吃火锅。临桌也是三口人，女孩儿像是初中生。妈妈问女儿："吃羊肉吗，我给你夹点？"

女儿说："你给我夹过吗？"

妈妈发怒地说："吃就吃，不吃就不吃。我怎么这么讨厌你说话的方式呢？"

接下来，是沉默。女儿继续低头吃着东西。显然拿筷子的方式已经变了：用右手的食指和中指夹着筷子，举在空中抖动着，透着倔强与无奈。脚放在凳子的横梁上，也是抖动着，仿佛在说：等我长大的！显然母女的关系已经冰冻三尺。

试想：这种关系下，还有爱吗？我认为有。还有教育吗？我认为没有。

个人推理：部分家长，平时自己不学习、做事态度不端正或是不认真，说话没有原则，不温和、不谨慎，等孩子学会了，表现得也会是这样。家长抱怨："跟你说这点事都记不住""跟你说什么也不听啊！"……

结论：一、父母示范错了，孩子会学错。二、父母没有时间陪孩子长大，孩子跟谁学的，便不清楚。

孩子错误的行为或语言，一定有人教！

讲出我们的思考过程

2016 年 9 月 20 日　星期二

早晨醒来，我随便出了一道题："3 和 6 之间有几个数？"厚道没明白是什么意思？我解释说："数字是 0、1、2、3、4、5、6、7、8、9 连续的，那么 3 和 6 中间，有几个数？"

他说："两个，是 4 和 5。"

晚上，遇见舅舅，他用这道题考了舅舅，还给我出题："1 到 100 之间有几个数？"

为了给他展示我的思考过程，我说："1 到 100 是 100 个数。去掉 1 再去掉 100，有 98 个。"

他说："对。"

我把计算的过程念叨出来，希望他能略知一二。

这一段时间，厚道经常把在我这学到的东西，转手讲给厚妈或者爷爷奶奶，讲得津津乐道，很清楚。

厚道在晚睡前，我多数时间在记日记。这个时候，厚妈经常让我去关灯，通常我都说："稍等，我写完这几个字。"

我这副舍不得放下笔的口气和感觉，是好的示范。

没事出去逛

2016 年 10 月 1 日—4 日

十一期间，我们一家三口去了长春和哈尔滨。此行顺利，虽然是十一，但这两座城市人并不多。哈尔滨气温 1—13 度，厚道跟着跑来跑去，也没有感冒。4 号晚上 12 点 30 分到家，厚道坚持没有在车上睡觉，因为火车上有空调，怕他睡着了不好控制温度。

这次出行，厚道不再那么着急和烦躁了。以前去大连、去北京，他做什么事都哭着闹着不肯等。现在回想起来，当时他可能是处在焦虑与不安之中，所以烦躁、着急。

以前外出，他总是让我抱着或者牵着我们的手，可能是还没有建立对这个世界的信任，自然也不能用心地去感受周围的事物。

这次不同，很多时候他自己在前面跳着、蹦着，好像正在锻炼自己的胆量、拓展自己的见识。我也隐约地感觉到：他正在拥有自己的世界，要一步步脱离和走出我们的"保护伞"了！

个人建议：尽量让孩子早一些迈出这一步，尽早建立自己的世界与系统，与这个世界对接。

懒家长带出勤快孩子

2016 年 10 月 11 日　星期二

早晨醒来，我问："今天是 10 号还是 11 号？"

厚道说："是 10 月 11 日。"

类似于这样的事儿或是家里的一些事，我和厚妈经常问他，这能提高他对周围事物的关注度，会变得更细心和认真。

俗话说"懒家长带出勤快孩子"。这是有一定道理的。勤劳、细心的家长，没有让孩子去做事的想法，孩子自然做的少一些。而懒惰一些的家长，喜欢让周围人去做事，也就经常让孩子去做力所能及的事，孩子就会在各方面成长很快。

厚道已经能独立看书，读玩具、药品的说明书了，玩什么也不像以前那样按套路了，经常弄出自己的玩儿法。但还是经常遇到困惑和困难，每当向我求助，我都认真、仔细地对待。

这个阶段，他就像是一艘小破冰船，我是一艘大破冰船。他的破冰能力不够时，就需要我上场。对于此次"出海"，我们的破冰能力之和，将决定我们能够行驶多远。

家长解决问题的办法和态度，将给孩子带来较深远的影响。这不仅对我们家长提出了态度上的要求，也提出了能力上的要求。

跟啥人，学啥人

最近，厚道总是在凌晨上厕所或喝水，一般要叫醒我两次。早晨，他起床了，看我还没醒，摇着我说："爸爸看钟表。"我抬头一看，比平时晚了半小时，说："今天好晚哪！"

"爸爸，今天你醒得咋这么晚呀？"

"晚上你一会儿大便，一会儿喝水，所以有点儿没休息好。"

"那也没耽误你多长时间呀？"

我笑着说："耽误的时间确实不太长，为你服务完以后，一般还要自己酝酿一会儿才能睡着。中间醒过两次，睡眠的质量就下降了，所以醒得就晚一些。"

厚道有半个月中午不睡觉了。今天中午，厚妈搂他睡觉，问："今天中午怎么和妈妈睡觉了？"

"昨天晚上又是大便，又是喝水的，影响了睡觉，所以困了。"

"那你前天晚上也喝水了，昨天咋没睡？"

"昨天晚上，两次躺下后又待了一会儿才睡着的。"我们都笑了——随根儿。

孩子都是这样被父母影响的吧？孩子并不知道应该用什么样的方式处理一些事，我们说了，孩子也就学了。所以，我们家长宽容一些，孩子也许就大度一些；我们看待问题格局大一些，孩子也就大气一些；家长严谨一些，孩子也就细致些；家长努力一些，孩子也就坚韧一些……

昨天晚上，买了一本折纸书，打开后，发现里面裂了很多口子。我问厚道："这书怎么坏了？"厚道凑过来，把书的封面翻过来，指了指说："已切模！"然后一言不发地走了。意思是：那是设计者故意切的。

在表达和解决问题方面，厚道所用的语言和方法一向很简单。我平时也认为：能用三个字讲清楚的，尽量不要用四个字。

随根儿！

家庭幽默（五）

2016 年 10 月 15 日 星期六

最近，厚道经常用来对付我的语言是"你不说这个……你不说那个……你说话不算数了？"

早晨，我说要去单位加班，厚道及时地拦下我，说："你不说放假了吗？"

只要是我说过的话，我就得认，想修改，也可以，只能用他同意的条件交换，比如：订一个包裹。

我没办法，只能兑现：一家三口去了西拉木伦公园，把带水的游乐设备玩儿了个遍。坐游船时，厚妈说："11 点多了，该回家吃饭了。"厚道也说："快回家，电视来了。"（最近允许厚道看电视是 11 点到 11 点 20 分）。

我们刚上船，还没怎么玩儿，眼看 50 元要浪费，我跟他说："今天电视来得晚，12 点 30 分。"

"为什么？"

"因为叔叔今天去单位晚了，他儿子不让他去。"

他看了看我，淡定地说："怎么和你一样啊！"

我说："应该说他儿子和你一样。"

他不屑一顾地"喊"了一声。

他可能也知道，这样做不太好！

晚上，厚道说："爸爸，我给你出两个条件呀？"这是他经常对我说的话。条件通常是，要么 X（X= 一个他想达到的目的），要么订个包裹，让我选。这两个通常都是我不想选的，不过遇上这样的事，还真不好对付。

我想：到了这个阶段，我们大人做事更要有原则，不是万不得已不要"犯规"，否则孩子见大人两面三刀的，很快就能学会。对付起我们来，一样会让我们措手不及。

晚上，一鸣和我们一家三口去书店。回来上楼时，我心里窃喜：今天晚上不用我陪厚道玩了。

陪厚道玩，是一件苦差事，不仅要挖空心思地创造，还要想各种解决问题的办法，还要回答各类古怪的问题，还要尽量地控制自己的行为、雕琢自己的语言，目的只有一个：希望带出一个符合社会主义核心价值观的厚道。

平时好像连想这件事的时间都没有，今天有了。

别小瞧孩子

2016 年 10 月 25 日　星期二

今天，厚道看的书有些多，眼睛有点非正常地眨。我们达成共识：近些天，不看电视、不看书、不做费眼睛的事，只听故事。

晚上，厚道听《西游记》。这个故事共有五十九集，他已经在听第三遍了。我聊天式地问："红孩儿管谁叫妈妈？"

"铁扇公主。"

"管谁叫爸爸？"

"不知道。"

"铁扇公主的老公是谁？"

"牛魔王。"

"那红孩儿管谁叫爸爸？"

"牛魔王。"

"他们三个是……"问着问着我突然停了，示意厚道接着说。

"一家人。"

"《西游记》中谁最重要？"

"孙悟空。"

"第二个呢？"

"唐僧。"

"第三个呢？"

"猪八戒。"

"第四个呢？"

"不知道。"

"谁是师傅？"

"唐僧。"

"大徒弟是谁？"

"孙悟空。"

"二徒弟是谁？"

"猪八戒。"

"三徒弟是谁？"

"不知道。"

"是沙僧。"

我继续问："他们四人去做什么事？"

"取经。"

"经书在哪里？"

"西天。"

"在谁手里？"

"唐僧。"

我笑着说："要是在唐僧手里，还用去取吗？"然后他也笑了，说："是在佛祖手里，如来佛祖，大雷音寺。"

我说："《西游记》就是向西游览去取经的记录。在取经的过程中，师徒四人遇到各种妖怪，发生各种事件，比如偷吃果子，等等。"

我帮他把故事的主线串一串。

我接着问："金角大王和银角大王有几个宝物？"

"五个，第一个是紫金红葫芦，第二个是羊脂玉净瓶，第三个是晃金绳，第四个是腰带。"第五个他说不出来了。

"好像不对，腰带就是晃金绳。"

"那是什么？"

"应该有芭蕉扇，好像是，我也不确定了。咱俩再听一听那一集吧！"

他一边找一边说："好像是宝剑，是吗？"

"还是听一听再确定答案吧！"然后我去刷牙了。他一边听一边玩起了火车。

过了一会儿，他跑过来告诉我："爸爸，是七星剑。"我都忘了这回事儿了，他还挺认真。

他听了一年多故事机了，还是保持着那个特点：看电视、看书……都不关。这个我还是不理解，也许是他的绝技吧！

厚道的拳击手套和沙袋到货了。午饭后，我和爷爷一起安装。我们想把沙袋挂低点，找了一根半米长的铁线做延长。

看我们正在用铁线延长沙袋的挂绳，他说："不用接，不用接。"然后从爷爷手里抢挂绳。爷爷说："不用铁线接一下的话，这个沙袋太高，你够不着。"他不肯松手，还在抢。

我跟爷爷说："给他，看看他想干啥？"厚道把正确的安装方法演示了一下，我和爷爷都羞愧地笑了。因为，厚道的方法不用铁线就能变长，这也是设计者的初衷。

爷爷笑着说："这不完了吗？连个五岁的孩子都抵不住了。这真是老了！"

情景剧

2016 年 10 月 28 日　星期五

早晨醒来躺在被窝里，厚道说："爸爸，咱俩玩猪笼草呀？"

"好呀！"

"你先当！来吧！"我把手摆成如来佛祖托着孙悟空时的样子。他用手模仿小飞虫，飘飘荡荡地落在我手心里，我一把抓住，咀嚼着说："真好吃！"

该他当猪笼草了，我的一只手在空中飞来飞去，嘴里说："这是一个星期五的早晨，阳光明媚，晴空万里，突然我觉得肚子有点饿，到哪儿去找些吃的呢？嗯……好像哪里有香味？"做了一个发现猪笼草的动作，"是这里，是这里。"我模拟的小飞虫先是落在他的指尖上，说："这里会不会有危险呢？我得观察一下，（做察看动作）好像没有危险。"

然后，"小飞虫"再慢慢地爬向他的手心。他一收把我抓到，吃掉了。

每次玩这类游戏，我都尽量设计不同的故事情节。厚道听着我编的情节很开心，也觉得这个游戏很有趣。

在类似的游戏中，设计一些有血有肉的情景，会给孩子很多启发，顺便给孩子的写作、创作能力打打底子，将来他可能像我们一样，随时随地为生活或学习设计情景。

走进他心里，才好"对症下药"

2016 年 10 月 29 日　星期六

晚上 8 点 30 分，厚道该睡觉了。我放好了洗脸水说："来洗脸喽！"

"等一会儿，我的包裹还没运完。"

"咱家的火车 8 点 30 分下班，现在正好下班了。"

他看了看钟表，走过来说："我不说 9 点下班吗？"

"今天 8 点 30 分吧，8 点 30 分最合理了。"

他一看"下班了"，就来洗脸了。

如果我用其他理由他是不会过来的，非要把包裹运完再说。

近几天，厚道把一个 3 平方米大的火车轨道摆在客厅中间，我们通过很不方便，不小心踢到了，他会生气，偶尔还会哭一场，搞得我们谁都不敢惹他。

晚上，厚道老姑来家里和他玩儿"发暗器"的游戏，厚道笑得要起不来了。一小时后，老姑该回家了，穿衣服时不小心把他的火车碰倒了，厚道马上露出生气的表情，大家都觉得要麻烦了。老姑一看情况不妙，马上说："这是我发的暗器。"然后用衣袖扫了一下小火车和他的脸蛋。厚道又被带回到游戏情节中，马上破涕为笑。

抓住孩子的兴趣点，进入他的世界，这样做起思想工作来会容易很多。

识字惹来刁钻的问题

2016 年 11 月 8 日　星期二

周六下午，我们一家三口带着睿涵妹妹到一个宾馆去取空气净化器。在宾馆前台，厚道指着一块牌子念："禁止黄猪毒。""赌"字不认识，我告诉了他。他转头问我："啥意思？"

我给他解释："'毒'就是'吸毒'，类似于吸烟，但是比吸烟的伤害要大得多；'赌'是'赌博'，就是一些人做打麻将、打扑克等游戏，然后用大量的钱来衡量输与赢；至于'黄'嘛……"我想了一会儿，朝厚妈笑了。

厚妈知道我黔驴技穷了，她给厚道解释："就是做违法的事。"尽管我对这个答案不太满意，但也没有更好的，厚道似懂非懂地没有追问。这好像是我第一次解释失败。

昨天中午，厚道不肯睡觉，和厚妈约定：隔一天中午一睡。晚上我对厚妈说："明天他会说隔两天中午一睡的。"

中午，该睡觉了，他说："不是隔一天中午一睡吗？"

"对呀，昨天没有睡。"

他鬼笑着对厚妈说："那就隔两天中午一睡吧。"厚妈没有同意。

现在他睡着了，戴着自己喜欢的玩具：五灵锁、手指球拍。

喜欢他的打扰

2016 年 11 月 15 日　星期二

这几天，我们一家三口每天都像赶场似的往新房子跑，收拾屋子、摆放物品、调整角度，每天累得精疲力竭。

厚道自己走上五楼，偶尔还能帮我们分担一些物品，以前他上二楼都让人抱，最近成长了很多。

到了新房子，他这个也好奇，那个也觉得有趣，围着我一会儿干这个，一会儿忙那个。虽然没什么实际用处，但也认真地参与其中，有时候还出谋划策似的指挥指挥。

一直以来，他在我身边虽然有些小烦、小打扰，我从来不阻拦他"打扰我"。因为他在这个过程中学到了很多知识，也增加了家庭任务的责任感。

回忆幼儿园

2016 年 12 月 4 日　星期日

今天，我和厚道玩了一整天，我们都很开心。

他问："爸爸故事机里讲：光头强坐的火车晚点了，'晚点'是啥意思？"

厚妈说："就是火车到应该来的时间，没有来。"

"那'快 245'是啥意思？"

我刚要讲，他自己讲起来："245 是编号吧？'快'就表示是'快车'对吗？"

"对！"

"小学生科学实验套装"到货了。晚上，我们一起做了"国旗升降台"

和"明轮船"。厚道用水盆模拟大海，给我演示船在海里遇到风浪时的情景。

看着他专注的样子，我想起了他上幼儿园的那段生活：

厚道是一个听话、好学、胆小的孩子。在商场的自动冲水小便池里撒尿，突然"哗"的冲水声，他都会吓一跳。他恐惧校园，我带他去接一鸣放学，他不肯靠近姐姐的校园，远远地等着。

这和他在幼儿园那段时间，老师的"吓唬式"的教学方式可能有关系。

描述一下厚道心里的幼儿园："谁敲桌子就不让谁回家。谁不听话就关到厕所里，不让出来……"老师的话还在他的头脑里萦绕。

说实话，我不确定老师真的说过这些话，但厚道心里是这么认为的。

这些话，对于比较淘气的孩子来讲，只能是小小的一个警告，能起到一定的约束作用。但对于厚道来讲，却足以让他恐惧一段时间。因为，他是那样的孩子。

2002 年至 2005 年，我在通辽市实验小学代课，教过小学 2—5 年级的学生，吓唬学生的话我也经常说，我能理解老师为了让学生遵守纪律而使用的各种"招式"。

吓唬学生的话，老师可能会一遍一遍地说、经常地说。

我在课堂上整顿纪律时通常是这样：如果说了一遍"谁敲桌子就不让谁回家！"变得安静些了，我会再说一遍"谁敲桌子就不让谁回家！"然后看还有谁在敲，直到班里的纪律好起来。在说的时候，不会关注"哪些孩子已经坐好了，甚至已经陷入恐惧中了"，而是关注还有谁没坐好。

对于厚道这样的孩子来讲，老师在说第一遍的时候，他就会认真地按照老师说的执行。老师说第二遍的时候，他会认为"老师是不是还在说我？"转而会想"晚上不能回家，那将是无法接受的恐惧，害怕……"老师的每一次重复，都会导致他的紧张上一个台阶。接下来，他就把自己放了了恐惧之中，根本无法跟着老师的思路玩儿或者学。

他只会想："别碰那桌子就好……"

他在幼儿园的那几天，每天放学时，看到我们虽然开心，但是那种开心的背后却藏了一些东西。现在回忆，应该是"恐惧"。他眼睛里平时的神，已经不在，好像累了很久的感觉。我们试探着一点一点问他"对

厚道的童年日记

于学校的感受"或者"在学校里发生的事"，他都不怎么说。即便说，也是心不在焉地说一些不重要的。

厚道一共上了13天幼儿园，第一次7天，得了一次肺炎，停课近一个月。第二次6天，又得了一次肺炎，后来就没有再去。

过了两三个月后，他的心结一点点打开，跟我们说了一些幼儿园的事儿（后面的日记里有厚道说的事儿），表达得清楚、具体。我想：之所以当时不说，是因为他不想面对。

现在，我能理解他当时的心情与状态。

厚道平时做什么事，非常专注（我很少用"非常"这类绝对化的词，但这次用得不过分），注意力集中时间也较长，这是高效思考和迅速记忆的基础。但是，如果处在恐惧中，这个状态是无法发挥出来的。如果长期地处在恐惧中，孩子很有可能会把注意力转移到一些没有必要的、令他担心的事儿上。长此以往，孩子的好习惯可能就没有了。

像厚道这样的孩子，应该不是个例。如果有幼儿园或低学龄的老师认为这篇日记有些道理的话，真诚地建议：请在今后的教学中，适当关注这类胆小的孩子。

给淘气、好动的孩子一些压力以便约束，是对的。但也要给胆小的孩子适当地卸一卸压力，帮他们调整到能够从容、愉快地跟着老师学习的状态，这样那个聪明的大脑袋，才会飞舞起来，那满天下的桃李，质量会更高！

父母"长高了"，孩子看得才会远

2016年12月6日　星期二

晚上，厚道打开新买的电饭煲。他要拿些米试试是否好用。

我说："儿子，明天做饭时顺便就试了，别浪费米了。收音机里不说了吗，一粒米的成长要100多天呢！另外，这些米都是农民伯伯辛辛苦苦种出来的，我们要节约，不要浪费资源！"

他说："明天是真正地使用，今天我只想试一试。"

"试试也行，咱们直接放些水就行了，别放米了，可以吗？"

"好吧。"他勉强同意了。

在生活中，我们看问题的角度，处理问题的方法，会直接传导给孩子。所以，我们看待问题的站位要高一些，解决问题的方法要灵活一些，孩子站在我们的肩上，也会望得更远。

降低标准，引他坚持

2016 年 12 月 21 日 星期三

近一段时间，我和厚道经常做折纸手工。我的任务是组装，厚道负责撕胶布、拆切模。

今天，我建议他自己组装，毕竟这一步才是锻炼的关键。开始，他因为用力过猛等原因，一会儿撕坏车轮，一会撕坏车身，每次撕坏了都用一种怪异的眼神看着我，好像在问："这可怎么办？"

我毫不在意地说："没关系，可以粘上，粘不上少一块也不重要。"

就这样，他撕坏了七八个，终于做出了一个完整的。我送给他响亮的掌声，接着他又做了几个。

就这样过了两天，他在思想上已经接受了"手工大王要自己做"说法，我开始指导他怎样撕不坏。

依厚道的一贯作风：如果他刚撕坏一个我就去指导他。他就不再自己做了，他认为他做不了。

让孩子在思想上接受某件事是需要过程的，我们要等他接受了，再向下开展工作，欲速则不达。

了不起的瞎琢磨

2016 年 12 月 25 日　星期日

（一）

最近这几天，厚道每天都要去找"神秘大超市"——以前没去过的超市。经过近一段时间寻找，我知道的超市他基本上都去过了。晚上，我费尽心思，终于想出了一个他没去过的——花开富贵大超市。

穿衣服时，厚道嘴里念叨着："6 个 5 是 30，8 个 5 是 40，10 个 5 是 50……"

厚妈有些惊讶地问："谁教你的？"

厚道不屑地说："我自己想的。"那表情好像是小瞧他了。

厚妈追问："那 5 个 5 是多少？"

他想了一小会儿："25。"

"真的没人教你？"

"没有，我想着玩儿的。"

我感兴趣地凑过去说："儿子，你刚才说的就是乘法。"

"乘法？"

"是的，就是加、减、乘、除里的乘法，是加法的高一级算法。"

"哦……"他显得一知半解。看他眼神从我这里移开了，我没有再说下去。

厚道 3 岁左右时，我给他讲过加减法的意义，不是刻意地教，是"聊天式"地做一些小游戏进行渗透。在生活中，用到计算时，我会故意把计算过程口述清楚，让厚道听见，他渐渐地懂了一些。

现在，加减的意义对厚道来说，已经驾轻就熟。我们没想让他算得快又多，知道意义就行。但事实上，他知道了意义后，自己就试着用，还经常推敲这些。

今天，他认为好玩的：6 个 5、8 个 5……是他在心里研究这些数字琢磨出来的，这对于他来说是游戏。

我认为：厚道这个阶段，不用急于弄清楚这些，先接触着、渗透着就好。随着时间与经历的增加，他接触的知识会应用到生活中、玩耍中，慢慢地就消化了。

这个阶段应该"知宽不必精"，就是尽量地广泛，但不必太深入，让他知道有宇宙、有力、有电、是阳光促进植物生长、我们生活在一个旋转的大球上，这上面大部分都是水，有时我们还头朝下生活……越广泛越好。这样，他会不知不觉地与自己的生活建立联系，指引他提出问题，解决问题的过程便是进步。

今天他自己研究出的这些，是"知宽不必精"的"衍生品"。

穿好了衣服，我和厚道先下楼。走到单元门口，还没有出门，厚道指着门内侧地上的水问："这咋这么多水呀？"

我没回答，反问他："你想一下，水可能是从哪来的？"

"谁家垃圾袋漏了吧？"

"有可能。不过……儿子，你看现在外面什么天气？"

他恍然大悟地说："哦，我知道了，外面的雪落在门上以后化了。"

我笑着说："有这种可能性，但是好像还不是这些水的原因。"

他又抢着说："是雪粘在了鞋的防滑槽里，到了屋里后落在地上融化了，变成了水。"

"对，我也认为这才是这些水的来源。"

他又接着说："主要是屋里暖和。"

"是的。"

孩子的部分问题，我们不要马上给他答案，先让他自己试一下，哪怕猜一个也好，至少让他动动脑，分析分析。实在不行，我们再一程一程地往结果的方向送他，这样，可以调动他的主观能动性，使观察、分析、解决问题的能力得到锻炼。

（二）

前几天去儿童城玩，那里正在开展卡拉 OK 活动。我认为是锻炼一下厚道的好机会，我说："你去给大家唱一首歌呗？"

"我不去！"

"你要是去的话，就买一个楼下的小汽车，怎么样？"厚道还是不想去，但是又很喜欢那个玩具，也就硬着头皮上去唱了。

从那以后，他更不肯当众唱歌了。

反省：那次是我犯了错误，因为时机还不成熟。厚道还没有准备好，不仅没得到锻炼，也没从中体验到愉悦，反而增加了这方面的思想负担。

在我错误的引导下，厚道赢了玩具，却输掉了上台唱歌的兴趣和勇气。

两天前，我们一家三口去参加车友会年会，40 多个家庭，只有厚道一个小孩儿去了现场。

年会开始了，主持人首先唱了一首歌，然后问："谁来表演一下才艺？"厚妈与厚道商量："你和爸爸一起去唱首歌呀？"厚道坚决不肯。看厚妈还想做他工作，我拦下了。然后，我第一个举起手来，兴致勃勃地冲上去，做了自我介绍，并深情地唱了一首《向天再借五百年》。

唱完回来，厚妈说："厚道觉得你唱得很不错，还鼓励周围的人鼓掌。"

其实，我也不太喜欢在众人面前表演，这一次如此主动地冲上去，只是想示范给厚道看，希望他以后能大大方方地当众说话与表演。

音乐是非常好的一门艺术。

厚道睡着了，我和厚妈聊天，达成共识：以后再上台表演，不是厚道自己想去，我们不再诱导，即便他以后一直不想上台，也没关系。

有些不良习惯，要惯着

2017 年 1 月 3 日 星期二

晚上玩剪纸，厚道让我干这个，让厚妈干那个……我说："儿子，你是它的主人，这些应该你自己做。"

"那总得有个助手帮我干点啥吧！"

我笑着说："你自己能完成的部分，是不应该用助手的。因为这只是玩具，不是任务，也没有限定完成时间。如果你有不能独立完成的情况，可以请助手帮忙。"

近一段时间，厚道有个小习惯：睡觉之前，把脚或手压在我的腰或者臀部的下面，让我使劲地压，他使劲地蹬，进行强烈摩擦，好像是在给自己做足疗。

有时候蹬得我心烦意乱，但是我不表现出来。

我认为：这不是不良习惯，如果给遏制住了，可能会让他的安全感无法满足。可能每个孩子都有获得安全感的方式或"癖好"，在不违反原则的情况下，我应该尽量满足孩子，没必要弄清楚他是在获得安全感，还是体验什么……

家庭幽默（六）

2017 年 1 月 24 日 星期二

厚道感冒了，伴有支原体感染，已经打了五天阿奇霉素了。9 点厚道睡着了。一鸣、厚妈我们三人研究"该不该给厚道盖被子？"不盖吧，怕冻着，盖上了，怕热着，加重肺炎。

厚妈说："我都怀疑厚道感冒是你给吹的。晚上，厚道睡觉时往你腋下一钻，你的大鼻孔正好对着他的脑门，一吹一两个小时，不也够呛啊！"

我和一鸣忍不住笑。厚妈接着说："有两次我是用手挡着的，还有一次我是用枕头挡的，真是没招儿。"

我没有什么好说的，只是笑。一鸣说了一句："舅妈，你太有才了。"

这也是我想说的！

厚道想看《熊出没》："妈妈，我想看一集电视。"

"好吧！"

"那两集行吗？"

"这样做事是不对的，得寸进尺。"

他嘴里念叨着："我只是想多看一会儿，所以一直往上加，看你什么时候不同意，你看，你又生气了。"

"妈妈没有生气，只是严肃一些。"

"看你的脸和刚才都不一样了，还说没生气。"

他接着又问："妈妈，你说人生气和不生气时，脸是不是不一样？"

"当然了，生气和不生气表情和表现都是不一样的。"

最近，厚道经常耍些小聪明来达到自己的目的。

对于孩子耍小聪明这件事，若不是原则性问题，我们不用纠正。随着时间的推移，可能在原则性的问题上他也会耍，这时候则到了我们纠正的时候。我们应该告诉孩子：要分析着看待问题。什么事可以做，什么事不能做，什么事可以做一点，既灵活，又有原则。

这需要长时间、多事例地引导。

家庭幽默（七）

2017 年 1 月 26 日 星期四

早晨起来，我拖地、收拾屋子，忙了两个小时。厚妈凑过来，我以为她要说："太阳又从西边出来了，累坏了吧？"

结果是："咋样，家里的活儿多不多？你看我一天能闲着吗？别以为我天天待着呢！"

我没有显露什么表情，厚道看厚妈唠叨个不停，不紧不慢地说："行了，别说了，一个人的寂寞两个人的错。"我们都笑了，这是从歌里听来的。

厚妈笑着问："谁寂寞了？哪两个人的错了？"厚道用手指了一下我们，意思好像是：妈妈的寂寞是爸爸和妈妈的错。

过了一小会儿，他又说："其实是我的寂寞你们两个人的错，反正有错。"

午饭后，我在剥大蒜，厚道催我去和他玩儿。我说："咱俩一起剥大蒜吧？"

"行。"

"你会吗？"

"当然会！"他像模像样地剥起来，剥好一个递给我。外面的都剥了，里面难剥的一层没有剥下来。我提示他："这个也要剥掉。"他费了好一会劲，还是不行，说："我不想再剥大蒜了，太难了！"看样子要逃跑，我赶紧说："那就把外面的剥掉，就行了。"

就这样，他处理外面，我负责里面，剥了大约有 20 分钟。他仍然"坚守岗位"。我本想夸夸他"做事很有耐力，表现很好"，可想一想，还是算了。这小子不管做什么事，注意力集中能力超强。这时夸他，可能起不到有益作用。

过了一会儿，要午睡了。厚道说："我觉得无聊。"

"先睡觉，睡完起来玩儿，就不无聊了。"

"那也无聊，只有看电视不无聊。"

"那也得先睡觉呀，睡完起来看一集。"

"两集。"

"好吧！"

马桶上总有大问题

2017 年 1 月 31 日　星期二

早晨，厚道坐在马桶上说："爸爸，我问你一个问题。"他一坐在马桶上，就有问题。

"好呀。"

"咱们人类是从哪来的呀？"

"妈妈生的，不管是男孩还是女孩，都是从妈妈肚子里生出来的。"

"那……"他想了一会儿说："行了，不问了。"

看他欲言又止，我鼓励他："尽管问，问错了，也没关系。"

"那妈妈也是妈妈生的，最早的那个妈妈是哪儿来的？"我知道遇上难题了，放下了手中的拖布，坐在厚妈的化妆凳上，准备大讲。

"儿子，从目前得出的结论来看，人类的祖先是由猿猴进化来的，就是大猩猩。"我双手伸直举过头，绷直后背弯着腿，做了一个模仿大猩猩的动作，说："我明白你刚才的问题，第一个大猩猩是哪儿来的呢？这个目前还没有明确的结论。因为，已经是很早很早以前的事了。根据科学家的推断：最早的时候，一些特殊的物质形成了一些简易的细胞，这些细胞慢慢地进化成了动物，后来有了大猩猩，再后来，就有了我们这些人。当然，这个推论有可能不是真的，因为目前的科学无法解释与证明，等你长大了，可以好好研究研究，准确地找到人类的起源。"

"那最早的人类在动物园里吗？"

对于这个问题的提出，我明白了：我前面讲的，他没听明白，但也不白讲，至少在他的脑袋里形成了一些初步的印象。

我继续讲："动物园是有了人类以后，人类建造的，用来参观、学习和游玩的。最早的人类和大猩猩一样，是在野外自由地生活着，就像熊大熊二一样，没人管，很自由。后来，人类社会经过不断地进化，人们开始过有规律的生活，并建造了动物园，在那里照顾一些没有进化成人类的大猩猩。"

"你说的这些事，老年人也不知道吧？"他问。

"当然不知道。因为这是几亿年，甚至几万亿年前的事了。不过，爱学习的老年人可能会懂一些，爱学习的小孩一样也可以懂。因为，爱学习知道得就多。这些知识你先别着急，等你长大了，学习的知识多了，知道的就多了。"

"是，反正我现在不太懂。"他说。

又是"瞎琢磨"

2017 年 2 月 4 日 星期六

早晨吃饭，厚道在餐桌上东摸摸西擦擦的。厚妈说："儿子，衣服袖子别弄脏了。"

"知道。"然后转过头对我说："爸爸'知道'和'知道了'是不一样的。"

"哪里不一样？"

"'知道了'是以前不知道，别人一说就明白了的意思；'知道'是别人说以前就知道。"

"分析得很细致！"我感叹说。

"为什么？"

"因为你思考得很细致，表述得也准确。"

PART 4

5 周岁日记

睿涵、一鸣和厚道

别逼孩子变通

2017 年 2 月 11 日 星期六

厚道和姐姐在玩飞行棋。晚饭做好了，厚妈说："该吃饭了，玩完这一把吃饭啊！"

生活中经常会有类似的事：某人在做某事，而这头又要开饭了，一种做法是强行制止去吃饭，而另一种做法是让人把手里的事做完或做到某一个段落再停止，后者蕴含着体谅。

昨天，家里来了亲戚，是母女，母亲说女儿的寒假作业完成得不好，决定让她站两个小时，以示不履行承诺的惩罚。

我认为：父母与孩子尽量不要针锋相对，针锋相对的结果会是孩子与家长沟通变得不真诚，孩子会"变通"地与家长相处。因为真诚沟通会有"后果"。孩子搞变通，教育就危险了。

不能真诚沟通的后果：

第一，我们无法进入孩子的内心世界，自然无法给予恰当的指导。第二，长期的"变通"，孩子会觉得与父母在一起很累，会设法避开与家长相处。我能想到的一个重要弊端：如果有一天他交了男（女）朋友，会马上陷入那个温暖的环境不能自拔，因为那个氛围让他觉得轻松、舒适。反过来说，如果与父母关系融洽，家庭足够温暖，早恋的可能性会降低。

所以，我们要给孩子提供一个轻松的生活环境，若是特殊情况下，需要用一些"硬手段"来改正，我们也要想办法求助第三方来完成，比如：老师。

在孩子的成长过程中，要让孩子觉得：我们始终是站在孩子这一边的，关心他，爱他。

事实上，父母也真是这样想的，这样做的，只是遇到一些事情的时候，处理得不太恰当，尤其是情绪管理得不好，容易着急，导致孩子感觉：家长关心的不是我，而是分数。

有句话说"不会爱还爱，似虐待"也有一定道理。

鼓励孩子：敢想敢说不怕错

2017 年 2 月 21 日　星期二

中午，厚妈说："天气不好，别开窗通风了。"

我说："还是通一下吧，几分钟就行，主要是放放甲醛，甲醛对人身体不好。"

厚道接过话说："甲醛是一种有毒物质，最关键的是它是假的。"

我笑着说："甲醛的'甲'跟真假的'假'没有关系，一个是甲乙丙丁的'甲'，一个是真假的'假'。"

虽然，他说得不对，这个敢想敢说的劲儿，还是好的。

下午，外面下了一层薄薄的雪。厚道凑到窗口说："外面一片白茫茫的！"

厚妈说："你儿子又开始甩词了啊！"

我说："嗯，这个词用得恰当，在哪学来的？"

厚道自豪地说："我这个词，可是在非洲学来的。"

我笑着说："那可真远！"

看他的表情，已经没有再聊下去的必要了，让他自己享受一会儿吹牛后的感觉吧！

对的暗示

2017 年 3 月 10 日　星期五

晚上，我正在上厕所，厚道非要拉我跟他玩儿。我说："等一会儿。"他坏笑着跑了，说："我把门给你关上，灯也关了，看你害怕不？"

如果我想逗他，我会说："哎呀，我好害怕呀！"但厚道从小就胆小，为了暗示他勇敢，我说："我可不害怕，这有啥啊，也没有危险，黑一点点没关系。"

生活中，我们要给孩子对的暗示。这些暗示，会不知不觉将孩子带到正道上来，或是引向更合理的方向。

比如：和别人聊天时说："我家厚道学习可认真了！""我胆子比较大，厚道也很勇敢！"

这些让他听到！

晚上，我们俩玩灭火，我假装打电话："喂，是消防队的队长吗？"

"不是，我是值班员。请稍等，（过了一会儿）你好，我是张队长。"

"我找值班员！"

厚道看自己被耍了，跑过来不好意思地推了我一下："哎呀，你不能那样说。"

"好吧！好吧！"

我又开始打："119，嘟……嘟……"

"喂，您好！"

"是消防队吗？我这里有个小火苗，需要灭火，现在能来吗？"

"能来。"

挂了电话，我说："你知道我在哪儿吗？"

"哎呀，不知道！打回去，嘟……嘟……"

"刚才你挂快了吧？"

"你在哪里？"

"我在红花小区一号楼。"

看我停了，他说："五楼吧？"

"你咋知道的呢？"

他笑了，然后开着消防车就来了。我抖动着脚，假装火的燃烧，着急地说："这里着火了，快帮我灭一下。"他拉出灭火水带，帮我灭了。

"救援成功，谢谢！"

看我转头要去"写作业"。他急忙说："还有人呢？"

"没有人遇险，只是小火苗。"

"没人，谁打的电话呀？"

"打电话的人在火苗外面，不危险。"

他自言自语说："看我这消防员，真糊涂！"

他看我的"作业"一时半会儿写不完，自己便在沙发上看起书来。

越难讲的，越要用直观的比喻

2017 年 3 月 11 日 星期六

早晨起来，厚道问："'网速'是啥意思？"

"就是上网的速度，网线传输数据的速度。就好像水龙头流水的速度，有的水流大'哗哗'地就快；有的水流小，一点一点的，流得就慢。网速和这个差不多，网速快的，传数据就快，看视频什么的，就不卡；慢的呢？传数据就慢，看视频什么的，就容易卡。"

看他还在听，我继续说："比如你看《熊出没》，有的时候电视上就写'正在加载……'如果网速快，加载的时间就会短；网速越慢，加载的时间就会越长。"

我们的评价会成为他的方向

2017 年 3 月 13 日 星期一

晚上，厚道用了大约三十分钟，一丝不苟地完成了一个 73 块的积木赛车。

这个积木不是很简单的那种，厚道能够按照图纸独立完成，并且把装饰图纸也贴得无可挑剔，我很高兴。

半小时认真地拼装，事后还能兴奋地和我讲述整个过程，值得表扬，这说明他还有余力。我开心地和他一起分享他的成果：用这个车做多种游戏。

睡觉之前，厚道问："爸爸，我知道 21+11 得多少？"

"多少？"

"32。"

"怎么算的？"

"20+10 等于 30，剩下那两个去哪呀？ 31、32 嘛！"

"正确。"

"我还知道 150+50 得多少？"

"多少？"

"250。"

"不对。100 是 100，50 加 50 又是个 100。"

"哦，对了，是 200。"

"那我知道 41+41 得多少？"

"多少？"

"84。"

我用疑问的语气："是吗？"

"41+41……噢！是 82。"

"对了。"

他高兴地说："对了一个，错了两个。"

"儿子，错了几个，对了几个并不重要，重要的是，你掌握了计算方法，而且还有计算的兴趣。"这类正确地认识问题的话要及时说。

他有些兴奋地说："重要的是我拼出了一个赛车。"

我们都笑了！他还在为赛车的事高兴着。

他转过身自言自语地感叹着："一天，又过去了！"不知道他是发高兴的感慨，还是悲伤的感慨。我接话说："这真是愉快而又充实的一天哪！不仅学到了很多知识，增长了本领，还做了一些开心的游戏，还帮妈妈做了很多家务活儿。好了，睡觉吧！好好休息，准备迎接新的一天！"

他躺在我的胳膊上睡着了。

我想：不管他是因为什么发的感慨，我的"高兴"都能感染他。

没用的事儿里有知识

2017 年 3 月 22 日　星期三

晚上泡脚，厚道说："爸爸，我知道脚一放在水里，水面为什么会上升？"

"为什么？"

"并不是水增多了，而是脚占用了水的空间，水没地方去，只好向上升。"

"用词准确恰当，也很简练。"我竖了拇指给他。

家庭幽默（八）

2017 年 4 月 2 日　星期日

早晨，厚妈按照惯例，给鸡蛋饼涂抹番茄酱，一不小心甩到厚道身上一滴，厚妈"哎呀……哎呀"地傻笑。

厚道怪呆地笑着说："你这是什么手法呀？"

我说："脱靶了吧？"

厚道笑得更开心了，开始表演在公园打枪时的情景："脱靶，请正确瞄准……"

中午吃饭，他一边吃一边听收音机里卖净水机的节目。我说："儿子卖水机的内容就别听了。"

"可是我觉得挺好听的。"

下午，厚道和妈妈上楼时，厚道问："妈妈，咱们爬这五楼是不是还得爬 30 年哪？一年 365 天，30 年是多少天啊？"

类似这样的问题，厚道经常有。

"我很快乐！"

2017 年 4 月 6 日　星期四

今天，给厚道往阳台上背河沙，好像伤了我的老腰。

厚道的书到货了，《分享让我很快乐》共 10 本小薄册，他看书，我"写作业"。我写着写着笑出了声，他说："你笑啥呢？"

"我很快乐！"

他低头说："我也很快乐！"

看到第六本时，我惊讶地跑过去："行了，行了，儿子，爸爸好不容易买的书，你别一口气给看完了呀，再说也得休息一下眼睛。"

他眯着眼，嘟着嘴："最后一本，求你了，最后一本……"

7 日早晨起来，又看了一本。厚道笑着说："爸爸，不是我浪费你的书，是你买的书页数太少了。"看来他想用这话堵我的嘴。

"看吧，你是他的主人，你随意。"他又拿起了一本。

观察他，但不干涉他

2017 年 4 月 8 日　星期六

这十本书，厚道每天都拿出来翻看。我看他越翻越快，说："儿子，那里面的字你都看了吗？"

厚道说："我在心里就能识别出它是啥意思？"

个人观点：书的作用是传播思想和观点的，如果孩子看得走马观花，但能明白其中的大概意思，"速读"还是很好的，这样可以提高阅读效率。

也许有人会认为：孩子刚识字，还那么小，应该养成精读、细读的好习惯。

我想：如果他想读懂其中的道理，那么遇到没读懂的地方，自然就精读、细读了。

对于这十本书来讲，厚道能认识其中95%以上的字，其余的5%，应该不影响意思的传递，毕竟这里表述的都是些简单的道理。另外，他读完了，具体吸收到了什么程度，我不是很清楚。所以我不能干涉他，避免影响他本来的"好习惯"。

后来，他在看书的时候，我偷偷地观察他的眼睛所注意到的位置，是不是只看图不看字。结论是：翻到新的书页，他把上面的图先看一遍，然后再注意下面的三五行字，他的眼睛确实一行一行地扫过了所有的文字。

我认为：只要孩子有兴趣，我们不用要求他的方式、方法。

下午，二姑爷、二姑奶和我们三口人去桃花街照相。一路上厚道很高兴也很配合。厚道平时比较抵触照相，但今天格外配合。一个半小时后，他的耐心终于耗尽了，一边摆姿势，一边嘴里念叨着"讨厌"，但还是强笑着配合。

什么样的人最幸福

2017 年 4 月 13 日　星期四

晚上，搂着厚道睡觉，偷偷看了一篇百度中的学术文章。文章讲的是，哈佛大学历时75年通过研究724位男性的一生，论证"什么样的人最幸福"，这是我非常感兴趣的论点。因为，我觉得培养孩子的终极目的是让孩子学会幸福，对社会有正向价值。大则大成，小则小成，至少不要给自己制造麻烦，给社会添乱。

有了这个初衷，我觉得：孩子读什么样的大学，也只是一个过程，还不能说明他后面就会拥有幸福而有价值的人生。但我并不清楚，究竟如何才能达成所愿，正好这篇文章给了我一定的启发。

文中说：我们总是被灌输，要好好工作，要加倍努力，要成就更多，只有这样才能过上好日子，才能开心、快乐、幸福。但如果放大到整个人生的长度来看，决定一个人过得幸福的原因到底是什么？哈佛大学经过

75 年时间的研究得出的结论是：好的社会关系，能让我们过得开心幸福。具体的内容，我不抄写了。

总结如下：

第一，那些跟家庭成员更亲近的人，更爱与朋友邻居交往的人，会比那些不善交际、离群索居的人更快乐，更健康，更长寿。

第二，关系的质量要比数量更重要。质量就是满意程度，尤其是配偶。

第三，研究的开始，不管贫富，年轻人都坚信财富和成就是他们过上好日子的保证，而回顾他们的一生，发现并非如此。

第四，马克·吐温说："时光荏苒，生命短暂，别将时间浪费在争吵、道歉、伤心和责备上。用时间去爱吧！哪怕只有一瞬间，也不要辜负。"

第五，别再跟屏幕聊天了！

第六，儿童时代受到父母关爱的人，成年后的焦虑较少。孩提时和母亲关系差的，年老后更可能患上老年痴呆。

陪孩子玩儿，多"耍花样"

2017 年 4 月 20 日　星期四

前几天，厚道用一天时间，拼了一个汽车修理厂，里面还有 6 辆车。

近几天，我们俩经常玩"修车游戏"。内容是：我的 6 辆车总是坏，然后给他的 122 打电话，他开直升机来给维修。

第一天，我的 6 辆车分别坏了轮胎、车灯、保险杠、电源、车轴和底盘。

第二天，我本想重复一下昨天的内容就可以了，可为了他多了解些车的零部件，我变着花样地开车、撞车，模拟不同的撞击，来"损坏"不同的零件……每个新鲜的玩法与点子出来，厚道都会开心一会儿。

再后来，车"坏"得越来越深入了，他从中提了很多问题。

在与孩子玩的时候，要在细节中体现新鲜和创意。重复的玩法，不仅乐趣少，知道的少，也不利于孩子创意思维的培养。

不重要的事儿，不较真儿

2017 年 4 月 24 日　星期一

早晨起床，厚道难为情地说："妈妈，我不小心尿床了。"

"没事儿，把裤子脱了，换个地方继续睡。"

"我不是故意的。"

"没事。妈妈知道你不是故意的。"

厚道已经有两年没尿过床了。

午饭时，厚妈逗他："那孩儿，还尿床了。"

我心里想：这妈妈，怎么哪壶不开提哪壶呢？

厚道好像并没在意，笑着说："我做梦了。"

我追问："是不是做梦找厕所了？"

"我做梦在厕所里尿尿来着，也尿完了，我也发现尿床了。"

我说："大家都差不多，呵呵。"

中午，我睡觉了。厚道有一块积木拼不上，厚妈试了几下也没弄上，叨念着："这也太松了，卡不住呀。"厚道看厚妈弄不上，又看了看后面的结构，这块积木不影响后面的拼装，说："行了，我卸下去算了。"

厚道做什么事不较真儿，这一点是我引导的。平时，我们在玩儿的时候，经常会遇到这样那样的问题。如果能解决，就尽量想办法解决；如果不太好解决，评估一下，会不会对后面造成重要影响，若不会，就略过，能节约时间和精力往下进行。

心平气和

傍晚散步时，厚道买了一款拼装玩具。

回到家，厚道迫不及待地拼了起来。我大概看了一眼这款玩具，设计难度比较大，零件之间卡得也比较紧，部分零件需要用较大力量才能扣上。

过了一会儿，厚道一边用力地扣，一边发出"咦……啊……"的声音，表示自己正在拼尽全力。

又过了一会儿，安不进去的太多了，他已接近发怒的状态。我凑过去想帮他一下，但他不和我说话，看来已经给自己编织好精神罗网了。

我慢慢地伸手接过他手里的零件，他没有拒绝，他知道自己实在拼不上了。我拼了一会儿，他看进展明显，坏情绪缓解了很多。

躺在床上，我和他聊天："儿子，其实生活中没有什么事值得我们生气，不管是学习啊，还是玩啊，还是其他的事，遇到困难或特殊情况，我们应该心平气和地处理。因为人在心平气和的状态下，会很舒服，也更容易找到解决问题的办法。"

他"哦"了一声，我能感觉到，他明白了。

我接着说："平时遇到什么困难了、不懂的事儿了，过去以后，我们回头想一想，也能总结出一些经验。这些经验就是我们的收获，尤其是在失败了以后，总结出的经验是更好的收获。失败是成功之母嘛！失败了，总结了，反省了，改进了，然后就接近成功了。遇到一些困难的生活才更丰富、更有趣一些是不是？"

他没有说话。

温度

2017 年 5 月 18 日　星期四

早晨，厚道刚醒便问我："爸爸，你说昨天咱俩冻的冰棍能吃了吗？"

"应该可以了。"

"为什么？"

"因为冻那样的冰棍，一般几个小时就能完成。"

"爸爸，什么东西放到冰箱都冻得上吗？"

"不全是，只有含水的东西放进冰箱才能冻上。因为，冰箱冻住的是物体里的水分子。如果物体里不含水分子，那是冻不上的。"我顺手抓起棉被说，"比如把这棉被放进冰箱，能冻住吗？"

"不能。"他笑着说。

"对，因为被子里不含水。如果让棉被吸了大量的水，再放进冰箱那就能冻住了。"

"是的。"

接着，我又给他讲了一些关于结冰的相关知识，他听得很认真。

晚睡前，厚道说："爸爸，今天是用温水冻的冰棍。"

"为什么？"

"那不会更甜吗？"

"儿子，是不是更甜，跟冷热水没关系，是由含糖的多少决定的。"

"那我吃的时候是不是能温乎些？"

"不会。你想一下，把 10℃的水，放到零下 18℃的冰箱里，最后会变成多少度？"

"零下 18。"

"那把 30℃的水放里，最后会变成多少度？"

"也是零下 18℃。"

从他的坏笑里，我有一种"被逗了"的感觉，原来他是在逗我玩儿。

他说："就算你把 100℃的水，放在零下 18℃的冰箱里。最后也会变成零下 18℃。"

我想把这段记下来，说："你自己玩一会儿，爸爸写几个字。"结果他一直在我旁边转，这会儿又在说："爸爸，你这也不是几个字啊，你这是挺多字啊！"

嘿嘿……

有用的事儿，有趣着讲

2017 年 5 月 21 日　星期日

晚上，我在餐桌边喝着瓶装水，厚道凑过来也要喝。我把水倒进盖里让他喝。我想起了水的"张力现象"，想给他讲一下。

我说："爸爸给你变个魔术啊！"

他说："好哇！"

我把水倒得冒出瓶盖一些，但不流出来。他有点小激动，怕水流出来。我说："这就是'液体的表面张力现象'。"

厚道有些惊奇！

没事去看新东西

2017 年 5 月 22 日　星期一

楼上的小菜园浇透了。

早晨，我说："儿子，过几天咱们去坐磁悬浮列车。"

厚道认真地问我："什么是磁悬浮列车？"

"就是超高速火车。普通的火车能跑 100 多迈，咱们从长春到哈尔滨的动车，能跑多少迈？"

他认真地回答："不知道。"

前一段时间我们坐过，我以为他还记得呢。我说："是 300 多迈，而磁悬浮列车的设计时速是 500 多迈，你说快不快？"

"快！"

"为什么叫磁悬浮列车呢？因为列车是利用磁力悬浮在铁轨上行驶的，车轮不接触铁轨，阻力就小，就能高速运行。"我用筷子比作铁轨，车钥匙比作列车，演示说："普通火车是在轨上滚动，向前运行的，而磁悬浮是离开铁轨一些，高速行驶。"

他马上问我："那还要铁轨干吗？"

"这也正是爸爸想知道的，咱们这次就去看个明白。不过我猜测，没有铁轨是无法实现漂浮的，所以，铁轨也是必须设置的。"

有错也要放一马

2017 年 6 月 10 日　星期六

晚上，厚道说："妈妈，我想看一集电视。"

厚妈说："咱们不是约定了吗？每周二看 20 分钟。"

"哦，对呀，是说过。"

过了一会儿，厚道悄悄打开电视说："妈妈，我已经把电视打开了，你就别说了。"

厚妈没说什么。我笑着说："儿子，没同意你看电视，是怕你把眼睛看坏了，要是看不坏眼睛，你一直看，我们也会支持你的。"

他接过话说："就是一直看也没事儿！"

"对。"

事实上，很少有孩子听得进去"父母担心你的眼睛"这样的话。那我们也要适当地说，时间长了就懂了。这事不能急，要细火慢工。

厚道是个胆子比较小的孩子，平时做事一般能够掌握分寸，这是第一次私自打开电视，我们没有强行停止或指责。

类似的事情，我们应该谨慎处理，这容易成为家庭矛盾的导火索。"战争"一旦触发，孩子控制自己的底线也会相应降低。因为，反正也这样了，还不如用强硬的手段争取自己的利益。

若他经常这样做的话，那说明他不掌握分寸了。我们也会采取措施，比如把电视"弄坏"。但是，不会和他在情绪上对抗。

平时，厚道都是看两集动画片，约 20 分钟。当第二集演完时，我们一般不去催促他关电视，等他自己主动关。事实上，厚道也知道：我们不会默许他看第三集。他会故意慢一点去关电视，这不要紧，重要的是他能自己主动关。

不是什么原则问题，我们可以等一等、停一停，允许孩子过一点界，但是不能太过分。这也许是"认真"与"较真儿"的区别吧！

不会也研究研究

2017 年 6 月 13 日　星期二

"爸爸，我想问你个问题！"

"好呀。"

"为什么打针的时候，要攥上拳头呀？"

"爸爸还真没想过这个问题。"我把拳头攥上观察了一下，说，"因为打针的时候，要把针插到血管里，医生需要看清楚血管的位置才行。"

我伸手让他观察："你看，手展开时皮肤是松弛的、褶皱的，看上去比较厚，看不清楚血管的位置。攥上拳头以后，皮肤就被拉伸了，看上去皮肤变薄了一些，血管就清楚些，医生就能更准确地将针头插到血管里。"

我把盖在身上的薄被单拉过来，让他观察没有拉伸与拉伸以后的区别，拉伸的被单透明度高些。

他又问："为什么要设计输液器中间的鼓肚啊？"

"咱俩研究一下，如果没有这个鼓肚，我们能看清楚药液流得快慢吗？"

"不能。"

"对，通过这个鼓肚能看清药液的流速，这应该是一个作用。如果输液管里进入气体了，流到这个鼓肚时就留存到这里，还不妨碍药液继续往下流，是吧？"

"是。"

"可能还有其他作用，等你长大学到了，再告诉爸爸吧！"

抗生素原则应用

2017 年 7 月 7 日　星期五

厚道对买玩具一直乐此不疲。本来三天前我们约定好了：暂时不买玩具了。一方面，没有新款的，学不到什么知识；另一方面，家里实在没钱了。

每次他都尽量躲避我的话题。昨天买了一个，今天两个。我已经不知道该怎么和他商量了。

思想工作也得做呀！还没等我说呢，他先说："行了，别说那没用的话了。"

"爸爸也不想说，但你不认为爸爸说的是对的呀，我也没办法啊！"

"行了，这回我记住了。"他还先生气了。

最近，厚道稍有不快，便会说："混蛋。"有时出言不逊，偶尔掏人裤裆……对于这些，我没有进行激烈的批评，只是告诉他："这样不礼貌、不文明。"

我想：我这样说，虽然不能立竿见影，但还是适合他的。若是打一顿，他一次就改了，就像一针大剂量抗生素，症状确实会很快消失，但是副作用会是隐性的——抗生素原则。

多用书面语

2017 年 7 月 9 日　星期日

晚上去小广场玩儿时，厚道高兴地说："爸爸，我能自己上这个运动器械了。"上去后看着我，我表扬了他。

他继续表演说："看这个，我不断加快，然后抬起腿，它就自己摇摆。当然，我也可以把脚放上去，使之减速。"

当时，我不太确定他能说出这样的词汇，又问了他一下："什么减速？"

"使之。"

"你知道是什么意思吗？"

"我知道。《海底小纵队》里'龙头鹦哥鱼'那集里说：'同时吸附陨石，并使之减速。'"

很多词汇，对于孩子来讲并没有难易之分。"快点"和"加速"对于孩子来说是一样的。所以不用因为孩子小，而使用一些儿童的语言与他对话，尽管使用书面语和标准语就可以。

理解他的不好意思

2017 年 7 月 10 日　星期一

最近，厚道每天都听《海底小纵队》的故事，脑子里也都是那些故事。

晚上，在小广场打沙包。玩了一会儿，厚道抱着我，仰着头，略有不好意思地对我说："爸爸，我想换个游戏。"

"好呀，什么游戏？"

"我想玩'海底小纵队'的游戏。"

"可以啊，你说怎么玩？"他开始安排角色，制定游戏规则。

孩子越是不好意思表达出来的事情，我们越应该谨慎地回答，重视而

温柔地回答。这样能保护他的自尊，也让他感受到我们懂他，他以后就不会有话不对我们说。

孩子一天天长大，各种各样的想法也越来越多。有时候，他自己不知道这个想法妥不妥当，可能会难为情地、小心翼翼地表达出来。这时候，我们要用合适的姿态去应答、解惑，不管他的想法对与否，哪怕很离奇，我们不要笑他。

后来，他还不好意思地问过我"长生不老药"和"黄金制造机"的事，我都认真地给予了我的看法，不笑话他。

修正他的误解

2017 年 7 月 14 日　星期五

下午，我们走到一个商家门口，突然想起了音乐声，厚道随口说："我最讨厌音乐了！"

我说："我觉得你并不是讨厌音乐，只是讨厌声音太大罢了。"

他看了看我，觉得我说的好像也有道理。

前几天，他和舅舅在家里玩点歌机，舅舅不会放，调呀，调呀……结果在音量很大的情况下，突然放出了声音，厚道吓了一大跳，后来很长一段时间，都不喜欢那个点歌机。

他说"我最讨厌音乐了"，这是他在建立自我意识时的偏差，我应该及时地引导。否则，他经常告诉自己"我讨厌音乐"！时间长了就把自己给"催眠"了，真的讨厌起音乐来。

音乐是一种美妙的艺术，是人生不可缺少的。

新体会

2017 年 7 月 15 日　星期六

晚上，我俩在商场的《海底小纵队》主题乐园里玩儿得很开心，也很刺激。厚道边玩边问："爸爸，是不是每个玩儿的东西给我们的感觉都是不一样的呀？"

"是呀，不同的玩具或事物有不同的原理，蕴含的知识也不同，给我们的感觉也就不一样。爸爸前几天说过，玩具的款式很丰富，我们尽量不要买相同或类似的，因为它们的原理都一样，我们学不到新知识，也玩不出新奇的感觉。"

我想利用他的新感悟，解决一下他总是买车类玩具的情况。

在回家的路上，又巩固了一下。我当着他的面儿对厚妈说："今天，儿子有一个新感悟。"

"什么？"

"他发现不同的玩具和事物，给人的感觉是不一样的。"

厚妈也表示认可，表扬了他的新体会。

为什么女生不长小鸡鸡

2017 年 7 月 17 日　星期一

晚上给厚道洗澡，厚道问："妈妈，是不是每个人洗澡的时候，都会从小鸡鸡往下流水啊？"

"不是每个人，是男生都这样。"

"其实那并不是尿，而是流下去的水。为什么女生不长小鸡鸡啊？"

我替厚妈捏了一把汗，不知道她会怎样回答这个刁钻的问题。

厚妈没有回答，厚道也没有追问。

快睡觉了，我躺在床上问厚道："刚才你是不是问妈妈'为什么女生不长小鸡鸡'了？"

"闭嘴。"他听的故事讲到了关键处，我没有继续说。

过了几秒，他说："不好意思呀，刚才有点粗鲁！那为什么女生不长小鸡鸡呀？"

我解释："儿子，绝大多数动物都是分雌性和雄性的。"

"啥意思？"

"雌性的就是母的，相当于女人。雄性的就是公的，相当于男人。对于人类，我们用男女区分；对于动物，我们用雌雄区分，也可用公母区分。比如，《海底小纵队》里的企鹅、水跳蚤，是不是分公母？"

"母的通常身体大是吧？"

"水跳蚤是这样。大多数动物，还是公的体型大一些，像男人的平均身高比女人高一些。动物里的雄性的、公的，包括男人，是长小鸡鸡的，而雌性的、母的，包括女人是不长的。"

我回答完了，他没表态，也没有继续追问。

过了一会儿，他问："为什么打针的针头不用牙签呀？"他感觉牙签也很锋利。

"我们生病了，医生把针头插到我们的血管里，目的是做什么呀？"

"把药液输送到我们的血管里。"

"牙签有这个功能吗？"

他笑着说："没有，因为他中间不是空的。"

他又问："爸爸，冰冻的绳子是不是最结实啊？"

我稍想了一下，说："嗯……也不一定。"我伸出一个手指比作绳子："冻住的绳子一折，里面的冰可能就断了，对于拉力来讲，也就没什么力量了。另外，冻住的绳子是不能弯曲的，如果受到大的力量折弯，有可能把绳子折断。"

"对，冻住的绳子是不能回折的，但要是很多的冰呢？"

"如果是大量的冰包裹着绳子的话，那绳子的拉力肯定会增加很多。"

"噢！"

"不过绳子里面如果含水的话，会变结实。"

"为什么？"

厚妈熄灯了。我抓住他的三根手指，说："绳子一般是由几股细绳子拧到一块儿的，这几股细绳在干燥的时候比较松散，互相之间的摩擦力较小，拉力不集中，所以容易断；如果含了水，这几股细绳就涨起来，变粗了些。互相之间摩擦力增加了，所以变结实了。"

"那为什么不一下就做一根粗绳呢？"

我笑着说："我们使用的绳子一般是用棉花、羊毛或者尼龙制成的。如果想做细绳，那就少拧几股；如果想做粗绳，那就多拧几股。人们在购买绳子的时候，会提前打算好用绳子做什么，然后选择不同粗细和拉力的绳子。"

看他还在听，我继续说："若是特殊情况，干重活儿的时候只有细绳，没有粗绳，那么只能临时想个办法，可以把细绳子在水里泡一下，让绳子变得结实一些。"

厚道这个年龄段，每天都有很多问题，如果没人解答，会错过很多知识的增加。更重要的是，求知的欲望没得到满足，提问的能力也得不到训练，会影响他将来扑到知识的海洋里去的兴趣。

我们存有"孩子还小，等长大了再告诉"这样的想法。

个人认为：在一定程度上讲，孩子比大人更富有智慧，因为他们已有的科学知识少，思想的束缚也少，思维的局限也小，只要他在听，我们尽管放开了去讲，孩子会从中学到很多。

事实证明：我们给厚道讲的很多知识，他基本都应用到生活中了。

做孩子的知己

2017 年 7 月 20 日　星期四

可能是晚上玩儿得太嗨了，躺在床上的厚道有些兴奋。我能察觉到：他翻身与往常不同，动作里带着不安。平时他翻身的动作是在调整姿势，而今天明显是困了，就是睡不着，动作里带着烦躁。

我也有这样的时候。厚道发生这样的情况大约有三四次了。我每次都用安慰、暗示的方法帮他入睡：用手轻轻抚摸他的额头，轻声地说："儿子，什么也不要想了，睡觉了！到睡觉的时间了，想其他的事会耽误休息，影响明天玩儿和学习。放松头、放松手脚、放松心情、放松身体……"说着说着他就睡着了。

这个方法是在听《九型人格》的课时学到的，对厚道挺管用。厚道听着，有时候会"嗯"一声，有时候并不出声，深深地打一个哈欠，就睡了。

我想：孩子成长过程中，经常会有类似的事儿。他误入某个误区，钻到那个牛角尖里出不来，又不自知，连求救的意识都没有。这时，我们若察觉到，并给予及时的引导和疏通，可以让他尽快找到"出去的路"。

比如：前段时间，积木的零件卡得太紧，厚道的力量是按不上的，他又急于完成，便在那里较劲、生气、烦躁、发火……当时，他想不到或不想求助，自己又陷入"困境"，这时需要我们及时出手。

我说："儿子，这只是玩儿，可没必要生气，你拼积木的能力已经很棒了，有困难，求助一下完全可以。有些零件的尺寸误差较大，以你现在的力量不能独立完成，也正常。"

孩子遇到类似的事儿，我们要以宽容、乐观的语气，把正确的思想传递给孩子，以后他就能合理地处理这些情况，不会陷入误区，自编罗网。

我们成年人通常也有这样的时候，明知道自己陷入了某一个思想的怪圈里，就是出不来。比如：这个事儿没必要生气或太在意，但就是调整不了自己，无法控制地气着、在意着。如果这时出现懂我们的人，也许几句话就能让我们调整过来，这就是"知己"的作用吧？

引导孩子关注原理

2017 年 7 月 24 日　星期一

两天前，厚道问："爸爸，野火是怎么形成的？"

我先给他解释了家庭中常见的火，然后说："野火通常是由于高温干燥，在野外自行燃烧起来的。"

"闪电击中干枯的树干，也能形成野火吗？"

"当然。"

今天早晨，我俩一起看《海底小纵队》，刚好看到了这一段，原来他是在这学的。

由此可见，我们要观察孩子对事物关注的点及深入的程度。比如：孩子在看电视的时候，是在看热闹，还是能关注到一些知识；观察事物，是否观察到了事物的原理。如果没有，我们应该想办法，引导他关注原理，从中学到知识与道理。

诡计不诡

2017 年 7 月 25 日　星期二

前几天，我在网上拍了个英语故事机，当时没有征求厚道的意见。他在网上查玩具的运输情况时看到了，问："这是什么？"

"这是我给自己买的英语游戏机。"

他"噢"了一声。

包裹到了，他打开看了看，不感兴趣。我假装着急地说："快给爸爸，爸爸想听了。"

我"高兴"地听了起来，他毫不理会。

第二天，姥姥问："这是什么？"

他不屑一顾地说："还不是我爸爸给我买的，强迫我学英语的。"

我一边吃饭，一边想：也许我这招用得太多了，不过那也得坚持。我有空就拿起来听，遇到有趣的、好听的句子，还高兴地和厚道分享一下："Good idea……"

从昨天开始,厚道"和我一样"拿着,听着……我想我还是别和他抢了！

中午,我和他通完电话,他最后说"Goodbye！我说英文你能听懂吗？"

我说："当然能,说得还挺标准,拜拜！"

讲话要识相

2017 年 7 月 30 日　星期日

晚上,厚妈说："儿子,妈妈发现个问题,你在睡觉的时候,总是习惯压着眼睛睡,所以这几天,眼睛明显不舒服。"

"好吧,那我以后注意。但是翻身可以吗？"

"翻身没关系,压一下、两下还是没问题的,平时你睡觉的时候总是……"

他打断了厚妈的话："知道了！知道了！"语气里带着不耐烦。

最近,我和他说什么事儿,他也经常这样拦下来,不耐烦地说："知道了！知道了！"这时候,我会马上停止。

孩子不想听的话,我们还要往下说,说了也是白说,还显得我们不识相；孩子想听的话,而我们没有说,就错过了指导他的机会。

子曰：可与言而不与言,失人；不可与言而与之言,失言。

知者不失人,亦不失言。

近一段时间,厚道经常用"闭嘴"这个词儿。今天,一边上楼,我一边说："儿子,以后不要用'闭嘴'这个词儿了,不礼貌。"

还没等我说完,他不耐烦地说："知道了！知道了……"我没有再说什么。过了一会儿,他说："我知道不应该说脏话！"

又过了一会儿,见他不说了,我说："其实,'闭嘴'这个词儿也不算脏话,只是不礼貌而已。"

他没有再回复我。

自制游戏卡片

2017 年 8 月 3 日　星期四

下午，给厚道制作了一套游戏卡片：把白色的卡纸剪成扑克大小，上面写一些问题，大家轮流抽卡片回答问题。

例如：光的速度是多少？

失联儿童避难所是哪里？

用左手指向东。

7+8 等于多少？

中国的全称是什么？

月食是谁挡住了谁的光？

三个人有几只脚？

用汽车造个句。

月亮围着什么转？

8 的一半是多少？

……

大约有 100 张。

他回答正确了，我就旋转着抛给他，他觉得很有意思。想让厚道知道什么，就写什么。

教孩子礼貌与尊重

2017 年 8 月 2 日　星期三

晚上去书店，厚道站在书摊旁看了一个多小时，嘴里还念叨："腿都站麻了！"我说："买回去看。"他又不肯。

看完两本后，转过头说："最后一本，最后一本啊！"就这样，又看

了四本。每次来书店都是先看个够，然后换两三本没看过的买回家看。

这时，有一位十岁左右的小姐姐正在找书，从厚道身边走过，我提示厚道："你可能压住姐姐想找的书了，让一让。"

"这底下的我都看过了。"

"可是，姐姐还没看过！"

他头也不抬地说："姐姐能看这小孩儿看的书吗？"他的意思是：这下面没有适合姐姐的书。

姐姐听了厚道的话，转身走了。

他说："你看，我说得对吧！"

我无奈地看着他"胜利"的表情。这时，我若做他思想工作，他是不会认可的。

回家的路上，我和他聊天："儿子，刚才你挡住的书，确实不适合姐姐。但是姐姐不知道适不适合，也说不定姐姐在给弟弟选书呢？所以我们还是应该让一让，这是礼貌与尊重。"

他没有反驳我，也并没流露出认可的表情。我的话对他是有作用的。

家长是最好的《十万个为什么》

2017 年 8 月 3 日　星期四

早晨，懒在床上，厚道问："小孩有 300 多块骨骼，为什么成年人只有 200 多块？"

"随着身体的生长，小孩子的一些骨骼合并成了一块，所以，到了成年就变少了。"

"你给我讲讲咱们生活中的益虫和害虫呗？"

"益虫就是对我们人类有好处的昆虫，如青蛙、七星瓢虫，蜜蜂，螳螂，蜻蜓，蚯蚓等；害虫是对我们人类有害处的昆虫，如蟑螂，苍蝇，蚊子等。"

前两天，厚道玩大滑梯，把脚磨破了一块皮。每天洗澡，他都要贴三层创可贴，优雅地把这只脚跷到浴盆外。厚妈在周围热情地服务着，他那样子像个大老爷。

今天，我告诉他不用再贴了，顺便给他讲了"血小板是如何使血液凝固"的相关问题。

家长是孩子的《十万个为什么》，最了解孩子的是家长，所以，家长知道应该把知识点讲到什么程度适合孩子，知道如何利用孩子已经有的背景知识给孩子讲明白，还知道孩子是否用对了。

个人认为：家长应该多引导孩子接触"思考型"和"见识型"的问题。例如：地球的公转和自转，为什么会有一年四季的变化，数学加减乘除的含义，猪心情好的时候尾巴会水平晃动……

这类问题能够较好地启发孩子思考，引导他去观察、去探索，可以增长见识。

没有价值的问题，不要投入太多的时间与精力。比如记各国的国旗，认识国家，等等，这些记忆类的知识没什么实际价值。若想锻炼孩子记忆力的话，可以记一记 12 个 12 是 144，等等，记住了有用。

避免绝对

下午，我说："儿子，爸爸如果在网上订了 10 个包裹，又退回去 6 个，还剩几个？"厚道惊讶地问："你不是真退回去了吧？"我和厚妈都笑了。我只是想用他关心的事来出题，他还当真了。

我说："这只是爸爸出的题目。一方面，我们并没有订那么多包裹；另一方面，也没有退过！"

"哦，那还剩 4 个。"

厚妈问："怎么算的？"

"你就仔细想，6 加几是 10 呢？"

生活中，到处有数字和数学。我们用孩子关心的事情出题，他会更投入，对他来讲"这只是游戏"。

厚道指着门上的灭蚊灯说："爸爸，它真的能把蚊子全部抓到吗？"

"并不能全部抓到，但是它能抓到附近大部分的蚊子。这样能帮助咱们解决掉大部分的危险。"

事实上，我们生活中很少有绝对的事情，没有完全的好，也没有完全的不好。我们在与孩子沟通的时候，尽量避免使用"最什么""就是什么""完全什么"的字眼儿，把问题与判断绝对化，单一化。我们应该客观、全面地为孩子描述。

晚上，我和厚道一起组装太阳能小汽车。厚道指着太阳能电池板上的保护膜说："爸爸，这个不撕下来也能用吧？"

"是的，这个薄膜是起保护作用的，防止太阳能电池在运输过程中受损。我们拼完了，通常就可以撕下来了，当然，不撕也可以用……"

还没等我往下说，厚道抢话："对呀，如果不撕，太阳光也能过去，只是效果差些；如果撕了，效果就好一些。"

"是的。"

孩子在意的事，都是大事

2017 年 8 月 18 日 星期五

大约三个月前，厚道的牙齿出现了龋齿。到了牙科诊所，他看了别人修牙的过程，坚决不同意进行处理。由于他还没有感到疼痛，就没有进行处理。

一周前，他感觉有些疼了。他知道：不处理，恐怕会更疼。我们又来到牙科诊所。这一次他虽然还是不同意，但没有坚决反抗。

就这样，鼓励他坐上了治疗椅，但是不肯躺下，问问这个，问问那个，好像在拖延时间一样……他还是有点害怕，在给自己分散注意力。

不让他说吧，他心里可能还没准备好。让他说吧，又耽误大夫时间，好在大夫没露难色。治疗的中途他也说个不停，但大夫很有耐心！

转眼一周过去了，厚道该去复查了。早晨，他悄悄地凑到我身边，略有些不好意思地问："爸爸，你说我今天看牙会害怕吗？"看来他现在就开始害怕了，需要我为他打打气。我用毫不在意的表情说："当然不会！"

"为什么呢？"

"因为，这是第二次去了。一般来说第一次去不了解情况，会有一些紧张呀，害怕呀，都是难免的。第二次已经知道什么情况了，也没什么大不了的，就是检查检查，磨一磨，补一补，很简单，没什么可害怕的。"

这样说说，可以搬走堵在他思想水渠里的"那块石头"。

撞坏车辆博物馆

2017 年 8 月 23 日　星期三

上个周日，我和厚道去给汽车做保养，这是厚道最喜欢的"课外实践活动"。那里有大量关于车的知识，还有平时见不到的车的另一面，比如，内部结构，车撞坏后的不同样子。

车进了工作间后，我俩在停车场观察撞坏的车辆。这里简直是一个"撞坏车辆博物馆"，钢架、发动机、破碎的玻璃……

厚道仔细观看了"气囊弹出后的样子"。

观察完毕，我们在路旁发现了一只四脚朝天挣扎的甲壳虫。我找了个小木棒，请厚道帮他翻过来，让小虫子重获自由。

厚道把小虫翻过来后，小虫一动不动。他奇怪地问我："它是怎么了？它怎么不跑呢？"

"我推断这只虫子认为自己遇到危险了，它在装死，用于躲避攻击，许多小动物都有这个本能，它们一旦认为有危险，马上就一动不动，这样不容易被敌人发现。所以，装死是他们逃生的一种方式。"我们继续观察，那个小虫装了一会儿，就缓缓地爬走了。

鼓励多问

2017 年 8 月 29 日　星期二

晚上，我和厚道一起泡脚。他把脚放进水里，又拿出来，说："太热了，我可承受不了。"

我给续了冷水，水有点满了，厚道问："这就是溢出来了吧？"

"是的，这种情况，也可以说是水漫出来了，流出来了，流淌出来了，都可以。"

前两天，厚道问我："水漫进章鱼堡，是什么意思？"

当时，我告诉他："就是水缓慢地流进了章鱼堡。"今天借这个，顺便再讲一下。

看地上溢出的水，他又问："地上有水的话，是不是一夜就干了？"

"这与水的深度，水周围的温度等因素有直接关系。"看他还想听，我细说："如果水很少，很浅，通常一夜就干了；如果水比较多，比较深，那就干不了。另外，如果水周围的空气很热，比如说夏天，水干得就快些；若是冬天，水周围的空气比较凉，可能水还没干，就冻上了，即使冻不上，也会蒸发得很慢。我说的是室外，咱们冬天室内比较暖和。另外，水蒸发得快慢与是否加热、水与空气接触的表面积有关，越加热蒸发得越快，表面积越大，蒸发得也越快。对于目前地上的水来说，根据我们卫生间的温度而言，这些水，明早会干。"

类似于这样的问题，每天层出不穷。如果他喜欢听，我会细讲。若他没有耐心，就选主要的讲一句两句。

营造环境，让孩子勇敢地提问题。

一起找答案

2017 年 9 月 2 日　星期六

早晨起来，我正在"写作业"，厚道翻着自己的《揭秘地球》，他问："什么是'濒危'？"

"有濒临灭绝的危险。比方说'濒危物种'就是这个物种，地球上已经很少了，到了临近灭绝的数量或者程度。"

"为什么用火山泥洗澡对人身体特别好呀？"

"对于这件事，爸爸也不是很清楚，但我可以试着回答一下。可能是火山泥里面含有多种微量元素，这些微量元素在人的身体上冲洗或者摩擦，会被身体吸收一部分，为我们的身体提供养分。"

随后，我在网上查了一下，读给他听："火山泥蕴含三十多种微量元素和矿物质：硅、铝、镁、钙、铁、钛、硫、磷、钠、铜、锌、硒、钴、锰、钼等，这些成分让火山泥的物理特性十分的稳定，并且广泛应用于各种领域，据说可以美白。"

接着他又问："是不是真有人把钱藏在墙里啊？"

"估计会有，每个人藏钱的地方可能都不一样。因为，钱的体积较小，对人们来说又很重要，藏在墙里，还是比较隐蔽的。"

替他人着想

2017 年 9 月 4 日　星期一

我们在商场买了一杯果汁，厚道喝一口，我喝一口，到一半时，我说："咱俩要给妈妈留一些。"厚道同意。

过了一会儿，厚道看了一眼果汁说："妈妈不喜欢喝。"

"不喜欢也得留，这是礼貌问题，要不，你再喝一小口吧？"

平时，厚道给我们什么吃的，我们都要，尽管可能不吃或者不喜欢，那也接过来，这样有助于培养他"替他人着想"的意识。

把"该做的事"做完，再做"想做的事"

2017 年 9 月 7 日　星期四

早晨醒来，厚道"滚"到我身边说："爸爸，吃完饭帮我拿玩具去。"

"没问题，这是咱们昨天睡觉前说好的。"

昨天，厚道买了一个"爆裂飞车"。上楼的时候，落在车里没带上楼，他想让我去取，我说："一方面要睡觉了，没时间玩；另一方面爸爸都脱衣服了，再穿上太麻烦，明天去取。"他虽然有些不高兴，但也同意了。

前一段时间，每天中午下班回来，厚道都着急地拉着我和他玩。

我说："要先吃饭。"

吃饭的中途，他让我帮什么忙，我绝大多数时候都不会去，要等吃完。因为，吃饭是应该做的事，玩儿是想做的事。要把该做的事做好，再去做想做的事。

最近，到了吃饭的时间，他会说："先吃饭吧！"或说："爸爸，等你吃完饭，帮我什么什么忙。"在我学习的时候，他也不来打扰我。

生活中的事，父母要根据情况掌握一下事情的尺度，做对的事，让孩子和大人一样平等，不能因为是他的事就优先。时间长了，他便能分清事情什么是重要的，什么是次要的。

先讲重点

2017 年 9 月 7 日　星期四

晚上，去小广场散步，看到落在电线上的小鸟，厚道问："小鸟落在电线上，为什么电不死？"

"因为它的两只脚落在了一条电线上，在它的身体里没有形成电路循环，若是小鸟的两只脚分别落在两条线上，电流从它的身体流过。那它就会受到电击。简单地说：小鸟的两只脚之间没有电压。"

看他还想听，我继续说："比如电池和灯泡，电从电池的正极流向负极，通过灯泡时，把灯泡点亮，形成了一个电路循环。如果连接灯泡的两条线，都接到电池的正极上，灯泡是不会亮的。就像小鸟的双脚都落在正极，是不会受到电击的。如果小鸟的左脚在正极上，右脚在负极上，那小鸟就会受到电击。"

看他听得津津有味，我继续讲："这也是为什么两条相邻的电线，要留一些空间，而不是离得很近的原因之一。假设这两条电线离得很近，说不定真会有大鸟，左脚一条线，右脚一条线地落在上面。那样大鸟会被电死，我们的电源也会因短路受到损坏。"

我俩在家里玩过电子积木，电路的工作原理他略知一二，今天说的这些，他基本上能听懂。

我说完了，他也听够了，蹬着滑板车跑了！

过了一会儿，他又问："我骑滑板车的时候，风吹我，是不是和站着时，风吹我一样啊？"

"我们身体的感觉是差不多的，都是空气与身体摩擦产生的感觉。但不同的是：一种是你在动，空气不动；另一种是空气在动，你不动。"

"那空气是怎么飘动起来的？"

我好好地组织了一下讲解的语言："是空气热胀冷缩形成的。"我向南跑了几步，表演"热"，又向北跑了几步，表演"冷"，说："南方比较热，北方比较冷。那南方的空气就会膨胀（做四肢张开动作）气压变低，北方的空气就会收缩（做四肢收缩动作）气压变高，然后高压向低压传递，北方的空气就向南方移动，空气就动起来了，形成了风，大体上就是这样，事实上要比这复杂很多。"

个人建议：给孩子解释问题，先用一两句话说重点，尽管他可能听不懂，但先记住重点慢慢会理解的。如果开始就详细介绍，重点会不突出，等孩子的注意力不能集中了，他可能既没有听懂，还没有记住重点。

欢迎"耍"我

2017 年 9 月 9 日　星期六

上午，我们一家三口去森林公园玩。那里有一个项目——遥控船，在大约 50 平方米的水面上"保卫钓鱼岛"。船已经比较旧了，很多按键已经不能用了，但不影响乐趣。

今天有其他小朋友在场，我在一旁"观战"。玩着、玩着厚道突然用惊奇的语气说："爸爸、爸爸，你看一按这两个钮船就加速！"

我看了说："真的耶，还有这个功能。"

看我上当了，他笑着说："其实我逗你玩呢！这个船拐弯的时候费电，速度就会下降，等直行了，不按这两个按钮，速度也会提高一些。我每次按按钮的时候，都是在船由转弯变为直行的时候，嘿嘿！"

我笑着说："这次，你真的骗到我了。"

他不屑一顾地表达着自己的胜利："嗨……"

最近，厚道经常搞这样的怪。昨天，他突然指着天上说："看飞机！"我找了一会儿："没有啊？"等我看他了，他正在坏笑着看我。

对于孩子这样没有恶意的搞怪，并不是孩子学坏了，是淘气罢了。孩子搞怪也是需要动脑的，需要综合利用当时的情况，如风速，阳光，角度……来达到目的。所以，不能算是撒谎或学坏，我们不要加以指责。

孩子是不是在原则的事儿上撒谎，我们家长是清楚的，如果哪天真的犯了原则性的错误，我们要讲清楚，让他认识到问题的严重性。

体验重于成绩

2017 年 9 月 25 日　星期一

昨天晚上，去抓娃娃机，抓了六次，也没抓上来。这时，走过来一个比厚道小一些的小女孩，由妈妈带着。我让给了她们，对厚道说："咱们在后面好好学习一下，看看阿姨有没有好的方法？"

那个阿姨认真地抓了起来，小女孩一会儿按按这个，一会儿搬搬那个，打扰了妈妈。妈妈有点生气地说："你要是再乱动，我就不抓了。"

我想：是不是让孩子抓更好些，是孩子的体会与经历重要，还是玩偶重要？妈妈的重点是"抓上来一个玩偶"，不是让孩子体验与锻炼。

引诱，过犹不及

2017 年 10 月 12 日 星期四

三天前，厚道买了一个两轮平衡车，是在我的引诱下买的，我认为这是很好的感统训练器材，尤其是对于厚道这种感觉统合能力不强的孩子。

这个车是用体重启动的，要求在 20 公斤以上，但是厚道的体重只有 18 公斤。他压上去的时候，角度稍有不对，便不能启动，再加上这个车控制难度较大，厚道在练习的时候，车辆时左，时右，时前，时后，需要我紧紧地扶住他。玩了几下，他就不玩了。

为了勾引他练习，我经常站在车上"愉快"地玩儿，但他还是没兴趣。

今天，一鸣来家里，她对这车很拿手，我偷偷告诉一鸣：玩一玩那个平衡车，帅一些的，酷一些的。

厚道看姐姐玩得那么自由，心里有些着急。姐姐停下来，厚道主动让我扶着他上车，也许是看姐姐玩，有了一些心得，今天比前两天好很多，我表扬了他的进步。

听了表扬，他更兴奋了，在上面左摇右摆不肯下来。突然，他没控制好角度，平衡车载着他，直接撞向了床边，好在厚妈就在床边坐着，伸手挡了一下。尽管这样，厚道也重重地撞了一下，如果厚妈当时不在床边，后果会严重得多。

我想：可能遇到麻烦了。厚道不管玩什么，稍遇危险，他会马上停止，断然不会再去冒险。

但今天，他执意还要再去试，好像要趁热打铁必须学会一样，这可不像他的做事风格。

我意识到，厚道今天表现出的倔强劲儿，可能是我之前给他的"引诱"太多导致的。

反省：以后再引导厚道做什么事，要根据情况，注意一下尺度，过犹不及呀。对于现在的厚道来说，玩儿这个平衡车，确实有一些早，存在一定危险。

知识的"突破口"

2017 年 10 月 20 日　星期五

这段时间，我想让厚道知道些乘法口诀，我和他聊了几次，他都没兴趣，玩儿 3+3+3=？的题，他还是用加法。

他在听《西游记》的时候，有个九九八十一难和七七四十九天，这两个他是记得的，我便经常叨念一下，尤其是早晨刚刚醒来，为了把我愉快的心情传染给他，我通常会吟诵诗歌，唱几句歌，讲几句搞笑的话……今天，我念了几句乘法口诀。

我想：今天听一个，明天听一个，时间长了，自然也就会了。学习知识，可以先用他感兴趣的事儿或是比较了解的事儿作为突破口，一点一点地扩大，孩子会有兴趣。

不管胜于管

2017 年 10 月 26 日　星期四

晚饭后，三口人去商场抓娃娃。今天很幸运，十次抓上来两个。厚妈建议：把"蓝精灵"送给一位熟悉的售货员阿姨，因为这个阿姨帮助过我们，还经常给厚道糖吃，厚道表示同意。他把两个娃娃分别挂在了滑板车的两侧，紧紧地卡在车把上。

滑到阿姨的店门口附近，厚道停下来，费力地把"蓝精灵"从滑板车上往下卸。我建议他可以把滑板车直接滑到阿姨的店里。他没有采纳我的建议，还在卸着那个"蓝精灵"，过了好一会儿，终于卸下来了。他用手提着那个"蓝精灵"进了店。

我才明白，他把车停在门外，没有直接进店，是想提前做好准备工作，不至于到阿姨面前出丑。

我意识到，我刚才的建议并不妥当。他有自己的想法，并且这个想法也是对的。

在孩子自己有决策和想法的时候，我们表现出的顺其自然，才是恰到好处。

家里安装了蜘蛛人练习墙

厚道不厚道

2017 年 10 月 29 日　星期日

中午，厚道说："妈妈，我觉得周一、周三、周五看电视有点不合理，隔的时间太短了。"

厚妈听了很高兴，问："那你觉得怎样合理，隔的时间长，又省眼睛？"

"我觉得周一、周四、周日合理，周一和周四隔两天，周四和周日隔两天。"

厚妈没多想，说："也不错，隔的时间是长。"

看自己的想法得到认可了，厚道试探着说："那我去看了？"

厚妈露出怪异的表情，说："看什么？"

厚道没底气地说："今天周日。"

我心想：的确，明天还周一呢。厚妈上当了！

厚妈发觉自己上当了，笑着果断地说："不行，不小心上了你的当，居然算计我。"

厚道看计划失败，不屑一顾地说："嗷，小气！"

"不停地改规则，来实现自己的既得利益"类似的招式，他已经用过几次了。

厚道有点儿不厚道！

一起天马行空

2017 年 10 月 31 日　星期二

晚上，我和厚道一起玩折纸。他问："爸爸，如果地球的吸引力是向上的，那咱们是不是就都飘起来了？"

"那当然。"我用身体滑稽地演示了一下，向上飘去的动作。

他又说："就像在外太空一样。"然后大笑。

我补充道：“还不如在外太空呢！在外太空想要飘起来，还得轻轻跳一下，这都不用跳，人就'嗖'地飞起来了。”

他愉快地说：“那早就顶到屋顶了！”

我说：“如果真是那样的话，咱们的房子也盖不成了。”

他抢过话说：“是呀，还没等盖，水泥、河沙、吊车都会飘起来！”

孩子冒出各种奇妙的想法是好的，我们要加以保护，也许这是创意的种子，我们要正确地对待和鼓励，顺便陪他一起天马行空。

厚道适合"放着养"

2017 年 11 月 27 星期一

中午，我和厚道玩的时候，他直接把一个瓶子打向了我。可以确定他是故意的，我的眼镜腿儿被打断了，脸也有些疼。我控制着自己的火气，只是表现得不太开心。

厚道做事一向能够掌握分寸。我认为：他正在度过人生的这个阶段。如果他偶尔的过失，换来我的发怒，可能会导致他内心过度的惭愧或者恐惧，可能会让他变得拘谨，不能放开自己去做事。

总结：平时收着自己的孩子，要放着养；平时放着自己的孩子，要收着养。像厚道这样，平时胆小，也比较能够掌握分寸的孩子，我们宠着些是对的。培养一些男人应有的"野性""匪性""突破性"，做事有"争取精神"；而对于平时就"匪性"实足的"淘小子"，还真要加以约束，培养男人应有的"沉稳""庄重"。这类孩子，再宠着，会惹是生非。

《论语》中有一则故事：子路问："听到了就行动起来吗？"孔子说："有父兄在，怎么能听到就行动起来呢？"冉有问："听到了就行动起来吗？"孔子说："听到了就行动起来。"公西华说："仲由问'听到了就行动起来吗？'你回答说'有父兄健在'，冉求问'听到了就行动起来吗？'你回答'听到了就行动起来'。我被弄糊涂了，敢再问个明白。"孔子说："冉求总是退缩，所以我鼓励他；仲由好勇过人，所以我约束他。"

这是孔子的因材施教！

最近，厚道偶尔伤人，损物，动作力道大，幅度也大。我们没有加以约束。

中午，我去把眼镜腿换了新的。

我认为：陪伴，就要了解孩子，就像我们小的时候也期待大人理解一样，尽可能多地体会他当下的想法与感受。这样，我们才知道他需要什么，才知道应该给他什么。

我们通过对孩子的了解，可以判断出他大概是什么样的孩子。然后，用一种最有益于他的方式与他沟通、相处，让孩子的精神世界茁壮成长，让他的思想充满力量。

忍不住的爱

2017 年 12 月 2 日　星期六

凌晨 5 点，我从厕所回来，小夜灯柔美的光线笼罩着厚道迷人的、沉睡的小脸，轮廓很清晰。我要记录下这一刻，翻开日记本写道：

我的儿子

我的儿子，古灵精怪的，每天烦着我，

睡觉的时候可真迷人。

因为古灵精怪还在，却不烦我了。

小白脸，乌黑发，在小夜灯的笼罩下，那轮廓更显搭配合理。

也许正如"情人眼里出西施"吧？

他虽然不是很英俊，但我认为还算标致。

我的儿子，大脑袋，小细脖，

安静舒爽地睡着。

宽大的衣领与那瘦瘦的肩膀相得益彰。

躺在那里总有半个肩是要露出来的。

在这，我看到了性感。

如果女人看男人的性感是阳光区，那么男人看女人的性感可能是暮光区，而我看着厚道的性感则是午夜区。

看着这种性感，好像一半在看着大自然的性感，一半在看着自己的性感。

因为他的一半是大自然给予的，一半是我给予的。

就这样，让我有获得感，却又不能完全占有。

让我有无限的爱的冲动。

面对着这迷人的性感，我忍不住去摸了摸他的小手……

我的儿子的小手。

细致、全面是哲学

晚上，从超市回来，走到二楼，我又突然往下走，厚道忙问："爸爸，你干什么去？"

"我锁一下车。"

看我回来，他问："为什么刚刚没有锁车？"

"爸爸最近习惯不好，老是忘记锁车。"

他真诚地看着我，说："脑袋里光想着明天的事了吧？"

我笑了，有一种被戳中了的感觉，说："你说得还真有道理！"

他转过头去，边走边说："但，也不是全对。"

我说："这么一说，感觉你说得更有道理了。"我转过头对厚妈说："你儿子，是人小鬼大呀，时不时还玩儿点儿哲学。"

我平时跟他说什么，也是一分为二地说，不说到绝对。我认为：绝对地看问题或事物是片面的。我想引导厚道辩证地看待问题。

正向示范

2017 年 12 月 14 日 星期四

晚上，厚道在泡脚的时候，想试一下穿着袜子泡脚的感觉。他把脚悬在水面上，用眼神试探我的反应，我用表情告诉他"这事和我没关系"。

玩够了，他把袜子脱下来，往我的脚盆里扔。也许是觉得自己做的事儿不太地道，有点儿心虚吧？动作走形了，他把自己的脚盆踩翻了，水溅了他一身。

之前，他没有过被一盆水淋到的感觉，手拉着衣服，用不知道怎么处理的眼神看着我。

我轻轻地笑了，说："这回发大水了吧？"

看我笑了，他也轻松地笑起来。然后我们一起讨论事情的发生过程，一起把善后工作处理好。

对于类似的事情，我们要调整好自己的态度。过度的紧张，过度的责备等反应，都会写进孩子的脑袋。将来，我们想让孩子怎么处理事情，现在就做给他看吧！

保护兴趣

2017 年 12 月 20 日 星期三

前几天，睡前远眺时，厚道问："爸爸，你知道星星为什么会闪吗？"

我打算这样回答他："星星的光线穿过大气层时，会改变传播路线。所以，我们看上去，星星是一闪一闪的，其实星星本身并不闪。"

可还没等我回答，他先给我讲起来："是因为我们和星星之间有无数个小行星在运动，阻挡了星星的光线，便一闪一闪的。"

听他这么一说，我不确定谁是对的，他确实有一本讲述这类知识的书。

尽管我不太同意他的答案，但也对他的答案"暂时认可。"

今天中午，他翻出了那本书《揭秘宇宙》。我特意看了一下，书上说："星星的光线，穿过大气层会晃动，所以看上去一闪一闪的。"

看来，我的答案是对的。厚道的答案，更像是他自己猜测、推理出来的，虽然说的并不是正确答案，但从想象的角度，也能说通。

我没有拿书上的答案与他对峙，等以后有机会了再纠正。

主要是为了保护他主动思考、积极设想的兴趣。

我想：对于类似的事，我们不用太较真儿，非与孩子分个高低或者弄清对错。应该不计较一城一地的得失，保护孩子的主观能动性为先。

正确认识

2017 年 12 月 25 日 星期一

晚上，厚道玩"演唱会"游戏。厚妈用手机找歌《为什么》《我叫小沈阳》《把酒倒满》……厚道右手拿一支笔当麦克风，有感情地跟唱。

唱累了，我把录像放给他看。他马上捂耳朵，不好意思听。我能体会他的感受：他认为自己唱得很不好，和平时听到的差别很大。

我解释说："这已经非常好了，真的很不错！我们只是初学者，和专业的歌唱家相比，差距肯定是有的。"

他听了我说的话，又露出了自信的表情，说："我还想再唱一首。"

"好的。"

我想：要让他理性的认识这件事。否则，他认为自己唱得太差了，可能会放弃这个"自己根本不行"的爱好。

硬爸爸

2017 年 12 月 26 日　星期二

最近，厚道的小拳头让我们苦不堪言，厚妈就要忍无可忍了。我提醒厚道："妈妈是女生，经不起你的拳头，爸爸可以试一试。"

我成了他不用顾虑攻击的目标。最近这两天，明显感觉力道逐渐变强，我也有些受不了了。我想起了他的拳击袋。拳击袋比我们的身体硬一些，可以让厚道酣畅淋漓地发挥拳头的威力，又不会感觉不经打、没意思，安装好后，它替我分担了不少。

我想：对于厚道这种行为，他只是在度过这个阶段。我们疏导即可，不要封堵。

事实证明：半年以后，厚道的"这个阶段"就过去了，也不再有这样的行为。

背后教子

2017 年 12 月 27 日　星期三

晚上，在书店结账的时候，显微镜的结算码不清楚，阿姨照了两遍，没能成功录入。厚道随口说："算个显微镜这么费劲吗？"阿姨笑了。

我接过他的话："儿子，那不是费劲，是阿姨必须要做的结算过程，可能是扫码器有了点小问题。"

结完账出门的时候，我说："儿子，刚才你说'算个显微镜这么费劲吗？'这句话，按常理来讲，是不够礼貌的，它的潜意思是'阿姨业务不熟'，以后我们不说那话，静静地等着就行了。"

"噢！"

我知道，厚道并没有恶意，只是他的话不够礼貌。这种情况，我不当时指责，而是背后纠正。

出了书店门，厚道看见门上彩色的编织字，一个门上写着"20"，一个门上写着"18"，另一个门上写着"快乐"。他转头问我："这是什么？"

我看了一眼，没有给他答案，我说："往前走两步，再回头看。"离远了，厚道笑着："'2018快乐'呀！"

孩子自己动一动能解决的问题，我们先不给他答案，可以给他一些解决的建议。若是不行，再给答案。

做事讲理

2017 年 12 月 27 日　星期三

晚上，厚道说："爸爸，你能帮我找到打码机的墨汁吗？"

"好像就在哪个抽屉里。"

"那你去找，我给你奖励。"

我感兴趣地问："给我什么奖励？"

"我给你拿几颗无花果。"

"奖励太小，至少10元钱。"最近，厚道帮我做什么都要钱，他已经赚了我80多元了，我打算往回找一找。

"不行，太多！"

"5元？"

"不行！1角。"

"行！"我爽快地答应了。他给我取了一角钱。我当着他的面儿认真地放到兜里，去帮他找东西。

翻了一会儿，没有。他看我又坐回沙发，又拿出27元递给我，用命令的语气说："把全屋都找了。"

我当时哭笑不得，但也接过来，去进行全屋搜索。找了几分钟，他看我好像没办法了，把小手伸到我兜里全都拿回去了，嘴里说："你没找到。"

我说："我没找到，你可以把钱拿走，但应该经过我的允许，不能自己到我这里拿。"

他用怪异的眼神看了看我，我也没明白是什么意思。

老师教知识 父母教智慧

2018 年 1 月 2 日 星期二

经常听周围的学生家长说："可别让我陪孩子学习，我可受不了。"选好学校、选好班、假期去若干个补习班……总之，花多少钱都可以，怎么忙着接送都没问题，就是别让自己和孩子在一起"纠缠"。

个人认为：孩子智慧的启发更多是在生活、玩耍、经历、体验中完成的。智慧不同于知识，智慧也难表述清楚。

文字传递知识，智慧在字里行间。

知识是计算的准确与方法，智慧是如何运用这些知识，用知识做什么。

知识可以让我们"说清楚"，智慧是体会他人内心的想法，知道什么时候应该说、怎么说和什么时候不说。

知识能指导我们如何前进，智慧能告诉我们什么时候应该停下来；

知识更多是教我们怎么干，智慧让我们知道如何选。

知识是学来的，智慧是体验、是悟的。

有知识的人生，不一定是完美的，有智慧的一生，会是趋于完美的。

世事洞明、人情练达是智慧。

"智慧"是说不完全的，这是我理解的一部分。

一个人的知识多半是老师教的，而智慧多半是父母教的。

我不像亲爹

2018 年 1 月 3 日　星期三

早晨，厚道用淋浴器喷头冲洗了一下地漏，用完挂好后，喷头还在滴水。他疑惑地说："漏水了？"

我看了一眼，帮他分析："不是漏水，那是连通器原理。"我指着粗管说："里面的水面高于细管的出水口，所以，粗管里的水会从细管里往外流。流的同时，粗管里的水面会下降，当下降到和细管出水口一样高了，就不会再流了。"

对于连通器，厚道还是比较熟悉的。

前段时间，我到医疗器械专卖店买过一套"玩具"。有量杯、吸管、U 形漏斗、石棉网、酒精灯等等，其中的 U 形漏斗，能很好地演示连通器的工作原理。

记得买这些的时候，售货员阿姨知道是给孩子玩，用不理解的语气问"孩子多大了？"我不好意思说 6 岁，怕她不肯卖给我，我说："12 岁了。"

"那还行，这可不是玩具，可别伤着孩子。"

我温柔地回答："是的，我会一直跟着的。"她瞪着我的眼神好像在问："这是亲爹吗？"

还真是个负责任、有爱心的售货员。

回家后，酒精灯没给他玩儿，看看就行了，等长大些了，他自己会去找。

厚道在玩这类东西的时候还是很稳当的。我也评估过他玩这个的结果：打碎了可能会划伤厚道，但不会有其他危险。

过一会儿，厚道问："爸爸，为什么电插头有两个的，还有三个的呀？"

"三个头的比两个头的多一个接地线，这个接地线是起保护作用的。"

5 周岁日记

厚道的童年日记

173

我伸出两个手指，尽量简练地说："两个头的，一个是火线，一个是零线。电流从火线流进去，带动用电器工作，从零线流出，完成一个循环。（多伸出一个手指）三个头的，一个是火线，一个是零线，还有一个叫接地线，这个接地线是起保护作用的。如果用电器漏电，那么漏出的电，会从接地线流走，当我们触摸用电器的时候，就不会受到电击。"

对于这类问题，厚道一向很感兴趣。看他还在听，我继续说："火线和零线属于工作性质的线，而零线是保护性质的线。如果想让用电器工作，必须得有零线和火线，可以没有接地线。"

"工作线？"他念叨着问。

"是的，是带动用电器工作的两条必要的线，没有任何一条，用电器都无法工作，所以是工作线。"

"用电器里的电子元件和线路，随着时间的推移会老化，甚至损坏，就可能会漏电。如果漏电时，我们触摸用电器（我用手摸了一下正在工作的洗衣机，做被电击的模样），那么漏出的电就会从我们的身体通过，传到地面，我们就受到电击了。如果有接地线，那么漏出的电，会优先从接地线流走，不会从我们的身体通过，我们也就安全了。"

看他还有兴趣听，我继续说："我们生活中的电，电压是220V，电一下会痛，但不会有太大危险。若被高压电击中，比如野外电线塔上的10000V左右的，人类多半会丧命。我们日常生活中没有高压电，所以不用担心。家里的用电器，你先不要自己插拔使用，等长大了再用。"

看他还在听，我打算给他讲一下电为什么会优先从接地线流走，于是又说："漏电了，电会从接地线流走……"

他打断了我："行了，重复的话不用说了。"转身走了，这是耐心耗尽了。

反省：我的语言技巧也没掌握好，为了讲得全面，我说了这句重复的话，所以导致他认为我要讲重复的，如果换一种方式讲，也许他还会继续听。

聪明爸爸

2018 年 1 月 7 日　星期日

晚上，厚道看动画片。在看第二集时，看了大约一分钟，换了一集说："爸爸，我总是找不到我想看的那一集。"

我用逗他的口气说："你是第二集快看完了，才会想起哪一集吧！"

以前他这样干过，明明说好了只看一集，结果第一集快看完了，嘴里念叨："这集不太好。"潜台词是，我要换一集重看。

他不解地说："没有，刚打开就换了。"那表情是：我可没用计策。接着又认真地说："爸爸，我真的找不到想看的那一集了。"

这个动画片在电视里没有目录，片头曲还不能快进，要是每一集都试的话，会用很长时间找到，我打算帮他一下："你知道叫什么名字吗？"

"海底小纵队与海蛇。"

我试着到网上查目录，果然有，是第 52 集。我一边打开第 52 集，一边说："应该是这个。"

他说："这里面的排序和手机上的排序有可能是乱的。"

"我估计应该一样。"片头曲演完了，电视上说"海底小纵队与海蛇。"

我看看他，他会心地笑了。

在面对问题的时候，我们家长能否尽快找到解决问题的办法，会给孩子留下较深的示范印象。

孩子的问题是"好山楂"

2018 年 1 月 8 日 星期一

"为什么身体上有脏东西，就会感觉到痒啊？"厚道问。

"这是人体的本能，排异反应。"

"为什么医疗上用的东西通常都是一次性的呀？"

"为了防止交叉传染。"

有一天，他问我："人转几圈，为什么会感觉到头晕？"这个考住了我。

晚上下楼看到雪，厚道说："哦，白茫茫的一片哪！这些雪够我玩个痛快了。"

我们开车去超市，车子每次转弯轮胎都发出"吱吱"的响声。

我问："这些声音是怎么产生的？"

他答："这是车轮碾压雪发出的声音。"又补充说："如果雪很薄的话，是不会发出声音的。"

厚妈接过话说："是吗？这个我还真不太明白。"

我说："厚道的话是对的。"

回来的路上，厚道对我说："过年的时候，我要买 10 张彩票，60 元一张的，庆祝一下。"

我问："60 元一张，10 张是多少钱呢？"

他念叨着："60×10、10 个 60、3 个 60 是 180、4 个 60 是……"

"哦，算不出来，呵呵。"

厚妈说："10 个 60 是 600，10 个 600 是 6000，10 个 6000 是 60000。"

我说："我儿子初中的知识也会一些，高中的知识也会一些，小学的也不都会，就等着上学，老师把这些知识给穿上喽。"

孩子平时"碎片式"的学习、见识、体验，就像一颗颗小山楂，等上学了，老师用"竹签子"给穿上，就是"糖葫芦"，所以，想要好的"糖葫芦"，得有好"山楂"呀！

我高估了厚道

2018 年 1 月 13 日　星期六

晚上，我们一家三口在姥姥家玩儿。桌上放着两个可以发光的挖耳勺，我问厚妈："给厚道看一下耳朵不？"

厚道抢过去说："妈妈，我想给你检查一下有没有耳屎。"厚妈没同意，说："那样太危险！"

厚道又跑到我这儿，想检查一下。我爽快地说："行，来吧！"我坐好不动，等他检查。厚道拿着挖耳勺，一下子就捅进了我的左耳，严格地说是戳进去的（每次读到这儿，我依然清晰地记得那疼的感觉，后悔让他玩儿这个）。

我疼得一下躺在了沙发上，耳勺还在我的耳朵里插着，我迅速地把耳勺拔了出来，在沙发上捂着耳朵左右翻滚，念叨着："儿子，你把爸爸的耳朵戳坏了。"

厚道紧张地说："爸爸，我失手了！对不起！"

我还是念叨："还是你妈比较聪明，我太高估你了。"

厚道轻声说："爸爸，好点了吗？是不是好点了？"

我依然没从疼痛中缓过劲来，认真地对他说："儿子，不管你刚才是不是故意的，这样做是不对的，也非常非常的危险。"

他小声地说："知道了。"

我估计，他刚才并不是失手，而是故意的。我能理解他当时的心理活动，记得小时候，我也有过类似的事情：

三年级左右，我和小朋友一起玩"拳头游戏"，就是用拳头打击对方的脸，但是拳头要在离脸比较近的地方稳稳地停下，不能真打到脸上。玩了几把以后，我心里生出了一丝冲动，这一冲动是瞬间的，是不假思索的，然后拳头就落在了对方的鼻子上，结果把他的鼻子打出血了。

我当时的心理好像是"好奇打人后的感觉"，又好像还有其他复杂的心理，反正就是不由自主地打了上去。我猜测厚道今天的心理，与我当年有相似之处。

反省：我确实高估了厚道，所以放松了警惕。厚道并不知道这么做的明确后果，如果知道他应该不会这么做。平时，厚道说话做事像个大人，算得上是懂事的孩子。我相信他不会一发不可收拾地做类似的事儿，没责备他。

即便这样，我当时说的话和显现出的表情，对他来说已经不轻了。他的神情告诉我，他真有些害怕了。

回家后，他问了我几次"好点了吗"？第二天早晨一醒，第一句话也是问我"耳朵好点了吗"？

我都说："已经没事了！"

医生诊断：鼓膜破裂，有自行修复的可能。若是半年长不上，需要手术修复。

大约三个月的时间，我的听力基本上就恢复了。七个月左右，从耳朵里掉出一块玉米粒大小的膜，我估计是破裂的鼓膜下岗了。

厚道生病（六篇）

2018 年 1 月 16 日　星期二

厚道发烧得不到有效控制，住院了。

下午，在医院陪厚道。邻床小妹妹的爸爸吃完午饭回来，喝了很多酒，对妻子说："人生就是短短的几十年，咱们条件还可以，咱们贷点款买辆好车，出去。这几十年一晃就过去了，不抓紧点时间玩，太可惜了……"

妻子生气地说："你不是说不喝酒了吗？"

"我今天是自己给自己喝多的，我去跟他谈……"

他们的对话，让我想起了微信里最近疯传的"再不疯狂，我们就老了"！然后配上吃喝玩乐的图片。

我认为：父母的人生观和意识形态，会直接投射到孩子身上，并对孩子产生影响。父母的人生目标是吃喝玩乐，那孩子自然是跟着的，他看不到积极的人生的样子，体会不了积极的心态如何为我们的生命助力。

父母教育自己的孩子，通常都说：要诚实、要担当、要学习、要有理想和追求……若父母在做的时候与教育孩子时说的不一样，这样的教育是没有力量的。

2018 年 1 月 16 日　星期二

厚道讨厌夹温度计，不夸张地说：比打针吃药还讨厌。在医院，护士用感应式温度计给厚道测温度，我们觉得很好。

晚上回家路过药店，我们也买了一个，虽然会有 0.2 度的误差，但查个大概也是好的，免得每次夹体温计，都惹厚道不开心。

刚进屋，测试了几次，厚妈和我都是 36 度多，厚道一会儿 38 度，一会儿 39 度，有一次甚至到了 40 度，厚妈当时慌了神。

厚妈一边准备药，一边说："不能再等了，快吃退烧药。"我和她商量："这个东西误差太大，咱们用水银温度计测完再说。"厚妈急切地说："说啥呀！那一摸就是热，再等会儿，把孩子烧坏了。我说在医院观察一晚上，爷俩非要回来。"

厚妈给喂药，我悄悄把水银温度计给厚道夹好，五分钟后"37 度"，厚妈傻眼了，不像刚才那样胡乱猜想了，开始担心："这不该吃药，还给吃了，能行吗？"埋怨我："也不提醒我，量好了再给吃药。"

"提醒了，"我说，"新买的可能不准，用水银的试一下再说。"

"那你提醒得也不够大声！"

我心想：傻子才会在那个时候大声说话。

厚道从小体质比较弱，导致厚妈经常担心。厚道每次生病，她都难以控制自己的情绪，不吃不睡，一直担心，脑子里有的各类大病，都担心一遍，只有孩子病好了，才会万事大吉。

孩子恢复健康以后，厚妈每次都会总结：我还真想了某个某个治疗方案，但是怕他伤身体就没敢用，以后谁的话也不能听，就信自己的。

我认为：想出多少种方案并不难，但要选对方案却不容易。

2018 年 1 月 17 日　星期三

厚妈在超市买回一瓶"带味儿"的水，上面有"云台山"三个字。我随口说："'云台方寸山'下一句是什么？"

厚道轻蔑地看了我一眼，说："能不能不提这么小儿科的问题？"

我心想：真会假会呀？我用疑惑的眼神看着他，说："真的很小儿科吗？我猜你也不一定答得上。"

"斜月三星洞。"

我笑了，追问："这是谁待的地方？"

"不就是菩提祖师嘛。"

"真的假的？这都记得！唐僧最后当的什么官？"

"功德佛？"他用了疑问句。

"正确。孙悟空呢？"

"斗战胜佛。"

"猪八戒呢？"

"什么佛？这个不知道。"

"是净坛使者，他没有封佛。因为净坛使者是专吃供品的，对于八戒来说是个美差。"

"那沙和尚呢？"

"八部天龙。"

"那是白龙马，因为它本身就是龙，所以封八部天龙，沙和尚是金身罗汉。"

他想在医院的墙上看投影动画，一边打开机器，一边用挑战的语气说："再来。"

投影机放着了《熊出没·奇幻空间》的开头：孙悟空打三个杀手。我心里想：孙悟空的棒子那么重，人怎么受得了？便提了问题："孙悟空的棒子有多重？"

"13500 斤。"

我疑惑地说："嗯？我记得是 13600 斤。"

厚妈说："应该是 13500 斤。"我查了一下，结果他们娘儿俩是对的。

上午在医院，我给厚道讲了"磨刀不误砍柴工"的故事。

厚道最喜欢的玩具仍然是积木，块数越多越好。他拼装起积木来，不吃饭没关系，不看电影没关系，就那么"一直拼"，最好谁也别打扰。

每次买积木，我们都在块数上打官司。我建议买 200 块以内的，差不多半个小时搞定，不至于太累。他总要求不少于 300 块。

为了缓解他在医院的寂寞，每天送饭的时候，我都带来一个，希望他无聊的一天有些喜悦的元素。

大约一年前，我对厚道说："拼积木之前，先将零件分类，能节约大量找配件的时间。"他不舍得花时间来给积木分类，总是让我帮他分好类。最近，他也懒得求我了。

傍晚回到家，他没有给积木分类，迫不及待地拼了起来。我悄悄地凑过去，简单地把大的配件分了类，又提起了"磨刀不误砍柴工"的故事，并引申到积木上，希望他能理解分类的好处。

我讲得很清楚，他听没听我不知道。看我讲完了，他不痛不痒地甩给我一句话："找件也是玩的过程，也有玩的乐趣。"

我的心，操多了。

晚上，我和厚道一起看投影《卑鄙的我 2》。电影快结束时，在奶爸与露西的婚礼上，小女儿爬上桌子要发表自己的演讲。开口说话之前，小女孩有些不好意思。厚道转过头对我说："女孩在人多的时候说话，都害羞吗？"

"有的女孩那样，男孩子就不害羞，因为我们是男子汉。这没什么大不了的。"我在暗示他：以后在人多的场合说话不用害羞。

2018 年 1 月 20 日 星期六

昨天，邻床小妹妹的爸爸讲了一件事：小妹妹很瘦，原因是吃饭太费劲，不管什么东西，只要他妈妈不喜欢或说不好吃，她就不吃，连尝都不会尝一下。

这也算典型案例了：小妹妹被妈妈暗示了。

晚上，我从食堂打来饭，厚妈吃了一口土豆泥说："一点也不好吃。"

我说："说不定儿子喜欢。"

厚妈推到厚道面前，厚道连尝一尝的想法都没有。

我想：厚道在吃土豆泥这件事上缺少了体验的过程。厚妈的表态，厚道受到了暗示。所以，我们在发表类似的评论时，可以等孩子体验之后再说。更好的是：不发表意见，等孩子吃完了，我们听一下他的感受，让孩子充分体验，充分表达才好。

一连几天在医院，厚道身体不舒服，没有提问题。今天，问了很多：树叶是如何呼吸的？电视是怎么发明的？药品是怎么给我们治病的？飞机的工作原理是什么？洗衣粉的工作原理是什么？……问了很多以后，他有些不好意思了，说："最后一个问题啊！只不过这是个旧一点的问题。"

我笑着说："没事，想问什么就问，不想问也没关系。"

"你能再给我讲一遍，人类经历的各个时代吗？就是有的用石头，有农业什么的，这个有点长，是吧？"

"这个是长了点，你先去刷牙洗脸，一会儿躺在床上说好吗？"

等他躺在床上，我又给他讲了一遍人类从石器时代到现代社会的大概过程。重点讲了为什么用石头做工具？为什么发明蒸汽机？

我告诉他：科学家并不是一下就发明了某个东西，而是经过一系列的研究，不断的尝试与实验，最后才研究出我们需要的物品。在这一过程中，失败的实验远远多于成功的实验，甚至有的科学家一直没有成功过，也没有得到我们需要的科学成果，这都是正常的。

2018 年 1 月 21 日　星期日

厚道在出生之前，做胎心监护时，我们觉得厚道的心脏跳得有点快，正常上限是 160，但厚道有时 159，有时 160，有时 161，咨询了几个大夫，都说没问题。

昨天下午，我和厚妈商量后，打算检查一下。

早晨，在输液之前，给厚道做心脏彩超。他们娘儿俩进了彩超室，大约 20 多分钟才出来。从厚妈的表情能看出有情况了。

她不开心地说："心脏有病，先天性房间隔缺损，不过这是唯一能通过手术治好的心脏病。"

刚一听，我也蒙了：心脏有问题？

我们开始多渠道地深入了解情况。厚妈一会儿问我这个，一会儿又问那个，厚道在一边偷偷地听。我示意厚妈，不要给厚道带来恐惧和不安。这个"示意"也引起了厚道的注意，他更想听我们在说什么了。

我大声对厚妈说："没事的，出现什么情况都是正常的，都能解决。"

最后决定，一周后去北京。

比冠军重要的事

2018 年 1 月 22 日　星期一

晚上，我和厚道一起看《赛车总动员》。在最后的那场比赛中，有机会赢得比赛的有麦昆、车王和路霸三个辆车。

麦昆第一个接近终点线，就在马上要撞线的时候，路霸故意撞翻了车王，麦昆看到车王不能继续比赛了，想起了博士——一个因事故没有完成自己最后一场比赛的车手，也是麦昆的老师。

麦昆刹车了，停在了终点线之前。他不想车王重蹈博士的覆辙，推着车王冲过终点线，而路霸早已第一个冲过终点。

就在麦昆推着车王向终点线行进的时候，车王说："孩子，你想干什么？"

麦昆说："我认为车王应该完成他的最后一场比赛。"

车王说："刚才你放弃了'活塞杯'你知道吗？"

麦昆说："一辆老赛车教会了我一些事，那只是一个没用的杯子。"

大家纷纷表示，麦昆是他们最喜欢的车手，因为他心里充满了爱。

这一段演完了，我估计厚道没看懂，帮他总结一下：麦昆是一个有爱心的车手。虽然当冠军重要，但是比当冠军更重要的事还有很多。比如，他今天让车王完成了人生最后一场比赛，不至于遗憾一生。麦昆做得是对的，这才是人们喜爱的有胸怀，有爱心，也有能力的车手，是我们学习的榜样。

在北京手术（两篇）

2018 年 2 月 4 日　星期日

下午，护士给厚道抽血，做术前检查。厚道像往常一样很配合，阿姨把针管扎进皮肤后，没找到血管，在厚道皮肤下摇着针头找。厚道痛苦地问："还不行吗？还不行吗？……"阿姨失败了，生气地说："和你家孩子说好了我再来吧！"转身走了。

换了一个阿姨，来扎第二次，手法一样。但这一次厚道明显有些坚持不住了，但行为上没有反抗，是信任的崩溃……

第三个阿姨来了，厚道坚决不肯再配合。最后，是在大伙强按下勉强完成的。

晚上睡觉的时候，厚道惊厥了几次，可能是硬按着扎针，受到了惊吓。

厚道曾多次抽过血、打过针，这是我第一次感到心疼。我一直认为：哪个护士都有初学阶段，孩子扎几个眼，新护士练练手，也是在所难免，毕竟扎不坏。

这次，我怕了新手！

如果有相关人士读到这篇日记，我衷心地建议：新手护士先用大人练手，然后用青年，再用少年，十拿九稳了，再来负责儿童或幼儿。这样既不耽误护士阿姨们的成长，也不会在孩子们的心里留下阴影。

给儿童和幼童打针，涉及孩子的教育。成年人，扎多少次，也没什么影响，但要在儿童心里留下阴影，可能一次就足够了！

个人认为：让医生掌握这些教育问题，显然强人所难。但我们做父母的，后面应该如何做疏导工作，显得尤为重要！

孩子没有安全感、没有愉悦感、没有自信，智慧的大门是无法打开的。学习对他来说，将是重担上的包袱。时间长了，结果可想而知。所以，我们不仅要帮助孩子建立安全感，建立自信，也不要去破坏孩子已有的勇气。

2018 年 2 月 5 日　星期一

经过近一周的担心，厚道今天要手术了。

来北京之前，厚道每天都与我们商量："我不想去北京，我不想做手术！"

经过我们的解释，他也很清楚，不做是不行的。他经常问："是不是手术就是睡一觉？医生是不是先把我麻睡着了，才会给我做手术啊？……"他每天都担心着类似的问题。我们尽量用最无痛、最简单的方式形容着手术的过程，帮他卸掉心理负担。

厚道是一个"什么事都想弄清楚"的孩子，他只有了解了，才不会陷入"不知道是怎么回事"的恐惧中。我尽可能地给他讲清楚，比如：不能让爸爸、妈妈抱进手术室，因为我们身上有细菌，会感染伤口；可能会有几个医生围着你，穿着专用的服装，带着帽子和口罩，为你进行简单的治疗；如果是吸入麻醉的话，医生会给你戴上一个口罩，像做雾化一样，里面吹出的气体可能有一些味道。总之，叔叔和阿姨都是专业的，你只要放松身体，配合他们，所有事情都不用担心，一定会安全地、顺利地完成。这些厚道听得都很认真。

上午十点，穿着专业服装的阿姨来到病床前，说："走吧，可以手术了。"厚道马上伸出两手给我，不安地说："爸爸，抱我！"我紧紧地抱着他跟在阿姨后面。厚道警觉地观察着周围的一切。到了手术室门口，我让他跟着阿姨进去，他不肯松开我的手，说："爸爸跟我进去。"

"儿子，之前爸爸和你说过的，我们身上有细菌，是不能和你进去的。"他仍然没底气地坚持着："不行，你必须和我进去。"

看厚道没底气的样子，我知道再劝两句，应该可以了。我刚要再说，阿姨用上了她们的招数："让爸爸进去也行，但是必须去穿和阿姨一样的衣服，让爸爸去穿衣服吧，咱俩先进去。"

阿姨的本意是：先把他骗进去，打了麻药他也就什么都不知道了。但厚道认真起来，说："那好吧，你去穿衣服，我就在门口等你，我不先进去。"我感觉之前我和他说的好像要泡汤。

阿姨又劝了几句，发现她的招数不管用，便给另一个阿姨打电话，好像是想强行把厚道带进去。

我一听，要麻烦了，"硬来"会给厚道带来极大的负面影响。等阿姨放下电话，我认真地对阿姨说："我要换好衣服，真的可以进去吗？"阿姨摇摇头。这些，厚道也看到了。

我蹲下身说："手术是解决身体问题的最好办法，爸爸不能跟你进去也是确定的。所以我们接受也得接受，不接受也得接受，没有别的选择。"

厚道开始流眼泪，说："那必须给我奖励。"

"什么奖励？"

"一个亿。"

阿姨没听清，问："要什么？"

我解释说："一亿人民币。"阿姨笑了。

要奖励了，说明他已经接受自己进去这个事实。我说："可以，就一亿。"

"那现在给我。"

"现在没有那么多，以后慢慢给。"

"那手术完马上给我。"

"可以。"

这时候，另一个阿姨已经来了，若再不行，厚道就会被强行带走。

我站起来对阿姨说："可以进去了。"厚道极不情愿地跟在阿姨后面，头也没回。

我长舒了一口气，幸好厚道不是被硬带进去，否则，负面影响无法估量。

后来，厚道的1亿，我们讲价讲到了600元，兑现！当时的厚道，也只是想发泄一下内心的不安。

保护古怪想法

晚上躺在床上，厚道把小嘴凑到我耳边："爸爸，你说我长大了，能研究出吃了不死的药吗？"

厚道平时提问题并不这么隐晦，都是直接问，而这一次他小心翼翼，略带难为情的样子。他有些不好意思提这样的问题，可能是这几日在医院受到的各种对待，让他受了一些影响，所以才冒出了这个问题。

我认真地看着他的眼睛说："也许可以，只要你多掌握一些知识，并充分地利用，也许可以。"

"那要是研究不出来呢？"

我轻轻地说："研究不出来也没关系。你在研究的过程中一定会有其他的收获。生老病死是自然规律，我们没有必要太在意，顺其自然地珍惜我们现在的生活，努力地去改善就可以了。"

为了让他正确地认识这件事，我继续说："你想研究的是长生不老药，古代的帝王都在寻找这种药，但没有成功。"

他不屑地"喊"了一声。

对于这声"喊"，我没明白是什么意思，最大的可能是：他们没有研究出来，是他们太笨，也有可能是认为自己的想法有些荒诞。

记得我在八九岁时，有那么一段时间就恐惧死亡，感冒了也会问妈妈"会死吗？"也想了一些关于死亡的事，并且注意观察有人去世了，会怎样？过了一段时间就不再关注了。

厚道可能在经历着我的那段日子。

孩子冒出古怪的、不合常理的想法，我们一定要保护，这里可能有将来创意的种子。孩子偶尔做出一些意外的、有趣的、不循常理的事儿，我们不要嘲笑孩子，否则会限制孩子创新胆量。

环境很重要

2018 年 2 月 16 日

热闹的新年就要过完了。爷爷、奶奶和大姑一家都回自己家了。这段时间，厚道不学无术，每天吵呀，闹呀，偶尔显出烦躁不安。晚上睡觉梦话很多，不是在吵架，就是在唱歌。有一天，梦里唱歌，居然唱了半首，真是执着。

早晨，厚道私自打开电脑，看上了动画片。我说："用投影看吧？"他大吵大闹了一番，就像变了个人似的。

我感觉：孩子的生活环境，对他的影响很大。平时的厚道很安静，看书呀，研究玩具呀，可以说是"心静生智能"的状态。这段时间太热闹了，他有些改变，好在热闹的环境要结束了，厚道可以静一静了。

对于孩子所处的环境，我们要根据情况为他调整。太静了，就多动动；太动了，就多静静。

总体上讲，厚道还是静的时候多。我们也担心，总这么静，以后会不会没有朋友呢？会不会不适应校园里热闹的那部分生活呢？偶尔也刻意地给厚道制造些热闹的气氛，让他调整一下，让他接触一些复杂的环境。

和孩子好好聊天

2018 年 2 月 17 日　星期六

早晨醒来，我要去做面条，但厚道不同意，要我再陪他躺一会儿，摸手、蹬脚、提问……他问："是不是刚醒的时候，我的脚部神经还没有醒，所以我的感觉不是很灵敏呀？"

"可能是吧！"

时间已经不早了，我说："儿子，爸爸就陪你躺两分钟啊！一会儿面条都着急了。"

他不屑一顾地说："面条着什么急呀？它又不是人！"

"这是拟人手法。"两分钟到了，我起来做事，他也不再纠缠我，就像愿望已经实现了一样。

晚上躺在床上，厚道问："爸爸，是不是过年的时候，我们的身体也会长啊？"

"过年和身体生长并没有直接关系。我们的身体每天都在不停地生长，而不是过年这一天，突然长高一截儿。过年是人们规定的一个时间节点，并不会影响我们身体的生长。"

"我们的身体每天都在不停地、悄悄地生长，只是我们感觉不到，是吧？"

"是的。"

他又问："太空中漂浮的物体，是不是不分轻重的？不管是乒乓球，还是乒乓球案子，还是什么大的东西都会漂？但要是像水泥一样的建筑物固定在星球上，就飘不起来了？"

"是的。失重状态下，所有东西的重量都消失了。会在太空中保持漂浮或静止的状态，一直下去。如果是固定在星球上的建筑物，他们会随星球一起保持着某种状态。"

"爸爸，你说咱家挂钟那么大一块黄金，能值多少钱？"

"那可不少。1克黄金大约300元，500克是1斤，1斤就500×300，也就是15万元。挂钟那么大估计50斤左右，也就是50个15万，750万元，这些钱大约能买10个咱家这样的房子。"

他悄悄把嘴凑到我耳边（又要提不好意思的问题了），说："爸爸，我长大了要是能研究出黄金制造机，咱们是不是就发财了？我是不是也很厉害？"

我认真地说："那何止是咱家发财，我们的祖国都会跟着你发财的，到那时咱们国家的钱就无限多了。"

"那个机器是不是很难研究出来呀？"

"应该是，如果好研究，其他科学家可能早就研究出来了。"

"黄金是不是由黄金颗粒组成的呀？"

"是的，黄金是一种金属物质，一般是从金矿里提炼出来的，就像铁在铁矿里，铜在铜矿里一样。由于金矿很少，所以黄金很昂贵。如果能研究出一种方法合成黄金，也并不是不可能。这需要我们掌握很多知识，把知识充分地利用，也许就能研究出来。好了，今天就聊到这吧？该睡觉了，今天休息不好，明天玩什么、学什么效率也不会高。"

炸伤手指

2018 年 2 月 19 日　星期一

晚饭后去公园玩，有很多人在放鞭炮，我们也放了一些。

过了一会儿，感觉冷了，打算回家。厚道的手里还有四支手持烟花。他左手两支，右手两支都引燃了。他想把右手里的两支插进雪堆里，正在想办法的时候，左手的一支烟花突然炸了。他慌忙扔掉手里的烟花。我估计他可能受伤了，但不会很重。我故作从容地说："遇到残次品了吧！爸爸看一下手。"

厚妈看了，着急地说："哎呀，把手炸伤了？咋都不哭呀？"厚道还在不知所措中。

我微笑着说："估计只是有点疼，应该还不值得哭吧？"听了我说的话，厚道也评估出了这件事的严重程度，轻松了很多。

到了家，厚道没脱衣服直接找出创可贴，把两个手指包了起来。厚妈说："先用冷水冲一下，再涂些红霉素软膏。"

厚道说："不能冲，我都包上了！"

厚妈说："用冷水冲一下，可以防止烧伤加重。"

他不相信地说："是药店的医生说的吗？"

孩子在遇到突发事件时，通常会短时间不知所措，不知道事情的严重程度，不知道自己应该用什么方式对待。我们应该及时地为孩子说明情况，并告诉他用什么样的方式看待与处理。

我们希望他将来用什么方式对待，现在可以示范给他。

在日常生活中，有的人处理问题比较冷静；有的人则习惯小题大做；有的人做事从容、稳当；有的人则风风火火……这些性格特点多半受父母影响，尤其是早期影响。

PART 5

6周岁日记

厚道组装菜园自动浇水系统

谈病变色

2018 年 2 月 24 日　星期六

厚道手术后第三天开始，右眼睛就眨呀眨的，以为是过敏性结膜炎，上了 10 天眼药不见好转。

昨天下午，我们去眼科做检查。医生说："他这不是眼病，应该是神经类的肌肉抽动，建议去北京儿童医院看一下。"看我们惊讶的样子，医生又安慰说："这病应该不重，但是咱们这儿看不太明白，不用担心。"

关于厚道的身体，我们是谈病变色。

厚道出生时六斤整，细长，偏瘦。一直以来，厚妈纸包纸裹，认真负责地守在厚道身边。担心、焦虑、恐惧是家常便饭，只要厚道有"风吹草动"她便"应声而起"。厚道就像个开关一样，控制着厚妈的心。

6 个月的时候，厚道拉肚子，各类相关药物都用过，不见好转。在沈阳确诊为奶蛋白过敏。自那以后，带"奶"字的，厚道都不能吃了，只能服用一种营养粉。这种营养粉味道微苦，厚道不肯吃，耗了两天饿得不行了，也就吃了，一吃就是三年。

厚道的常见病是支原体、衣原体感染。每年春秋换季，经常复发。输液、服药家常便饭。每次厚道生病，无论从精神到肉体，对我们来说都是一次历练与折磨。

厚道打针不哭不闹，吃苦药也不费劲。

半年前，厚道身上起了几个疣，进行了两次冷冻处理。眼睛做过一次散瞳，查出有 70 度的近视。现在看来，那次散瞳是没必要的。一方面，这个年龄的视力还没达到成年人的正常水平；另一方面，散瞳对于厚道这种情况来说，只有坏处，没有好处。

虽然偶尔看电视不超过 20 分钟，但对于五岁的孩子来说，还是有点多。后来减少次数就好多了。建议大家，孩子在 6 岁前不要接触带屏幕的电子产品。

现在，每天晚睡前，还是要尿三四次。有时只有几滴。化验血、化验尿都没问题，由于憋尿不足，彩超没做成功。

前一段时间，查出了"房间隔缺损"，在北京进行了手术。昨天又查出"抽动症"。经过了解，也很吓人，我们又陷入新一轮挣扎，打算七天后去北京。

在这个过程中，我和厚妈八十一难走过，厚道心里也是七十二变的压力。

盼望厚道壮实起来！

现在，我在写着，娘儿俩在谈判：厚道要去姐姐家，厚妈担心他在姐姐家又蹦又跳不想去（医生建议：半年内不要做剧烈运动）。可为了哄厚道吃饭，刚才已经答应过了。厚道看厚妈说话不算数，大喊起来："啊！"那声音高低变化，阴阳怪气。

厚妈笑着问："你是怎么喊出来的？我很奇怪。"

"你答应我，我就告诉你！"厚妈看他一直不肯妥协，只好同意。

厚道马上不好意思又带调皮地说："我这个喊，是根据哭改编的。"

讲密度（两篇）

2018 年 2 月 25 日 星期日

晚上，厚道问我："为什么有的东西浮在水上，而有的却沉到水里。"

我说："每种物质都有自己的密度，比水的密度大的东西，会沉到水里，比水的密度小的会浮在水面上。"他没听明白。我补充："同样大小的东西，重的密度就大，轻的密度就小，比如一块铁和同样大一块木头，铁就会重一些，因为铁的密度大。"

他还在听，我又说："铁的密度比水大，所以铁放到水里会下沉。木头的密度比水小，木头放到水里会上浮。"

以厚道的知识背景，他是不能完全理解这些意思的，但是能听个大概也好。

他又问："那舰船不都是铁的吗，怎么不沉到水里？"

"因为船的中间是空的，有空气，空气和船身的综合密度是小于水的，所以会漂着。如果船里进满了水，那一定会沉的。"

从他的表情看，他对"密度"是什么意思并没有理解，先说着，以后有机会再一点一点地讲清楚吧！

2018 年 2 月 26 日　星期一

自从手术后，厚道玩什么都没够，吃什么都香。以前要劝着才肯下楼玩，现在自己要求出去玩；以前在外面玩一会儿就要回家，现在吵着没玩够。医生说：手术后他会变得爱动。

上午顶着雪，在外面玩了一个小时，劝了好一会儿才肯进屋。

晚上雪停了，我们去姑姑家。在马路两侧有很多雪堆。厚道上去踩，有的很软可以没过腿；有的很硬，踩上去并不往下陷。他问："为什么有的软，有的硬？"

这是讲密度的好机会。我说："因为硬的雪堆密度大，松软的雪堆密度小。硬的，也就是密度大的雪堆，被压得实，雪粒之间的缝隙很小；软的，也就是密度小的雪堆，没有经过挤压，雪粒之间的缝隙较大。"

"我明白了。"他指着没被踩过的雪说，"就像这里，没有被压过，很松软。"又指着脚印说，"这里被踩过，就变硬了。"

"是。"

心里的手机更可怕

2018 年 3 月 6 日　星期二

中午厚道睡着了，一鸣想要去姥姥家，目的是看电视。

近一段时间，一鸣对手机和电视有些迷恋，眼睛也有一点近视，我们都不同意她再看电视。我劝她："其实我们怕的并不是你看电视或手机，我们怕的是你心里的电视和手机。因为，迷恋一样东西，即使手里、眼前没有，心里也会去想。这样就会分心，影响学习或做事的专注度，所以不要打这个主意，不要动这个念头。"

大人们又何尝不是，一旦喜欢上什么，可以说魂牵梦萦，不能专心做事，大多数心思都在研究那个喜欢的事物上……

想象一下，如果我们的孩子喜欢上读书、学习，那结果可想而知。

我说完了，她还是有些不高兴。我能体会她此时的心情：喜欢一个事物，又不能达成所愿的状态，就好像毒瘾犯了一样，虽然达不到那个程度，但道理是相通的。

我想：重要的是不要染上"毒瘾"，不要让孩子迷恋上一些不该迷恋的事物，这需要细致的引导、耐心的陪伴、积极的示范，为孩子规划好空闲时间，让他动起来，忙起来，乐起来。

丰富孩子的沟通

2018 年 3 月 13 日　星期二

可以骑电动车了，电动车还是很好的交通工具，建议大家多绿色出行啊！

四天前，厚道和我一起去菜市场买了一只鸡。叔叔屠宰的时候，厚道和我商量："想买一只活鸡回去养。"

"这是食用鸡，不适合当宠物，可能会有臭味，身上也可能有细菌。"

他还是不停地恳求我。

我又说："等有小鸡崽或小兔崽时，咱们再养可以吗？"

他还是不同意。

这附近有个鸟市，我说："要不，一会儿咱们去附近的鸟市看一看行吗？那里有可以养的鸟和鱼。"他勉强同意。

到了鸟市，厚道选了一对儿我认为最丑的鸟。我建议他买漂亮些的，他没有同意。

回家放进笼子里，他开始和鸟"互动"起来。开始还挺和谐，过了一会儿，便开始"折磨"起两只鸟来：他把两根木棍伸进笼子里，夹住鸟的脖子。就这样，反反复复玩了半个小时，一地鸟毛。

我提醒他："小鸟的生命力并不顽强，这样很快就会死。这是我们的宠物，也是生命，我们应该保护它们，尽可能地养好。"

他没有理睬。大约一个小时，死了一只。他把死的鸟拿出来，用谷子埋了起来。

厚妈问："咋还用谷子埋上了？"

"人死了不都得用土埋上吗？"

知道得还挺多！

最近这三四天，厚道每天中午都去一次鸟市。现在家里又多了十多条小鱼。厚道一会儿去捞一捞，一会儿去喂一喂，一会儿去逗一逗，还把发现的事告诉我们，总结了不少知识。

这些是厚道与这个世界沟通的方式。玩不同的东西，看不同的东西，学不同的东西……都是孩子与这个世界沟通的方式。我们应该尽量为孩子提供机会，让他们多体会、多感知、多了解、多互动、多观察。

报喜不报忧

2018 年 2 月 24 日 星期六

上午，我和厚道去森林公园砸冰。这是我俩第一次脱离厚妈出游。

回来的路上，厚道把脑袋扎在车座上。我轻轻地问他："怎么了？头晕了？头痛了？"他不肯出声，我更加担心了，问得又焦急了一些。手术后，偶尔头疼是后遗症，医生说半年后，会慢慢消失。

"没事，不疼！就是饿了。"我心想：饿了，应该不是这样儿。

到家后，地上摆的路标被碰倒了，他发起了脾气！我知道：这脾气多数是从身体不舒服上来的，碰倒的路标，只是导火线。我只是哄他，任他发着自己的脾气。

过了一会儿，他又把头扎在了沙发上，这是他头痛的惯用姿势。我缓缓地搂过他说："又头痛了吧？饭好了，想吃一点吗？"他坚持着坐起来，吃了三个包子，表情开始恢复正常，笑着说："头不疼了，还真是饿的！"

事实上应该不是饿的，只是头痛的那个劲儿刚好在饭后消失了。

近两年，对于身体方面的事，厚道一向是报喜不报忧。哪里不舒服，只要可以挺住，一般不说出来。如果我们问，他即使掩饰不住难受的症状，也不肯承认，实在坚持不住了，才会说。但通过他的表情和精神状况，我们能猜个大概。只是他这个报喜不报忧的习惯，难道是我不小心露了马脚，他随了根儿吗？

猜一个原因的话，应该是：我们对厚道生病过度紧张，给他带来了压力。他很不希望自己生病，怕我们担心与焦虑。

三招控手游

2018 年 3 月 23 日　星期五

下午，学校传达了教育局关于网络游戏的文件。对于网游，老师和家长们都在极力地引导着学生们。下发这样的文件，说明控制的效果并不理想，已经到了上级指导控制的程度。

我也担心：厚道会迷恋网游或是其他的什么。平时也注意这方面的引导，具体措施：

1. 我和厚妈不玩网游，即便偶尔翻一翻手机，尽量在他看不见的时间和地点。用手机传一些工作上的文件或通知，厚道凑过来看看，也就跑开了。

2. 在他读到"非圣书，屏勿视，蔽聪明，坏心志"时，我说："我们生活中有很多书，有好的，也有不好的。好的书就是圣书，不好的书就是非圣书。'屏勿视'就是摒弃不看，因为看了不好的书会'蔽聪明，坏心志'。也就是不仅学不到知识，反而会受到不良影响，让我们变得志向不再远大，甚至会犯错误。比如电子游戏就是一个害处大于好处的东西，又伤身体，又学不到东西，还会浪费我们大量的精力。时间长了，我们会变得意志消沉，无所作为。"

3. 不断跟进，掌握孩子对手机和游戏的思想动态，及时提醒。

我不期待厚道对电子游戏产生厌恶感，只要在思想上认识到"不能多玩"就行。

整体看问题

2018 年 3 月 26 日　星期一

今天，厚道的脾气有些大。对于他偶尔发的脾气，我还是不在意，也不强迫其改正。因为总体上讲，他发的脾气还不算过分。

对于孩子发脾气，应该从整体上看。如果经常过分地发脾气，我们还是应该给予纠正，以免养成坏脾气的习惯；如果是偶尔，则微调即可，等脾气过了，和他一起体味、反省。

同理，孩子不经意犯的错误，我们也应该这样理解与对待。我们不要用一件事来给孩子定性，他是个什么样的孩子，也不要通过一件事来推断他将来会成为什么样的人，这样太武断了。具体情况要具体分析，不可以偏概全。

后悔药

2018 年 4 月 5 日　星期四

人到了三四十岁，往往开始后悔。因为，尝到了生活的艰辛，感觉到生活不尽如人意。尤其是在感觉到自己过的日子不理想时。

后悔时回忆过往，最觉得可惜的是自己上学时没有全力以赴。当初的吊儿郎当，导致了今天的生活水平与质量，但那已是过去，时光一去不复返，后悔有什么用呢？

但我想说："后悔有用。"

我认为：我们还有一次黄金机会，就是不要错过我们的孩子，尤其是孩子小的时候。孩子的茁壮成长，会让我们的晚年幸福。

等孩子长大了，坏习惯、不良的世界观形成了，我们会第二次后悔。

"掌握一些方法陪伴孩子，与孩子一起成长"是后悔药！

假爸爸

2018 年 4 月 8 日　星期日

自从厚道桶破了我的鼓膜，每次洗头的时候，我都用棉花把左耳塞好。厚道问："你耳朵里塞的什么东西？"

"棉花。"

"为什么塞棉花？"

"耳朵里进水，我感觉不舒服，所以每次洗头我都塞上。"为了不让他难过，我以前告诉过他耳朵已经痊愈了。

他又问我："棉花是从哪里来的？"

"从牙具盒里拿出来的，每一个牙具盒里都有两团棉花。"为了给牙齿做日常体检，我买了几十盒牙具套装。

今天早上，我从楼上拿下两套牙具盒。他看了看说："又要洗头呀？"

"是。"其实我只是想检查一下牙。但是，为了增加他猜测的自信心和推理的兴趣，我把头洗了。

洗完了头，他提意见："以后你可以多拿下来两盒，免得每次都往楼上跑。"

我赞同地说："嗯，你说得有道理。"

我没告诉他，我已经那么干了。

杀鸡也有知识

2018 年 4 月 8 日　星期日

午饭吃鸡肉，厚道问："爸爸，为什么杀鸡时，在拔毛之前，要用开水烫呀？"

我用左手五个手指比作毛囊，右手食指比作一根鸡毛，说："因为，鸡毛是长在毛囊里的。毛囊包裹着毛的根部，要把鸡毛拔下来，是很费力气的，力气大了，甚至会把鸡皮一起扯下来。而用热水烫一下，利用热胀冷缩原理，毛囊就打开了一些，鸡毛的根部在毛囊里变松动了，再轻轻一拉，鸡毛就会下来。所以，拔毛之前用热水烫一下，能较快地把鸡毛拔掉。"

"那拔毛器里为什么也要加热水呀？"

"拔毛器里有许多手指大小的胶棒，被热水烫过的鸡，在里面一旋转，松动的鸡毛就被胶棒摩擦下来。但是，掉下来的鸡毛，会有一部分附着在鸡身上，这个时候，用水一冲……"

他插话说："就是给鸡洗澡了。"

"是的，然后再转两圈，基本上就都掉光了，若是剩个三根五根，用手一清理就可以了。"

"那拔毛器下面的排水口，为什么不直接连到下水道的地漏里啊？"

"第一，鸡毛伴着水往下流，直接流到地漏里，时间长了会堵住下水道；第二，烫鸡的水不需要很干净，水可以回收再用。"

他插话说："就再去烧开了，再烫鸡，循环使用。"

"是的。"

"那我们在鸡笼里选鸡时，为什么要用一个塑料袋条在鸡身上量一下，才去拔毛啊？是在量公母吗？"

"那应该是在量鸡的重量吧？"

"不是，你说的不是称吗？我看见阿姨用一个塑料袋条，就这样量了一下。"他用手比画着。

"那应该是一把刀吧？"我也比画说，"先用刀，这样杀一下，鸡才会死。"

他态度坚决地说："不是，一定不是刀，是一个塑料袋条，我看见还在风里晃动呢！"

我又说："那是刀把上系的塑料绳？"

他又态度坚决地说："不是，就是一个塑料袋条。"看他说得这么坚决，我又不知道是什么，再讨论下去，也不会有结果。我说："哦，我也回忆不起来当时的情况了，要不，过几天咱俩再去仔细观察一下？"

"好吧！"

厚道在早市选菜籽

等一等，停一停

2018 年 4 月 8 日 星期日

近一段时间，厚道用蓝牙音箱听《舒克贝塔历险记》。

晚上该睡觉了，厚道还想再听一会儿。我们约定好：最后听一集。

几分钟后，这一集听完了。片尾曲响起，厚妈伸手去关闭音箱，但厚道用更快的速度拿过了音箱。厚妈以为他要反悔，说："哎……哎……"意思是：说好了的，该关了。

厚道也"哎……哎……"的，不让厚妈碰音箱，厚妈没有吱声。过了一会儿，下一集开始播放了，厚道把音箱关了。厚妈说："这是干啥？为什么听个开头？"

厚道没有解释，具体的原因昨天他和我说过。我替他解释："因为，这个音箱的特点是：明天开机时，会播放今天关闭的那一集。如果在片尾曲时关闭，那明天还要再听一遍这一集；如果在片头曲时关，那明天一开机，刚好是今天要听的这一集。"

孩子看似"违背约定"时，可能有自己的想法，我们应该等一等，看一看，给他一些时间处理。

如果我们不等，硬是抢过音箱关闭，他会以为这样做不合理，我们也不信任他。若是他能说清楚了还好，下次达成共识便是；如果以他的表达能力，没办法把这件事说清楚，那他会觉得自己不被理解。我们在他心中会是鲁莽的人。

等一等，停一停，看他想做什么，不要盲目地按照我们的想法和推理去干扰他、影响他。

学完就去用

2018 年 4 月 9 日　星期一

昨天，我们把一个红气球装满了水，放进了鱼缸里。晚上下班后，厚道把我拉到鱼缸前，一起观察红气球的浮动情况。

我给他讲"悬浮"与"漂浮"的区别。我拿了一个空气球说："你看，这个气球，不管把它放在鱼缸里的什么位置，最后，都会浮到水面上来，这就是漂浮；再看这个红气球，在水里的任意位置都能浮动，既不一直漂在水面，也不一直沉在水底，就是悬浮。漂浮是因为气球的比重比水小，而悬浮呢……"

他抢过话说："是与水的比重一样。"

我表示惊讶，说："这都知道！"

他愉快地说："我一猜，就是一样。"

过了一会儿，我俩凑到厚妈身边，我说："你知道什么叫比重吗？知道漂浮与悬浮的区别吗？"

厚妈疑惑地说："上学的时候学过？好像是漂浮在水里，悬浮在空中？"

厚道缩了缩肩膀，鬼笑着，意思是：说错了。我说："你给妈妈讲一下？"他认真地伸出两只小手，比画说："漂浮就是在水面上，悬浮就是在水中间，既不总在上面，也不总在下面。"

晚饭后，厚道听着《小猪佩奇》，用一个 2 万毫安的充电宝给音箱充电。

他听了一个下午，充电宝的电量显示由 60% 变为 58%。我叨念说："这个充电宝存储的电可真多，听了一个下午才耗掉了 2%。"我随手拿来附近 1 万毫安的充电宝，说："儿子你看，它们俩充满了电都是 100% 的电。但是，它的 2% 和它的 2%，却不一样多。"

我想让他理解一下，不同物体的 100% 是不一样的。

他接过话，先指着大的，再指着小的说："它的 1% 和它的 2% 是一样多。"

我略想了一下，高兴地说："对！"

他又说："因为，他是 2000 毫安的，他是 1000 的。"

我笑着说："你弄得还真明白！不过它是 2 万的，它是 1 万的。"

这时，厚妈过来了。我说："我出一道题，我估计你不会比厚道算得快，咱们试试呀？"

厚妈说："来呗！"

我右手拿着大充电宝："这是 2 万毫安的。"左手拿着小充电宝："这是 1 万毫安的。这个大的 3% 的电量和这个小的百分之多少是相等的？"厚妈还没缓过神来，厚道很快说"6"。厚妈草草地想了一下，也说"6"。我笑了。厚妈看我笑了，以为自己的答案错了，矛盾地把答案改为"60"，但很快又改了过来。

这个游戏虽然厚道赢了，但是有点欺负厚妈的意思。毕竟，厚妈没有准备。

家庭幽默（九）

2018 年 4 月 10 日　星期二

天刚蒙蒙亮，我们一家三口都醒了。厚妈警觉地说："有蚊子！"我迅速地打开灯寻找蚊子。

这时候，蚊子落到了厚妈的额头上。我拿着苍蝇拍，让厚妈心里有所准备："挺住啊！"啪的一下。我把蚊子的尸体从厚妈的头发上择下来，说："不好意思啊！点背别怨社会。"

厚道帮我解释说："就是，虽然有点疼，但是别怨打你的人，兴许有好处。"

厚妈无奈地笑着。

电话的成长

早晨醒来，我问厚道："你昨天问我什么问题来着？"

他兴奋地说："我问你，电话是怎么传递声音和信息的？"

"我昨天给你讲了一些，是吧？"

"是的，但那是很基础的，你不说还有详细的吗？"

早晨的时间比较充足，我详细地把拾音器的工作原理给他讲了一遍，还讲了：有线电话 —— 无线电话 —— 视频电话的演变过程。

家庭幽默（十）

晚上刚熄灯，厚道说："有纸吗？"

厚妈说："咋了？"

"我把鼻屎挖出来了。"

厚妈开灯，用纸帮他处理，叨念着："可真不少啊！抠出来老通气了吧？"厚道点点头。

我笑着对他说："技术不错呀！"

他用调皮的语气说："意外。"

横截面与轴对称

2018 年 4 月 18 日　星期三

前一段时间，厚道看关于《揭秘火车》的书，看到地铁挖掘画面，问："这是干什么呢？"

"是在挖掘地铁隧道，然后在隧道里铺设钢轨，类似于火车的地铁就可以在里面运行了。因为，地铁隧道的两侧是封闭的，无法拍摄照片，所以，这张图是挖掘过程的横截面。这样能让我们更容易看到掘进的工作场面。"

为了帮他了解"横截面"，我找来一个苹果，问："这样能看到苹果的内部情况吗？"

"不能。"

我从中间切了一刀，让他观察，说："这就是苹果的横截面，是不是一目了然？"

他还是没太明白，先讲着，以后有机会再继续讲。

后来他又看关于《揭秘人体》的书，里面有很多横截面的图，我顺便给他讲了一些。

晚上，在面包店买了几个枣泥馅的面包。我问："你知道这是什么馅的吗？"

"白糖？"

我把面包尽量整齐地掰开两半，露出红黑色的馅。他说："是豆沙。"

我说："有了面包的横截面，就能看到里面的情况了吧？"

他尝了一口，说："是枣泥！"他也拿起一个面包撕开，馅全都露出来，然后放到我面前说："看！这就是内部结构。"

现在他基本了解"横截面"了。

过了一会儿，他拿来一张游乐场的卡。卡的背面有一条花纹，花纹是对称图形。他指着花纹说："爸爸，你看这个花纹左面和右面是一样的，但方向是反的。"

"是的，这是一个对称图形，也叫轴对称图形。"我用笔，在轴的位置画了一条线，告诉他"这是对称轴"。轴的两侧对折可以完全重合。所以，这个图形叫"轴对称图形"。

我拿起日记本，给他举例子。"看！这个日记本的书脊就是轴，这样合上，左右两侧可以重合，这也是轴对称图形。"

他指着我刚刚写上的几个字说："不对，这面有字，那边没有！"然后调皮地跑了！

他耍赖，我们不能

2018 年 4 月 20 日　星期五

早晨，我要去单位开展团日活动，厚道不同意，硬拉着我的腿不肯松开——耍赖。他说："两个方案，要么在家陪我，要么带我一起去。"由于天气不好，厚妈不同意带他一起去。厚道的两个方案我都不能选。他双手环抱我的大腿，笑着……赖着……

我跟他解释了四五遍，他就是不同意。厚妈看我剩下的时间不多了，趁厚道松手的时间把他拉住，示意我快走。我没有走，我想：这时候走了，他会有被欺负、被强迫了的感觉。

我走到他身边，继续做他的思想工作。厚妈看我不仅没走，反而走向了厚道，放弃了她的"计划"。

我对厚道说："要不爸爸出个第三套方案你看行吧？给你发个红包？"

"那得发两百。"

我爽快地同意了："我现在就发，你去妈妈的手机上接收吧！但是不能乱花，咱家剩的钱不多了。"

"行。"他松开我去收红包，我上班了。

对于"发红包"这一招，如果刚开始就用，是不会奏效的。因为，他只想和我一起去单位，但经过刚才的解释与我们坚决的态度，他已经评估

出"留下我"和"去单位"应该都不行，才会勉强同意"红包政策"。

平时，厚道想要做什么，如果不能实现，我会提出建议进行劝告。对于我们态度宽松的事儿，他会用各种方式去争取，不是原则性问题，我们通常让他满意。若是一定不行的事儿，我们会直接告诉他，不要白费气力。他也变着法儿地做我们的工作，并评估着事情的走向。

今天，他用尽了招数，争取了几次，发现真是不行。他也就放弃了"继续争取下去"的念头。

如果刚才我硬是走了，就把他送到了我们的对立面，就伤了我们之间的信任和感情。我们在他心中的形象，也会打折扣，不利于以后的沟通。

处理类似的事儿，我们要有耐心，说清楚不同意他的原因，再给一些小恩小惠，他也就被我们给"和谐"了。这样既不伤感情，孩子也会在这过程中，体会到哪些是可以改变的，哪些是不能改变的，以后他自己做什么事，自会审时度势。

平时与厚道沟通，我从不敷衍，尽量直接地正面回答。比如：有事，要8点钟回来，那就不说7点。若是为了不让他闹说成7点，结果到7点没回来，反而让他更无法接受，还会影响我们在孩子那里的"征信"，后面会衍生更多的麻烦，同时也是错误的示范。

这段时间，厚道有点眨眼睛，厚妈不让他看书。

下午，厚道和小妹在卧室里偷着看书，就在厚妈刚要进屋之前，厚道忙着把书藏到身下。

我觉得这样不妥。他在看书时，还要提防着厚妈，专注度会明显下降，同时，也影响了母子之间的真诚。我认为，这种真诚经过几次破坏，将会快速地发展下去。因为，反正也坏了，没有必要坚持什么！

可眼睛也要保护，我和厚妈商量，对于这样的事情，我们仍然要有耐心地多讲一点，让孩子从根本上理解。另外，看书毕竟不是坏事，我们更应该在鼓励的前提下多与孩子进行沟通，在尺度上与孩子达成共识，大家共同执行，既相安无事，也可专心致志。

若是在执行的过程中，他偶有过格，我们也不要大惊小怪，要持谅解态度；若是明显出格，我们要帮他认识到问题的严重性，这样孩子会理解我们的良苦用心，不会站到我们的对立面。

孩子需要我们的"特殊时候"

2018 年 4 月 25 日　星期三

近一段时间，厚道有个小癖好：每天在入睡前或早晨醒来，都把脚伸到我的屁股下面，让我用力地压他，如果压得力量不够，还会发出"哼哼"的声音提示我。

凌晨 4 点厚道醒了一次，又把脚伸到我屁股下面，并且发出了"哼哼"的声音，我以为压得太轻，便调整了一下身体的位置，压得重些。他仍然发出"哼哼"的声音，我知道这不是力度的问题了。

我轻轻地搂过他问："怎么了？有什么事儿吗？"他没有回答我，还是发出"哼哼"的声音。我又进一步搂过他，关心地问了两遍，他终于说了："好可怕呀！"原来是做噩梦了。

记得小时候，我也发生过类似的情况。有一天傍晚，睡觉醒来，做了一个奇怪的噩梦，到现在仍然记忆犹新。梦比较简单：就是眼前的景物突然变近，近到让我无法呼吸，然后，又忽然变远，远到让我能看见，但永远都摸不到。醒来后感觉很害怕，并沉浸在恐惧中好一段时间，无法释怀。

那段时间，我梦到过十多次，也反反复复琢磨了很久，随着时间的推移，也就不做那样的梦了。

所以，我能体会厚道此时的心情与感受。我用右手臂当他的枕头，左手轻轻地抚摸着他的额头，轻声地说："做梦是很正常的一件事，有的梦会让我们高兴，也有的梦会让我们难过。但是，这些梦都是假的，是我们的大脑私自虚构的一些事情，不用太在意。你是一个非常棒的小男孩儿，我们非常喜欢你，喜欢和你一起看书，一起玩，一起聊天，一起说开心的事儿……"

我试探着问："你想和爸爸说一说，刚才梦见什么了吗？"厚道没有吱声，我也没有继续问，轻轻地抚摸了一会儿，我说："好了，别想那么多了，睡觉吧！"

他轻轻地问："现在几点了？"

厚妈刚从厕所回来，说："3点40分了。"

厚道又说："那就是3点50分，厕所的慢十分钟。"说完又睡着了。

个人认为：对于噩梦，有的人说出来就释怀了，有的人说出来，反而会加深印象，以后还会再做。孩子出现类似的情况时，是非常需要我们的时候。我们应该给予足够的耐心与鼓励，帮他尽快翻过思想里的障碍，免得把精力放在没有意义的顾虑中。

孩子在某个顾虑中困惑久了，会影响自信心与开朗性格的形成。我们要尽可能为他们讲清楚事情的本末，帮他解决困惑，帮他放松，让他尽快从没有意义的困扰中走出来。

早晨起床，穿衣服的时候，厚妈问他"昨天梦见什么了？"厚道说："太多了，大约半个小时吧！"

爱研究的厚道

2018年4月26日　星期四

晚上下班回来，从学校借了一个感统训练器材——手扶旋转圆盘，厚道坐在上面，转来转去很有趣。

厚道把腿收到圆盘上转，可以一直不停。玩了一会儿，他发现：如果把腿伸着旋转，过不了至高点，则会左右来回转，最后停下。

他问："这是为什么？"

我摸着他的屁股和大腿说："脚伸出来后，你身体的重心就移到大腿这个位置，这样重心就偏离了旋转盘的轴，在旋转的时候，我们的旋转惯性，不足以带动旋转盘通过至高点，所以，向上转一段距离，就转回来。"

他不是很明白，说："还有一种可能，就是我伸着腿旋转时，腿部有空气的阻力。"

"阻力当然是有，但这种情况下，空气对我们腿部产生的阻力还是非常小的。"

他认可地说："对！"

我说："主要因素，还是重心的转移。"

他伸腿、缩腿、研究了好一会儿。

晕并快乐着

错误分开看

2018 年 4 月 27 日　星期五

昨天，厚道打了妹妹一巴掌，妹妹哭了。中午下班回家，我没有表态。第一，我并不了解当时的具体情况。第二，厚道打人这个习惯并没有过分地体现。他平时几乎不打人，即便是偶尔动手打人，也在合理的范围之内。

对于这件事，厚妈给他讲了很多道理。厚妈说完后，我说了一句："不管发生什么情况，打人毕竟是不对的。"他看了我一眼，用一种奇怪的态度说："连你也这么凶啊！"

这让我感觉，好像最后一个理解他的人，也背叛了他一样。

我坚持了自己的态度，说："当然，因为你真的有错，对于整个事件来说，可能错误并不完全在你，但你要承担'打人'这个错误的责任。别人的错误，我们要单独看待，你的错误，我们也应该正视。"

他看了看我，真诚地说："我知道了。"

晚上，我和厚妈谈论两个小男孩吵架的情形：同事家的大男孩推倒了小男孩，小男孩并没有什么激烈的反应。因为，小男孩平时就爱动手打人，这一次由于身材差距大，吃了亏，只好忍了。

厚道接话说："是那小男孩力气小，比较笨嘛！"

我说："在搏斗的时候，年龄小的，身材小的通常会弱一些。另外，对于打架这件事，算不得什么本事。"

他说："输赢不重要。"

"是的，只要我们的身体健壮，多掌握知识，然后做有意义的事情，那才是真本领。"

我们不要跟孩子讨论和评价这类没有意义的事儿，尤其是对于厚道这种胆子比较小的孩子。如果说多了，他可能会往这上面投入没必要的精力和心思。

虽然是不经意的聊天，家长看待事情的观点也会影响孩子的认识。所以，我们不要大意这种聊天，要引导孩子把精力投入到有意义的事情上，点点滴滴！

鼓励原创

2018 年 4 月 28 日　星期六

晚上，躺在床上，厚道问："充电电池和非充电电池有什么区别？"

"它们里面的化学物质不一样。"我用手一边比画一边说："非充电电池里面的化学物质，它们互相反应放电，当化学反应完毕，也就放不出电了，电量就耗尽了；充电电池里面有另外一些化学物质，也是互相反应放电，等反应完了，电量耗尽了，可以再充电。它们再重新进行反应，继续放电，可反复使用多次。"

他接过话说："就好像充电电池里的反应源可以不断地反复发电，而非充电电池里没有反应源，那么一次也就结束了。"

"差不多，'反应源'这个词，你用得非常好，这是原创啊！我之前都没听说过，虽然没听说过，但你一说我就能听懂，而且形容得也非常简练、有效"

他追问："什么是原创？"

"原创就是你发明出来的，在你没创造出来之前，其他人没人使用过。"

闲聊引出大问题

2018 年 5 月 2 日　星期三

晚上，躺在床上，厚道问："有一个电话的标识，上面还有'禁止'的符号，就是一个圈，一个斜杠是什么意思？"

我猜测说："是禁止打电话吗？"

他说："也有可能是'不用接的电话'的意思吧？"

"噢，那可能是骚扰电话，比如说卖茶叶的，卖股票的……"

厚道马上问："什么是股票？"

从他的口气来看，我感觉他对这个问题挺认真。我下面的回答，也不会像刚才那样轻松了，因为，对于现在的厚道来讲，"股票"可不好说明白。

那也尽量说："股票是一种有价证券，一种有现金价值的票，通常是上市公司发行的一种票。"

他疑惑地问："有价证券？上市公司？"

我解释说："'上市公司'可以理解为大型公司，'有价证券'是大型公司为了融资发行的一种票。"

"比如说，大公司想用我们的钱为他们的公司服务，就把他们发行的股票卖给我们，等公司挣到钱了，他卖给我们的股票就会涨价，这样我们手里的股票也就增值了，我们也跟着公司挣到钱了。"

"当然，公司也有赔钱的时候，这样我们买他们的股票就会跌价，我们也跟着赔钱。所以，买股票需要有专业的知识，用来分析谁家的股票涨价的可能性大。"

说了一大堆，他没听明白，连提问题都不知从哪下手了，不过他也会有一些印象。

看他半知不解，我问："你知道什么是'投资'吗？"

"不知道。"

"比如说，你到咱家前面的超市买了60元的菜，自己没有吃，而是以80元的价格卖了，那在这个过程中，你投资了多少钱？"

"60元？"

"是的，那挣了多少钱？"

"20元。"

"这就对了，先花掉的60元就是投资，挣了的20元就是盈利。不过，投资不当也会有赔钱的时候。"

他听得很认真，我说："还用刚才的例子，你投资了60元买了菜，打算80元出售，结果没人肯买，菜要坏掉了。你只好以40元的低价卖了，那是赔钱了，还是挣钱了？"

"赔了！"

"赔多少？"

"20元。"

"是的，赔的这20元，就叫亏损，亏损了20元。亏损与赢利是相反的。如果你投资60元的菜，没卖出去，都烂掉了，你赔了多少钱？"

他先是笑了，然后说："60元。"我不知道他笑的是什么意思，可能是赔光了，不好意思的笑，也可能是自己弄明白了，学到东西的笑。

他又问："那盖楼房是怎么挣钱的？"

"比如，你想开发建造咱们这个小区，那你要给现有住户支付拆迁款，让他们搬走，假如花了2个亿。然后把这些旧楼都拆掉，建造地基，把新楼建造起来，又花掉了2个亿。然后开始出售，1万元一平方米，有买 100 平方米的，给你 100 万；有买 180 平的，给你 180 万……最后你把新楼都卖了，一共卖了 6 个亿，那你盈利是多少？"

看他没吱声，我说："是 2 个亿，因为，你当初投资了 4 个亿，后来收入了 6 个亿，赢利是 2 个亿，盖楼就是这样挣钱的。"

他又问："那我之前那 4 个亿是怎么来的？"

我说："有可能是你之前挣的，也有可能是你跟银行借的，也有其他可能，自己想办法吧。总之你盖楼房挣了 2 个亿。"

他说："哦，就当是我自己的钱吧！"

"那你现在就有 6 个亿了。"

我总结说："总之，每个人都有自己挣钱的方式，你开发楼盘挣钱了吧，但你也得给木工、瓦工、司机、水泥、红砖、窗户等支付费用。"

"再比如，你到超市买东西，开超市的就会挣你的钱，他挣了钱，又到你这里买楼房，你又挣了他的钱，钱就这样，在大家手里循环地使用着！"

"每个人的工作不一样，挣到的钱也不一样，能力强的、工作岗位重要的，挣到的钱就多一些；能力弱的，工作岗位不那么重要的，挣到的钱就少一些，所以，有的人钱就多一些，有的人就少一些。"

欣赏他的淘气

2018 年 5 月 4 日　星期五

晚上 9 点要睡觉了，我催促厚道来刷牙。他心猿意马的一会儿看看洗衣机，一会儿尿尿，一会儿逗逗小鱼，偶尔从我身边路过，我伸手去抓他，他就淘气地跑开，商量了三四遍"刷牙吧，一会水凉了"，可他还是逗着我。

为了形容他像猴子一样调皮，我模仿唐僧的声音说："悟空！收了神通吧！快来刷牙吧！"

他像被我的"紧箍咒"降伏了一样，在洗衣机的位置假装定住。我凑过去，把水灌到他嘴里。他拉开洗衣机又吐了进去。我淡淡地评价了一句："那多不文明！"

漱口时，他把漱口水变着花样地往外吹，忽大忽小，忽上忽下，一会儿吹到镜子上，一会儿吹到水龙头上……

我端着牙具，静静地 "欣赏" 着他的淘气，放纵着他的"自由"。

我想：对于厚道来说，这些事并不过分，大限度地给他自由，让他去淘气、去体验，对他的心理发展和认知事物是有好处的。我不担心这样下去可管不了，将来会犯大错误的。因为，他不是那样的孩子，厚道适合 "放着养"。

生活中的阅读题

2018 年 5 月 8 日　星期二

晚上下楼，厚道发现楼道里的标识牌多了一个，问："上面这个是谁贴的？"

我说："你仔细观察一下，这个应该是谁贴上去的？"

他没有认真想，随口说："物业？"

"不是。"

我指着下面最后一行字说："应该是那个'翻转课堂'贴上去的。因为，他们贴上楼层号码，既能给人们提示，又可以为自己的辅导班做广告。"

我接着问："上面那个，你能看出来是谁贴的吗？"

他看了看说："公安？"

"应该不是，公安做这个广告，没有意义。"

他又说："开锁的？"

"是的。我认为，开锁的把广告做到这里，还是比较适合的。"

"为什么？"

"想象一下：如果我们忘记了带钥匙，门打不开了，我们通常会站在门口一筹莫展。这时，一抬头就看见了这个开锁的广告，打上面的电话，他们就来帮我们开门，是不是比较方便？所以，这个广告做得还是很适合的。"

生活中类似的观察题、思考题，写到卷子上就是阅读题，可以结合实际，先练着。

孩子上学后，阅读题是一部分孩子的难题，我们可以先从生活中"玩儿"起。

举个例子：到中午了，我们问孩子"早上吃的什么饭？用什么工具吃的？和谁吃的？你们是什么关系？饭是谁做的？谁坐在你的对面？谁是第一个吃完的？谁喝酒了？……"我想孩子回答起来一定很简单，但为什么转换成文字变成阅读题就不那么简单了呢？可能是生活与文字的转换衔接没有做好。

对于不会做阅读题的孩子，我们可以储备一些阅读题常用的问题与答案。例如：请描述一下刚才遇见那个人的外貌。请按照从上到下的顺序描述……在陪孩子的过程中，顺便拿来问，这对孩子来说不是题，也没难度，却可以帮助孩子拉近理论与实际的距离。

孩子的所见所闻都是"阅读题"。在开始的时候，我们不能让孩子感觉到他在"答题"，我们只是聊天。孩子喜欢什么就"聊"什么，练习阅读题只是顺便而已。

变爸爸

2018 年 5 月 13 日　星期日

厚道经常自己打开电脑查包裹的快递进程。

早晨，我把电脑藏到了药柜抽屉里，他怎么也找不到，便让我去找。

我说："你把我衣服洗了，我帮你找。我的衣服是你在公园玩沙子时，故意往我身上擦了一把弄脏的，你要负责。"

他不承认，我用他的手去对衣服上的手印，他故意歪曲手型，抵赖失败，他很快把我的衣服"搞定"了。

为了不让他发现药柜里的秘密。我把电脑拿出来，放在了凳子上的垫子下面，然后，拿起垫子给他看："在这呢！"

他奇怪地看着我，疑惑地问："刚才我都找这里了，没有呀？"我正在苦苦地准备"托词"。他说："哦，我知道了，刚才我在掀起垫子的时候，力气太大了，然后没发现！"

我顺势说："对。"

呵！差点无言以对。

晚上，坐出租车回家时，找回了四张一元的钱。其中有一张特别旧，一张特别新，我问："两张钱分别是哪年制作的？"

他先看了旧的："1999 年。"又看了新的，用奇怪的眼神看着我："也是 1999 年！"

我问："那为什么一张新一张旧呢？"

"我不知道。"

"你推理一下，猜一下呢？"

他举起旧的说："这张经过的人手多。"

我说："这种可能性最大。"

孩子智力的开发，就是变着法带他看、带他玩。每个孩子都有一个聪明的大脑袋。如果在学前把大量的时间浪费了，实在可惜。知识没学到，习惯和兴趣也没养成，上学的路自然不平坦。

所以让孩子过得忙一些：研究，观察，思考，交流，倾听，与万事万物用不同的方式沟通。这些，对他来说是在玩儿！

笑对失误

2018 年 5 月 16 日　星期三

晚上，我带回了鸡块和两大杯热奶茶。厚道急不可耐拿出鸡块，不小心把一杯奶茶碰掉了，洒在了地板上。

姥姥看了，又惊讶，又可惜地"哎呀……"刚要往下说，我轻轻用手扶了一下姥姥的胳膊，对厚道说："没事儿，厚道不是故意的，洒就洒了吧！"姥姥明白我的意思，没有再往下说。

对于类似的事情，我们从来不埋怨厚道。如果这个时候深加责备，孩子在将来的行为上会多加注意，类似的错误，也会有所减少，但会给他的心理增加一些无形的顾虑和负担，导致他做什么事，还要想着不要犯这样那样的错误，可能会影响他全心向着自己的目标前进。

就好像，我在记日记的时候，遇到想不起来的字，先用错别字或拼音代替一下。如果非要写对，才肯继续写下去，等查完字典，可能后面要写的内容就不那么"新鲜"了，岂不是因小失大。

另外，厚道也不是那种做事鲁莽，需要调整的孩子。

晚上，我和厚道玩"抛接西瓜垫"游戏。开始，每次都是将西瓜垫旋转着抛出，西瓜垫也按着预计的抛物线飞到我这里。

玩了一会儿，厚道开始直接把西瓜垫扔向我，没有旋转，垫子在空气中总是跑偏。他问："为什么不旋转的垫子就会乱飘呢？"

"因为，垫子在空中受到空气的阻力，这个阻力会导致垫子跑偏，不按照你抛出的方向飞行。如果垫子在出手后，让它旋转起来，那么这种旋转会让垫子有较高的稳定性，按照预想的轨迹行进。"

我用两只手擎着垫子往前运动，为他演示垫子飞行的慢动作，说："这个原理，更典型的应用是子弹。"我拿起家里的小扫帚比作子弹，说："如果子弹在飞出枪膛后不旋转，就会受气流影响，跑偏较大，可能无法击中瞄准的目标。真枪的子弹，在枪膛里受到膛线的作用，会让子弹在出膛后旋转着前进，稳定性就提高了，会按照瞄准的方向稳定地前进，最后击中目标。另外，旋转的子弹杀伤力也较大。比如电钻（我用手指顶在他的胳膊上让他感受）这样直接往里顶和旋转着往里面顶，效果是不一样的。"

讲旋转用的工具

耍赖也得有文化

2018 年 5 月 17 日　星期四

昨天，厚道要买一些标识粘贴。我告诉他：这个粘贴会污染室内环境。我讲的态度比较坚决，他没有再坚持，而是改为第二个要求：他做家务，让我支付工资。我同意后，他又进一步提出要求："要支付 1000 元。"

我说："爸爸没有那么多，我一天只能挣 100 元，所以只能给 100。"

他开始讨价："最少 400。"

"100。"

"300，不能再少了，如果干得多，再往上加。"看他的表情和语气已经不能再低了，我勉强同意。

早晨醒来，厚道有些不高兴，我说："这么愉快的早晨，什么事困扰我们少当家的了？"

他嘟着嘴说："我还想订昨天的那个粘贴包裹。"

看他这么上心，我们还是订了。因为是定制，我把原来15cm×20cm的尺寸，改成了3cm×4cm的，小一点，胶就少一点。

订完了，厚道说："小尺寸的是不是便宜些，能省些钱？"我说："是的。"

其实价格是一样的，这不是撒谎，这样他会认为自己是个节约的人。

午饭时，厚道凑过来说："请支付工资4000元。"

我一脸惊讶地说："那么多，你说错了吧？应该是400元吧？"

"是4000，我干第一个活给300，后来每干一个加100元。"

我笑了："你这是敲诈呀！我估计，你自己干了多少个活儿，你都算不明白。"

为了玩数学，我打算跟他较较真儿。我说："就按你说的，第一个活300元，每加一个100元，那么4000元，你是干了多少个活呀？"

他叨念着计算："4000-300等于3700，我干了3700个。"

我疑惑地说："对吗，有那么多？"

他想了一会儿，转而问我："那是多少个？"

我问："100元一个活儿，3700元应该是多少个活儿？"

他试探着说："37个？"

"对呀，那你上午干了多少个活呀？"我想他一定会说37个，怎么也不会想到300元的第一个。

他认真地说："37个……"话音未落，又马上纠正："噢，是38个！"

这么一较真儿，既转移了他要钱的注意力，也说明他那4000元是没有依据的。算对以后，我表扬了他，他也不再要"工资"了。

生活中用到数字的地方很多，充分地利用起来，用孩子世界里的数字"玩数学"会高效地掌握数学。

二把刀阶段

2018 年 5 月 19 日　星期六

今天，读了孔子的"不愤不启，不悱不发"。对于厚道这个阶段，"愤"了，"悱"了，是最需要我的时候，也是才需要我的时候。我之前经常使用的引诱大招，他已经见招拆招了，我也不再使用。

对于现在的厚道，跟他说什么事儿，可以直接地说，简单地说。多数事情的利与害，他已经基本明白，不用赘述。但由于年龄小，也有很多事儿无法搞定。也就是：说他不懂吧，懂得也不少；说他懂吧，也不全懂。我把这个阶段叫作"二把刀阶段"。

这个阶段比较适合"不愤不启，不悱不发"。因为，我们参与早了，他会认为我们干扰了他；参与晚了，可能会影响他对当前事物的深入。

所以，等他需要了我们才出手，是上策！

通常情况下，我们一起玩什么或做什么，厚道可以随意地打扰我，我不认为他在耽误我时间。因为，孩子的问题产生了，不问的话，一会儿就不记得问了，还会影响后面知识的深入；但他在做什么的时候，我却从不打扰他，要等他确实需要我的时候，我才出现。

喜欢就厉害

2018 年 5 月 20 日　星期日

早晨 6 点 15 分，我要起床。厚道让我再陪他玩一会儿，他看了一眼钟表，说："你别看那是 6 点 15 分，其实才 5 点 55 分，再躺一会儿吧！"

这个钟，又让厚妈调快了 10 分钟！一共快 20 分钟了。

我发现个问题：以前我请他报时，他好像没有今天算得这么快。平时，我们玩数字时，好像也是他自己用数字计算的时候，算得又准确又快，如果是我问他的话或是我出的题目，计算得就会慢一些，偶尔还会错。

有时候，我聊着天问他："7+8 是多少？"他懒得算，就不回答我。半年前，他坐在马桶上，居然自己算对了 46.8+46.8 是多少！

这些现象，可以得出一个小结论：孩子在自己喜欢的计算上，通常能表现出较高的水平，而不是自己喜欢的计算，则不那么高效。

所以，兴趣是关键。我们在引导孩子的时候，孩子喜欢什么，我们就用什么。

分子运动论

2018 年 5 月 30 日　　星期三

中午吃饺子，厚妈摇了摇盘子，说："得动一下了，要不饺子都坨了！"

厚道追问："什么是坨了？"

厚妈说："就是饺子粘在一起了！"

我说："这是分子运动论。饺子皮是由面和水组成的，面分子和水分子都在不停地运动着。"

我用双手比作两张饺子皮接触在一起，说："本来两个饺子皮是独立的，但接触在一起后，左边饺子皮里的分子会向右边运动，右边的也会向左边里面运动（我双手的手指互相嵌入），两个饺子皮就粘在一起了。如果嵌入得少，我们还可以轻轻地将两个饺子分开，如果嵌入得多的话……"

他抢话说："就会扯坏饺子皮。"

"是的。还有'醒面'也是这个道理。和面的时候，面和水搅拌以后，水分子和面分子在这个面团里并不均匀，我们让他'醒'一会儿，让水分子和面分子运动一会儿，就变得均匀了。再比如一碗水，我们若是往里面滴一滴墨水，墨水刚入水时是一个团状，但很快就会扩散开来。"

他又抢话说："只不过比在面团里运动得快。"看来是听明白了。

我说："是的，因为水的流动性比面团的流动性要好得多。"

过了一会儿，姥姥说："通辽东边的雨，都下冒烟了。"厚道奇怪地问："下雨时，灰尘应该被沾湿了，怎么会冒烟呢？"

我说："咱家的加湿器工作起来，是不是像冒烟似的？"

"是的。"

"冒出的是烟吗？"

"不是，是小水滴。"

"对，姥姥说的'烟'，也是小水滴。雨滴落在地上，渗到土里，这是通常情况。但如果雨下得特别大，雨滴下落时与空气摩擦剧烈，会把一部分小水滴，从大水滴上摩擦下来，游离在空气中。另外，大雨滴高速下落，砸在地上，雨滴会撞碎，也会使一些小水滴游离在空气中。我们看见这些游离的小水滴，就像大地在冒烟，所以人们常说'雨下冒烟了！'就是形容雨下得又大又急。"

生活要有仪式感

2018 年 6 月 1 日天　星期五

晚上，大姑给厚道发了一个节日快乐的红包。厚道已经睡着了，我没有收，等他明天自己收，让他有点仪式感。

仪式感是一个比较重要的认识。记得两年前厚道过生日，大姑和大姑父给厚道一些钱。在走的时候，厚道跟大姑说"再见"，却不跟大姑父说。我问他："为什么？"他说："那他也没给我礼物啊！"

给大姑父说得脸都红了，不好意思地说："看这样，以后给钱的事儿，还是我亲自来吧！"

我提建议：以后不要给钱，直接带着礼物来，亲自交给他，或是带他去买，那样更有仪式感。

对于这类的事，我们成年人的想法是：不知道买什么好，干脆给钱，感觉实用。这种方法对成年人好用，但对于孩子则效果不好。

有的家长可能认为"这也太现实了吧？"我想：对于 6 岁的孩子来说，

他是不会那样想的。我们不要想象式担心，只要我们大人不势力，孩子一定不会势力。

中国的仪式感体现在很多方面，与形式主义不同，这里不再多谈。

不听即止，随时奉陪

2018 年 6 月 11 日　星期一

午饭时，厚道用力地扳着我的脑袋说悄悄话。他的嘴紧挨着我的耳朵，结果我只听到了"噗噗"声。

我说："事实上，你的嘴离我耳朵太近，我反而听不清你说的话，因为只能听见气流的'噗噗'声。"

他调整了一下距离重新说："这个粉条是我搅拌过的。"

我说："今天的粉条这么短，原来是你的杰作呀！不过味道还是不错的。"

"什么是杰作？"

"杰作是指杰出的作品。这个杰出的作品是你创造出来的或是你参与制作的，都可以说成是你的杰作。"

这时候，妹妹说"吃饱了"，便跑下了桌。厚道姥姥还想让她再吃些，但妹妹不肯。

厚道想帮姥姥，说："谁先吃完扣一百分！"

妹妹听了生气地"哼！"了一声。

厚道又说："谁先吃完扣一千分！"

妹妹开始生气地跺脚，并把沙发上的衣服往地上扔。

厚道又说："谁先吃完扣一万分。"

妹妹生气地说："哎呀，你别说了！开始在地上打滚儿。"这是她经常用的绝招。

我劝厚道："行了，儿子，别说了，再说妹妹又要吵人了。"

厚道不解地说："前几天，我们每天都这么说呀？"

"今天的情况与前几天不一样。前几天，你和妹妹心情都不错，所以怎么说大家都开心。但今天妹妹明显有些生气，要是再说下去就是雪上加霜。"

两天前刚给他讲过"雪上加霜"的意思。我继续说："《弟子规》里不是说吗？'人不闲，勿事搅；人不安，勿话扰。'就是说，人在忙的时候，我们不要用事情去打扰他；人在不安心的时候，不要用话语去干扰他。"

我刚要展开说一说这句话的意思，厚道便跑开了，嘴里说："不知道是什么意思。"

他把我冷落在了给他"讲课"的路上。

过了一会儿，厚道问我："为什么中国白天的时候，美国是黑天呀？"

以前给他讲过"时差"。我说："这可是一个有趣的话题！"我拿来地球仪，打算再给他们兄妹俩上一堂地理课。

我指着地球仪上的经线说："每两条经线中间都是一个时区，地球一周分成了二十四个时区，每个时区的时差是一个小时……"

厚道抢话说："虽然通辽和北京不在一个时区，但是也不远，所以都用北京时间。"

"是的。"

他又数了一下，通辽到美国是十二个时区，说："所以要经过十二小时的时差。"

"是的。"

平时，不管厚道是不是认真听我讲东西，掌握的结果如何，我都表现得很愉快。

我认为：学习只是他人生的一部分，尽管是比较重要的一部分，但是我不想强迫他。我会示范或诱导，如果他还是不喜欢，我会研究他，然后调整自己的方法。在行为上，尽力做好自己；在思想上，乐观地接受任何结果。这样可以得到最好的结果。

我不想他在这方面有压力，如果怎么也弄不好的话，也没关系，培他长大就好！

换位体验

晚饭时，睿涵妹妹说："张厚道你过来！"

我对妹妹说："哥哥比你大，不要叫姓名，那样不礼貌。'称尊长，勿呼名。'"

厚道说："这也算吗？"

"当然。"

厚道是第一次有这样的待遇。平时都是呼叫方，这次是被叫方，所以，是另一种感觉。这一次，他用另一个角度体会"称尊长，勿呼名"的含义，有助于他更好地体会、理解这句话。

"换位体验"能让孩子更好地理解事情的本末，对道理体悟得会更全面，更深刻。

卡住的手指

2018 年 6 月 28 日　星期四

午饭后，厚道玩管道积木，我在修理引风机。厚道悄悄地凑到我身边，用一种怪怪的声音说："爸爸，拿不出来了。"还假装轻松地"哼哼"了两声。

原来他把中指伸进了一个管道里。手指已经有些发红，看样子，他已经努力好一会儿了。

我知道这个问题比较严重，真要是拿不出来，就得破拆，破拆会用较长时间，而且可能伤到他。我假装轻松地笑了笑，牵着他的手走到床边，我们俩都稳稳地坐好。

我们一边聊天，一边想办法。"你还真搞笑，怎么研究进去的呢？这种玩法还真有创意……" 卡得很紧，塑料管像长在了手指上一样。我试着一点一点地把塑料管里的肉往外窜，过了一会儿，他的手指好像出了一些汗，可以转动一些了，他露出了轻松的笑容，我也轻松了许多。

拿出来后，他问："为什么进去那么容易，而出来就不行呢？"

我演示说："因为进去的时候手指上的肉被推着变细了，所以容易进去；而出来的时候，手指上的肉被塑料管推着变粗，力量越大，变粗的肉越多，卡得也就越紧。所以，我们在往外拔的时候，首先要把堆积的肉一点一点地窜出来，这样才不会越卡越紧。"说完了，我们继续做自己的事。

大约十分钟，他又凑过来，重复刚才的表情对我说："又进去了！"并举起给我看。

以厚道的个性，这种事儿应该是不可能的，但我还是赶紧向他走过去。他看自己的"奸计"得逞了，笑着说："不过这次是粗的那头。"

"你个坏小子！"

能力范围内的事不求助

2018 年 7 月 1 日　星期日

下午，我们到阳台给菜园浇水，厚道很喜欢这项活动，浇着浇着，开始"老规矩"式地跑偏，东浇一下，西洒一下，偶尔还要往天上喷两下，找一找下雨的感觉，把头上的消防梯都浇湿了，很是开心。

等他浇完了，我俩从消防梯爬到房顶上看风景。下来的时候，厚道往下爬了两个格说："你抱我呗？"

"自己来。"

"为什么？"

"因为这件事在你能力范围之内。没有能说服我的理由，能力范围内的事不要求助。"

为了稳妥，他将屁股坐到梯子上，一格一格往下爬，梯子上的水沾湿了他的裤子，他说："梯子很湿。"

我坏笑着说："自作自受！"

前几天，让我给他讲这个词的意思，今天刚好用上。

他知道这不是说服我的理由，耸了耸肩，坏笑着继续往下爬。

我提醒他："沾了水的梯子，会有些滑，只要用手抓住就安全。"

厚道的"农家院"与消防梯

错了也不错

2018 年 7 月 5 日 星期四

最近，厚道玩儿手机里的"运动健康软件"。

早晨、中午和晚上都要打开手机软件运动运动，去完成自己设定的目标，还观察软件里的各项指标，如配速、百分比，等等。

晚睡前，看我的手机里已经走了 9561 步。他让我摇晃手机，想凑到10000 步。

我说："用手摇，没有意义。不如真走，还能起到锻炼的作用。"他不同意，非要我摇。

我说："那你能算出还有多少步到 10000，我就摇。"

厚道的童年日记

他一口答应，把脑袋扎在枕头上一动不动，过了几秒，说："429。"

我笑着说："就差10个，我们可以用9560进行计算，不是440吗？再减去1就是39。所以是439。"

"噢！"

我已经摇完了他的任务。我递给他看，并说："你计算得已经很不错喽！"

跟他讲我的疑惑

2018年7月7日　星期六

要睡觉了，躺在床上聊天。我说："儿子，我有一个疑惑：《海底小纵队》里的突突兔制造舰艇很迅速，好像不需要配件一样。另外，小萝卜们制造的鱼饼干也像是取之不尽，用之不竭。"

"你说的是什么意思？"

"取之不尽，用之不竭是一个成语。取之不尽就是随便取，却总也取不完；用之不竭，就是随便用，却总也用不枯竭，形容多得用不完。"

"哦。"

我继续说："为了吸引海鸥、座头鲸等动物的注意力，它们使用了大量的鱼饼干，尤其是座头鲸，得多少饼干才能把它喂饱呀？总之，章鱼堡里的鱼饼干多得不符合逻辑。做鱼饼干的原料，还有制作各种舰艇的铁、塑料、电子元件等，好像都不太符合逻辑。"

厚道也列举了一些类似于这样的小疑惑。

最后，我们得出一个结论：这毕竟是动画片，我们只需关注一下里面表达的精神与思想就行了，不用过多考虑不符合逻辑的东西。

父与子

2018 年 7 月 8 日　星期日

早晨醒来，我问："昨天，我是用什么词来形容鱼饼干特别多来着？"

"不记得了。"

我提示："取之什么？"

他说："取之不完，用之不停。"

"是取之不尽，用之不竭。"

早饭前，我想把冰箱里的三盘剩菜拿到厨房，结果第三盘不小心滑落，打碎在地。厚道一边帮我清理一边问："你是怎么弄掉在地上的，能给我演示一下吗？"

"我两只手各拿一个，想用这两个盘子托起第三个盘子。结果我低估了盘子的光滑度，就滑下去了。"

"那你怎么不拿两次？"

我感叹说："这就是'欲速则不达'呀！本来我想快速地完成任务——一次完成，结果不仅没能快速完成，反而比拿两次用的时间还多，还搭上了一个盘子。'欲速则不达'意思是想快速完成任务，但因为追求速度而出现错误，反而完不成任务。"

输不起的厚道

2018 年 7 月 10 日　星期二

上午，娘儿俩去了辽河公园，中午我去接他们。

一上车，厚道愤愤地说："爸爸，咱们去买一只鸟。"

"该吃饭了，下午去。"

他略有些生气："不行，就现在去。"

他的表情明显不对劲儿，我问："着急买鸟，有什么事吗？"

"没有，就现在去。"

"那也不合理呀！该吃饭了，鸟市很远，另外，车也要没油了。"

"不合理，也不行！"

我笑着说："那也不能想咋地就咋地呀？那就是任性了！"

看我这么说，他缓和了很多："那限你在两点之前，否则罚款。"

"哪有这样的道理？还是先吃饭，午睡后，咱们溜达着也就去了。"

到了家刚下车，厚道有些泪眼婆娑，这是认真了，我问："儿子，跟爸爸说说，为什么这么着急呀？"

"不为什么，我想买。"

厚妈搭话："上午用水桶扣鸟，没扣着，不高兴了。"

我笑了："儿子，如果鸟能用水桶扣到，我估计现在已经没有鸟了。"

"为什么？"

"早被人们抓光了。"

"求你了，就给我买一只吧！"

看他如此执着，我说："好吧。"

最近，他好胜心很强，也有一点 "输不起"的感觉。

昨天在大姑家，看姐姐、大姑和我下跳棋，想让他玩，他不肯，只是在后面看，因为他觉得没有把握赢。

今天没扣到鸟，好像自己失败了一样，所以才这么激动，非要搞一只不可，不然心里就不舒服。为了解开这个"结儿"，他们上楼吃饭，我去了鸟市。

回来后，他好像已经忘记了那些不愉快，看到小鸟很高兴。

我应该找个合适的时间和他聊聊，帮他解一解这类困惑。

对，这就是经验

2018 年 7 月 12 日　星期四

晚上，我和厚道玩儿"银行存款游戏"。我假装用银行卡进行操作，他模拟银行存款机说话。

玩着玩着，他指着半年前给我捅坏的耳朵说："我给你挖耳朵吧？"

"你可拉倒吧！这只耳朵都被你捅坏过一次了，不能再捅了。"

他淡定地说："对，这就是经验。每体验过一次失败，就是一次经验。"

我哭笑不得地说："对！"

我起身想把这次对话记上，看我要走，他忙问："你干啥去？"

"我有几个字写一下。"

"你不是几个字要写吧？"

我朝他笑了笑。我们都在心里说："你懂的！"

啥讲不清楚，玩儿啥

2018 年 7 月 13 日　星期五

晚上，厚道看手机里的天气预报，问："温度单位为什么有摄氏度和华氏度？"

我说："爸爸只知道那是两种表示温度的方法，C 带个小零表示摄氏度，F 带个小零表示华氏度，其他的我也不清楚了。"

他听得一知半解，自己打开手机的浏览器，用语音输入法自己查起来。他输入的是"温度 C 与 F 的区别"，结果没有查到。

我凑过去说："这样输入是找不到你要的答案的，我试一下。"我输入"温度单位℃与℉的区别"。查到结果是：温度单位有三种，分别为摄氏度、华氏度和开氏度。我把具体的文章内容给他读了一遍，他才肯罢休。

下午去单位，看见了装塑胶跑道原料的铁桶。他问："为什么有一大一小两个孔啊？"

　　"这个一时说不清楚。"我说，"晚上咱们做个实验，然后再讲啊。"

　　晚上，我用塑料瓶装满水往外倒，让他观察：出水与进气交替进行，水流比较慢。

　　第二次，我在瓶底部开了一个小孔，重复刚才的步骤：水迅速地从瓶口流出来，能听到瓶底小孔进气发出的"沙沙"声。

　　我问："这回你知道为什么铁桶要设计一大一小两个孔了吧？"

　　他说："明白了。要是倒塑胶的时候把桶按扁，是不是就不用小孔了？"还没等我说，他又说："哦，那个桶是铁的，按不扁！"

　　我说："那样不够科学。第一，即使按扁了，也会有大量的残留。第二，按扁了，那个桶就不能重复使用了，会造成浪费。所以，还是设计小孔更巧妙些。"

　　我接着说："咱们做个有趣的实验啊！我把杯子里装满水，然后盖上一张纸，再把杯子倒过来，水不会流出来，你信不信？"

　　他兴奋地说："我不信！"

　　"好，那我们试一下。"

　　看我成功了，他问："为什么？"

　　"这个实验和铁桶设计两个孔的原理基本一样，都是大气压强的原因。水杯倒立时，水要流出来，就要有空气进去填满杯子底部。空气要进去，但纸挡着不让空气进去，那么空气就会推着纸不让水流出来。"

　　他问："要是半杯水，可以成功吗？"

　　"你试一下。"

　　他试了两次，水都流了出来，原因是他的手太小，不能将水杯口封住，无法成功倒立。我试了一下，成功了。

　　结论是："也可以。"

　　关于大气压强，以前给他讲过三四次，但由于太抽象，他理解得并不好。这一次比较直观，也比较有趣，又明白了一些。

玩儿大气压强

斗闹场，绝勿近；邪僻事，绝勿问

2018 年 7 月 31 日　星期二

厚道开始换新牙了，口腔有点溃疡，还有些发烧。傍晚，我们去医院检查，刚好是熟悉厚道的吴大夫值班。

要轮到我们就诊了，这时从外面冲进来一位 30 岁左右的父亲。好像是下午值班的医生在给他家小孩打印化验单时出现了失误，导致孩子没能及时拿到化验结果。

这位父亲情绪非常激动，好在吴大夫不是那个犯错误的医生，否则后果可能会比较严重。吴医生解释了好一会儿，这位父亲依然不依不饶。

我拉着厚道悄悄地走出了医生办公室，站到走廊里，说："儿子，像这种情况，我们不适合待在屋子里。《弟子规》里不是说'斗闹场，绝勿近；邪僻事，绝勿问'嘛！吴大夫和男子出现纠纷，如果我们一直在旁边看着，会加重吴大夫的思想负担，等一会儿为我们诊断的时候，会增加误诊的可能性。"

"什么是误诊？"

"就是失误的诊断。比如：本来是感冒，却说是肺炎。本来是肺炎，却说是胃炎，等等。"我继续说，"等他们的纠纷解决了，我们再进去。吴大夫可能很快平静下来为我们诊断，这样做对大家都有好处。"

"噢！"

看他还在听，我又说："看病的时候如果排队的人很多，我们正常排队就行了。如果排队的人不多，我们的病情不是很急的话，那可以让后面的人先看，等只剩下我们的时候，医生更能静下心来为我们诊治，也会对我们的谦让行为产生好感。"

他说："就像前两天在超市结账，我们发现后面的阿姨只有一样物品，然后就让她先结账一样。"

"是的，平时做事多谦让，是正确的。但是结账和看病还有不同，账结错了，也没什么大的关系，若是病看错了，情况就会严重得多。所以，越是重要的事，越要多注意。"

外出带回爱

2018 年 8 月 10 日　星期五

我去长春出差三天。由于在长春没有时间买玩具，回到家，我先到附近的商场给补了一个。

每次外出，我都会给他们娘儿俩带些东西回来。是什么不重要，当然喜欢的更好；在哪里买的不重要，当然最好是特色；多少钱不重要，当然贵一些的更好。

我认为：带回的并不是礼物，带回的是爱。

到家后，厚道开心地玩着玩具，伴着开心的笑，三天的想念之情，已经烟消云散了。

这次外出，有空闲时间，我就给厚道发所见所闻。每天早晨和午睡起来他都问："爸爸发信息过来了吗？"

厚妈说："我出发后，他还哭了一鼻子。"

可以没依据，但不能没主见

2018 年 8 月 16 日　星期四

晚上，厚道拼了 40 分钟积木。厚妈拦下他，他让我接着拼，为了让他高兴地停下来，我只好同意。

过了一会儿，他突然对我说："爸爸，实际上蛇颈龙并没有灭绝，尼斯湖水怪是最后一只。"

我对他的话很感兴趣，笑着问："真的假的，不能吧！儿子，这是你自己猜的，还是在哪里看的？"

"书上写的。"他一边说着一边跳下床取书。书上写：有人认为，蛇颈龙并没有灭绝，尼斯湖水怪有可能就是最后一只。

我说："还真是这样写的，不过我认为这句话的重点是'有人认为'，就是说，这只是个猜测。举个例子：我认为鸭嘴龙还有一只就是小厚道，这能说明你是鸭嘴龙吗？"

他觉得我举的例子有点搞笑。我接着说："他人的认为可能真，也可能假。我们要有自己的推理。设想一下：尼斯湖水怪真是最后一条蛇颈龙，那么它一定很孤单，自己在水里生存了几千万年，这可能吗？不能繁衍，也不能经常出水活动，我认为不太现实。等你长大了，可以用学到的知识去证明一下。"

电子游戏斗智斗勇路

2018 年 8 月 18 日 星期六

为了给厚道调脾胃，我每天给他"捏脊"，捏的时候有时痒，有时微痛。厚道会趁机要挟：玩儿一会儿手机游戏。

厚道玩手机，我从不"触电式"地拦截，而是凑过去看他玩，偶尔关心地谈谈游戏内容，看他告一段落了，提醒他：休息一下眼睛吧！他也就放下了。

今天提醒他，他也没放下。五分钟后，我又提醒的时候，他让我替他玩，要玩出高分，把排名往前提。我玩了两把，成绩还没他的好。他说："怎么还没我打的分高呀？"

我说："我不喜欢玩电子游戏，不喜欢也就不擅长喽！"

午饭前，他自己又玩了两把。我提醒他吃饭，他放下手机心情明显不好。显然是游戏没玩够，念叨着怪我今天把他拼的积木拿到楼上。

我认为：这种情况下，他有些情绪是正常的。我不想揭穿他，更不能激化矛盾，否则孩子会趁气逆反，会更容易记住游戏的吸引力。

我说："要不，咱俩上楼把积木再拿下来？"他表示同意。他用不负责任的动作，在收纳箱里翻找着，嘴里说："这哪有可玩的呀？都拆了，一个完整的都没有。"事实上，早晨我往楼上拿的时候，已经征求他意见了。此时，他的心情还被游戏影响着，只是在用这个借口宣泄自己对游戏不舍的情绪。

我劝他："不完整的，其实也能玩儿。另外，这还有其他的玩具可以选呀？"我为他推荐了射箭和象棋，他都不同意，继续用不负责任的动作翻找着积木。我没有说什么，让他自己选吧！

我想：这可能是他把游戏的吸引力往下剥离的过程，需要一些时间。

过了几分钟，他把一个小房子积木又拆零散了些，抬头看我，露出笑容说："又拆了。"

我说："这样更节省空间。"

他笑了，说明他已经完成了剥离的过程，拿了一个小积木下楼吃饭了。

吃完饭，我和他聊天，说："儿子，游戏适当地玩儿一小会儿是可以的，也能学到一些东西。但可不能多玩儿，玩多了，人会变笨的，'蔽聪明，坏心志'。"

他"呃"了一声。

看来，和电子游戏斗智斗勇的路，还很漫长呀！

紧张上学

2018 年 9 月 12 日　星期三

"我还是有些紧张！"开学这几天，厚道经常念叨这句话，但没有说不去上学的话。

为了缓解他的压力，我逗他："要不爸爸和曲老师说说，咱们请一天假吧，在家休息一天。"

他一边泡脚一边说："请假也不是个好办法。那我请完假再去上学的时候，不还是紧张吗？还不如一直去，过几天就适应了。"

他能这样说我们很欣慰。他分析的和我们心里想的一样。我这样逗他，是想提醒他，你也有休息的权利，虽然这权利不能轻易选用。

昨天中午，我问："儿子，你紧张的是哪个方面，能说清楚吗？比如是学校的环境呀，还是同学们的行为啊，还是老师的态度呀？等等。"

"我紧张的是老师的态度和严格的制度。"

"哦，爸爸知道了。老师表现出严肃的态度是工作需要。因为，班里有 40 多个孩子，虽然你做得很好，但总是有几个不太听话的，老师要用严肃的态度约束一下，对他们进行教育。所以，老师的态度不是对你，你不用太在意。现在你接受的是正规的教育，确实会有一些制度约束，刚开始会觉得束缚是可以理解的。以你的情况来说，一定没有问题，因为老师们很喜欢你，不会对你不好的。"

接着我和厚妈讲了和同事许叔叔的谈话：许叔叔家的小妹妹上幼儿园大班。早晨起来小妹妹对许叔叔说："爸爸，我不想去幼儿园，我要请一天假，在家休息一天。"

许叔叔说："不上学可不行，再说家里也没人看你啊！"

"我可以去姥姥家。"

"没有原因就不去上学，绝对不行。"

接着是一顿吵闹，最后只能生拉硬拽。用许叔叔的话说："哭就哭去吧，也没办法。"

厚道接过话："上个幼儿园也没必要那么紧张吧？"

"是的，这个说明，比你还紧张的同学也不少。这些都是可以理解的。"

过了一会儿，他说："我还有个困惑。"

我眼睛一亮，这是我最想听的，好对症下药啊："说来听听。"

"每次老师要求我们把手放在背后，或是桌子上的时候，都说得很快，我都听不清楚。"厚道是怕自己做得不对，产生困惑了。

我说："如果哪句话没听太清楚，可以看一下其他同学的手是在前面，还是在后面。"

"有的在前面，有的在后面，也看不出来呀！"

"那你就按照自己的理解，先选一个，如果不对，老师指导你的时候，可以解释一下'刚才没太听清楚，所以做错了'。老师可能会想：哦！刚才我说的时候可能有点快，以后就会慢点说，你还起到了帮助老师的作用呢？"

我继续说："其实妈妈爸爸在上课的时候，也和你的老师们一样，要严肃才行，总是和颜悦色的，学生们就不听话了，不按规范去做。"

他好奇地问："真的吗？"

"当然是真的。中国有句古话叫'严师出高徒'，就是严格要求学生的老师，更容易培养出高明的徒弟。所以，为了你们好，老师总是要表现得严格、严厉一些。"

刚上学那几天，我能看出厚道很紧张，也不想提学校的事。现在经常说起学校发生的事儿，并能直接告诉我们"有些紧张"，说明他已经开始面对了，这是好的信号。

希望他快点适应过来。

舒缓上学压力

2018 年 9 月 13 日　星期四

平时，厚道在家里看书、玩玩具表现得很专注，效率也很高，对问题的理解也比较深入，学到了知识会张牙舞爪地用兴奋的状态为我们讲述。我们喜欢听，也喜欢他的状态。

上学这几天，我偷偷到校园两次观察他的状态：他的眼睛里满满的小心翼翼。眼睛基本上是盯着老师的，手脚的运动也是放不开似的，给人一种胆子很小，比较懦弱的感觉。

我想：他可能在担心与焦虑中度过每一个上午和下午。当我们接到他时，他虽然露出笑容，但笑容里透着些许的勉强，也许他是怕我们小瞧了他吧？

如果此时我们不能理解孩子，不与老师沟通好，不一起帮助孩子从这种不良的状态中走出来，那么孩子接下来的求学之路，将是恶性循环。因为，越做不好，我们家长或老师越会指责与批评，孩子压力就会越大。等他在这种不良的环境中慢慢长大，有力量逆反的时候，他会奋起抵抗，最后把自己彻底变为学习的门外汉。

我认为正确的做法应该是：包容与理解。每次他说"紧张，不想上学"的时候，我都表现得很理解他，并耐心地倾听他的困惑与难过。最后给他一些建议，让他在理解的基础上变得坚强。

回家后，基本上满足他的所有要求，包括买玩具，玩一会儿游戏。他生气了发脾气，会比较用力地打我几下，我也装作无所谓。因为，我知道他心情不好，需要发泄一下。

有时候他说"紧张，不想上学"，我会轻轻地告诉他："那是不可以的，我们应该坚持住，很快就会适应的。"他会手脚乱踢地发怒式大喊，还用手撕扯蚊帐。

我从不陷入他的节奏，仍用不太在意的样子，微笑着劝他："儿子，快别拽了，拽坏了，晚上蚊子就有机可乘了，该进来咬咱们了。"

平时，厚道极少这样乱发脾气。我坚信他不是那样的孩子。所以，并不担心他会变得脾气暴躁，不讲道理，只是让他宣泄一下。

过了一会儿，他看改变不了结果，也可能是压抑的情绪释放得差不多了，便用平静而又略显承认错误的语气说："之所以刚才我会那样，是因为我不想上周五的手工课。"

"为什么呢？"

"就是不想上。"

我微笑着说："你的手工能力应该是不错的，从你拼积木的能力就能看出来。是手工老师太严厉吗？"

"也不是，反正不喜欢。"

"那你比较喜欢的是什么课？"

"美术。"

"今天下午第一节就是美术课呀！儿子，先顺其自然吧，说不定哪天你会喜欢上手工课呢？"

就这样厚道带着些无奈去上学了。

这段时间，我经常去打扰曲老师，深入地介绍厚道的情况。在学校，曲老师帮我做了大量的工作，主要是建立厚道上学的自信心。

我们共同努力，让厚道尽快适应校园生活。因为只有这样，他才会静下心来学习和思考，才会在乐学中度过每一天，才会让他的大脑袋飞翔起来！

保护学习兴趣

2018 年 9 月 16 日　星期日

厚道支原体感染，输了五天阿奇霉素不见好转。从昨天开始改成红霉素了。厚道对红霉素更敏感。

厚道趁着自己是病号，有空就去找手机，有机会就玩一会儿，而且不愿意放手，应该做完的口算题卡还没有做完，昨天晚上一鸣来家里，暂时放下了。

我在与厚道商量放下手机时，从不把"去做作业"跟在后面，因为，放下手机对他来讲是一件不开心的事，即便放下了，心情也不太好，此时看到什么可能会烦什么。所以，**孩子不开心的时候，不要提学习或作业，要保护学习的兴趣。**

状态比成绩重要

2018 年 9 月 19 日　星期三

昨天傍晚，厚道写完作业，把练字的模具拿出来，照着上面的笔顺写起来，一边写一边心情愉快地组词："禾，禾苗的禾，锄禾的禾。爷，爷奶的爷……"

我在远处搭话："是'爷爷'没有'爷奶'这个词儿。"

他没有理会我，继续边写边说："奶，爷奶的奶。"然后坏笑，他在故意"气"我。

我没有再说话，看他的学习状态，那愉快劲儿就像是艺术家在悠闲地弹奏着钢琴一样，我认为：学习的时候有这种状态很重要。

我能感觉到，厚道在写和读的时候，也在认真地思考着分析着，这是很好的，学而不思则罔嘛！这样的学是高效的。

试想一下：如果厚道只想玩游戏，不想写作业，我和他约定，马上去写，写完可以玩 20 分钟，那么厚道写的时候不想着游戏还好，若是写的时候想着游戏，那这个作业是用手完成的，而不是用心，这个写作业的过程只是完成了任务而已，没有深入地学到东西。

孩子的学习状态是可以体察的。孩子是在思考中学习，还是为了完成任务而学习，是需要我们关注与引导的。

作业的折扣

2018 年 9 月 21 日　星期五

晚上，语文作业是背诵一首带数字的古诗。厚道想到了前几天背诵的"飞流直下三千尺，疑是银河落九天"。

我说："儿子，那也不是新学的呀，不能算。"

他说："但老师不知道。"

前几天，老师留过两次古诗的作业，厚道背诵了《江雪》和《望庐山瀑布》。第二天老师只是抽取个别学生进行检查，并没有检查到厚道，所以他认为老师是不会知道这个是他以前背过的，还刚好带数字。

我说："老师是不知道，但我们不能骗自己。作业的目的是让我们增加知识量。前几天的两首诗，你完成得不错，若明天你还用前几天的，那并没有达到作业的目标，所以不能算。"

他看我说得没什么破绽，说："背诵可以，但我明天早晨不说新的，我还想说《望庐山瀑布》。"

我明白他的小心思了：他不是不想背，他是怕在老师和同学面前出丑。因为《望庐山瀑布》这首诗，他很熟练，心里有底，新背诵的心里没底儿。

我笑着说："那完全可以。我们学知识长本领，不是非要拿出来到课堂上展示。明天一首都不展示，也没关系，重要的是我们今天学到了新知识。"

他选了：一去二三里，烟村四五家，亭台六七座，八九十枝花。

他跟厚妈开心地读起来：

"无题。"

"无题。"

"一去。"

"一去。"

"二三里。"

"二三里。"

"烟村。"

"烟村。"

"四五家。"

"四五家。"

······

我为娘儿俩提建议："这样学古诗可不好，古诗是有意境的，要整篇整体地学，不要拆开学。"

厚道自己读了两遍，能背诵下来了。我拿了一张纸凑过去："儿子，其实这首诗也可以看作是一幅画。"

我一边读一边画："一去二三里"画了两个小人儿；"烟村四五家"画了四座房子；"亭台六七座"在房子周围画了几个亭台；"八九十枝花"在地上画了几枝花。"儿子，想象一下，画里面是不是很美？"

他笑了。

合理指导

2018 年 9 月 20 日　星期四

晚上，厚道写数学作业，自己读了一遍题目，还没等往下进行，厚妈便解释起题目的意思来。我刚好经过，和厚妈讨论说："应该等一等再帮他解释，说不定他知道是什么意思呢。"

厚妈说："他第一次接触这种题型。"意思是：怎么会知道是什么意思呢？

我说："虽说是第一次，但并不能说明他不知道。只要会思考，新旧题型都一样！"厚妈觉得有道理。

急着指导有时就是打扰，指导尽量控制在不多，不急，不抢，也不少。

十八岁老母

2018 年 9 月 27 日　星期四

晚上，我用蚊帐给厚道讲了"网开一面"。

"儿子，这个蚊帐是渔网的话，把鱼罩住了。"我像鱼一样钻进蚊帐，把蚊帐放好："鱼能出去吗？"

"出不去。"

"所以我求求你放了我，我会这样说：'厚道班长，请你网开一面，放了我吧！我上有十八岁的老母，下有十八天的小孩，都需要我照顾……'这时你把渔网打开一面，我从这一面出来，你就是网开一面，把我放了。"

他说："十八岁，也能是老母吗？"

"我估计鱼能活 20 岁就算长寿了，十八岁应该算老母。"

"切！……"

83 分，也是良好的开端

2018 年 10 月 10 日　星期三

中午，我一进屋，厚妈说："你儿子数学得了 83 分！"我笑了："那不重要，重要的是我儿子有能力！"

这是厚道的第一张数学试卷。说实话，这个分数确实有些意外。我确信这里面有故事，我显得不关心这件事儿，大家一起吃饭。

吃完饭，厚妈说："错的是左右和编号。"我看了一下卷子。

关于"左右"，是我影响了厚道。前几天有这样一道题："小刚的左面是谁？"我当时为了让厚道想得全面，说："站在我们的角度，小刚的左边是小强，站在小刚的角度，小刚的左边是小明。"结果厚道都是站在小刚的角度作答的，此题全军覆没。

厚妈说："他就是没认真看，才会写反的。回家后，我都没说什么，他自己就改正确了。"

我说："我儿子可不是不认真，只是在左右的区分上，有那么一点点小困惑。但通过这道题，困惑就没有了，解决了。错误是为改进做的准备工作嘛！"

不要给孩子扣上"马虎""不认真"的帽子。时间长了，他真的也认为自己是一个马虎的人，不马虎也马虎了。

对于"编号"，厚道把应该小写的都写成大写的了。厚道说："我开始想写小写的，但感觉不能这么简单吧？就改成大写的了。现在我知道：语文应该写大写的，数学用小写的就对了。"此题全军覆没。

我说："很好，思路没问题。我儿子就是考 60 分，好学的状态也是最棒的。"

厚妈不同意我的观点，说："能力重要，分数也重要！"她怕我的观念影响厚道。

看我和厚妈在争论，厚道启动了指针选择器，说："我用手指告诉你们俩，谁是对的啊！"

最后，笑着指向了我。这种原则性的事儿，厚道一般不拍厚妈的马屁。

坏爸爸

2018 年 10 月 10 日　星期三

晚上，厚道在玩积木，我将一个乒乓球偷偷地放到了他身后。然后，手里拿另一个乒乓球，走到他前面约两米远："儿子，爸爸，给你变个魔术啊！"他高兴地看着我。"看啊，我怎么样把这个乒乓球变到你身后去。"

我用了一套看似神秘的手法，把乒乓球从左手移到右手，再从右手移到左手，然后将双手自然地摆动到身后，把乒乓球迅速地藏到衣服里，再迅速地将空空的双手甩向他，认真地大喊一声"去"，然后轻松站好：

"在你后面了。"

他回头一看，惊讶地望着我："你怎么整的？"

看他惊讶的表情，我笑起来。我越笑，他越想知道答案，他猜测说："从下面甩过去的？应该也没那么快呀，也得有声音呀！"继续惊讶地看着我。

我笑够了，转身给他看我身后藏的球，说："这个在这儿呢。你身后那个是我提前放好的。"

他笑着，唱着歌跑开了。歌词只有一句："坏爸爸……"

前段时间，买了套50件的魔术套装。厚道能变七八个简单的，其他的没事拿出来研究，研究好了，给我们表演，由于手法不熟，很少能变出效果。

我想：魔术不仅有乐趣，对于厚道这个年龄的孩子来说，是一种好玩具，可以让他懂一些生活中的道理，如：眼见不一定为真。可以让他思考问题变得灵活、全面。

生活中有什么新鲜事儿，我都带他一起观察、思考、总结，带他"玩儿"。

不铺多余路

2018 年 10 月 17 日　星期三

晚上，娘儿俩一起做数学练习册。有一道题是"在可以滚动的物体下面打钩"。里面有正方体和长方体。厚妈给厚道讲了长方体的特点，其实这些厚道以前就知道。

我认为：学习是能力的培养。只要孩子自己能够做出来，我们不要去指导。我们的指导有时会限制或束缚孩子的思维。孩子的思维是发散的，我们要保护孩子发散的思维习惯。这样便能突破，便能有创意，便会有自由的思想。

若孩子想不出来，我们再逐步地提供方法，先不要直接给答案。举个例子：先给孩子 20，让他自己完成 80；若不行，再给他 30 让他完成 70，以此类推。

我们的帮助，应该是启发、是引领，不代办。

还不知道孩子能否独自通过这条颠簸的路，先给他铺好再说，这样不利于孩子成长。

"怪"与"坏"

2018 年 10 月 15 日　星期一

昨天，在游乐场剩下 100 多个游戏币。

晚上，厚道拿出来玩儿。他用凳子和收纳箱做了一个推币机。按照他的提示，我查询、取币、投放、模仿游戏里的具体环节。

第一次，我取了 1 个游戏币，他吐出 1 个。

第二次，我取了 3+3+3 个，他吐出 9 个。

第三次，我取 4×3 个，他吐出 12 个。

我想难为一下他，第四次说："请取 11.5 个币。"

他想了想，准备了 12 个，在吐第 12 个的时候，手拿着币子停在半空中，表示一半，我去拿，他不松手。我只好又取了半个，他才肯把币子"吐"给我。

在玩游戏的时候，厚道经常自己设计规则。我对他设计的规则乐此不疲，在常规的玩法熟练了，为了增加乐趣与难度，我也想办法难为他，看他如何解围。

"不按套路出牌"能让孩子更灵活。

满分不满

2018 年 10 月 17 日　星期三

厚道第一张 100 分的卷子发下来了。娘儿俩在家美美的。

厚妈说："你说他也挺厉害的！刚考完就说自己能得 100 分，还真得了。"

厚道之前的考试卷儿 83 分、95 分、98 分，我都没有发表什么见解，只是说："我儿子棒得很，这个不重要。"

今天得了 100 分，再不夸得有意义些，就有些不近人情了。我略带惊讶地说："一不小心都这么棒了吗？"

我把他抱起来亲了三口，他那高兴的表情还带着些自豪与傲慢。

娘儿俩写作业，我拉开 100 分的卷子观察起来，卷面很整洁。我发现了一道错题，是"马"的拼音，应该选三声，厚道是在二声上打的钩！

我偷偷地指给厚妈看了一眼，厚妈偷偷地笑了笑。我们不打算现在告诉他，他正沉浸在 100 分的喜悦之中，先美美吧！美够了，再让他知道一下就行了。

厚道观察到了我们的异常，追问："怎么啦？"

我俩异口同声地说："没什么！"

这异口同声，更引起了厚道的追问，看来藏不住了。厚妈把卷子拉给厚道看，指了指这道题。

厚道马上在三声上打了对钩，让厚妈把二声上的对钩擦掉，看擦得不够干净，他说："把这个印儿也擦掉。"擦完了说："老师不能明天知道了吧？"

"不能，没有特殊情况，老师不会再看了，即便是看，也很正常。"

看他有瞒下这件事的意思，我说："儿子，要正确地对待这样的事儿。我们虽然没必要主动去和老师说一下，但也没必要隐瞒此事，不用太在意分数，你有这个能力才是关键，顺其自然就好，不过再细致些更好，呵！"

他没有说话，不知道心里想什么，估计是舍不得这个 100 分啊！

难题要解决了

2018 年 10 月 18 日　星期日

早晨上学，刚走到楼下，厚道因为咽喉不适，吐了一口东西，厚妈担心地问这问那，厚道急匆匆地说："没事，没事……妈，真没事，快走，快走。"他不想迟到。

最近，厚道在班级里管理和服务同学的任务多了一些，他想早一点到班级里。

一周以前，偶尔还念叨："不喜欢上学！"上学时也是慢吞吞的、不积极的样子，迟不迟到好像跟他一点关系都没有。若是身体哪里不舒服了，就更是趴在床上不想起来了，最好请假。

早晨，曲老师发了一些晨读的视频：同学们正在朗读，大约五分之二的孩子在认真地跟着读，其他同学，有的"东倒西歪"，有的"自由飞翔"。

厚道的状态：直直地坐着，嘴唇微动，明显是在应付着朗读，眼神游荡在同学们身上。

中午，厚道一边看着这个视频一边给我讲：这个是谁，那个有什么特点……

看完后，我说："你的坐姿最标准，但是我感觉，你好像并没认真跟读，而是在看着同学们？"

他斜视了我一眼说："我是纪律班长，在监督同学们，老师说：'管理的时候可以走到同学们身边去管，不管理的时候要监督'。"

"噢！原来你在行使监督权，监督是对的。"我停了停，略带思考状说："最近这段时间，你管理班级的能力，确实有所提高。但是我们在学校还有一件更重要的事 —— 学习。我们可以拿出一半的精力，去服务同学管理班级，也要用另一半的时间去认真地跟着学习，学习了才会进步，才能增加本领，才实现了我们去学校的核心目的。"

厚妈说："老师喜欢有管理能力的孩子，但是前提条件是学习要好。学习要是不好的话，光有管理能力，老师也是不会喜欢的！"

他说："应该管的时候就管，但是我说的是，不光是管理也要服务他们，比如谁举手了，有什么需要了，也要帮助。"

我说："对！"

他继续说："应该学的时候就学。"

"对！对！"

我想：厚道刚上学的时候，有些恐惧，我们的任务是帮他克服恐惧，让他尽情地、随意地去做自己想做的事，同时与老师沟通，让他忙一点，做一点服务和管理的事，不要坐在座位上，给自己编造恐惧氛围。至于是不是学习，是不是思考，先不要去兼顾。等他不再恐惧了，再往学习与思考上引导，慢慢地走上学习的轨道。

现在，厚道相信自己的管理能力，也很享受管理的过程，班级的归属感也很强烈，可以往"正道"上拉一拉了，让他既能服务好老师和同学，也有好的学习状态。

厚道入学的这一节"难题"大课，看来是要给我们上完了。在学习方面，我能想到的难题，应该没有比这个难的了。

心疼那个自己欺负过的人

2018 年 10 月 20 日 星期六

昨天中午，厚妈说："厚道的水杯拧紧了，喝不到水，拧松了又会漏，应该再买一个。"

厚道这个水杯用半年了，是一款很不错的水杯，价格也是厚道所有水杯中最贵的一个。

我说："新买的塑料制品，怎么也会有些不好的物质残留，没有这个旧的好，另外，还要再花钱，我看一下能修好不？我分析可能是胶圈或进气口有问题。"

早晨，我检查厚道的水杯：胶圈正常，进气口也并没有堵塞。

厚道说："上午喝不到，下午却能喝到。"

我把水杯拿到厚道身边与他一起分析原因。观察了一会儿，我知道原因了：是吸管的最下端，刚好顶在水杯的底儿，所以吸不上来水。如果拧得松一些，就顶不到了，可以喝到水，但是上面会漏。"上午喝不到，下午能喝到。"可能是下午的时候，吸管刚好处在倾斜的位置，没有顶到杯底。

我把分析的结果给厚道讲了一遍，厚道表示认可："那怎么解决？"

"很简单，只需要在软管末端剪一个斜坡即可。"

他说："对，这样怎么拧紧，吸管的下端都不会顶在杯底。"

"对。就是顶到杯底了，也可以正常进水。"

厚道试了几次，真的修好了。

我想：修好了这个水杯，最大的好处是用简单的方法解决了看似复杂的问题，培养了厚道主动解决问题的意识。

我对厚道说："新买的水杯不利于我们身体健康，因为软管啊，塑料呀，上面难免会含有一些对我们身体不利的物质。而旧的水杯这些污染物已经掉得差不多了，也避免了资源浪费。"

最近，厚道经常欺负我，刷牙时往我身上吐水、生气撕扯我的衣服、我写字时来摇晃我的笔……对于这些我从不训他，只是告诉他我的感受。

事实上，想让这类事停下来并不难，只需要一般程度地收拾他一顿就搞定了。但收拾完了，可能会导致他上学的压力得不到宣泄。

人往往最心疼那个自己欺负过的人，也许是因为那个人让他体会到了爱、感受到了爱、给了他自由。

生活处处皆课堂

2018 年 10 月 23 日　星期二

吃完晚饭，带厚道下楼遛弯，顺便给厚妈买药。

到了药店，他想量一下血压。我说："别麻烦阿姨了，你这么小，也不用量。"

"我只是想试试。"阿姨表示愿意给他量。结果是量不出来，他又一定要我量，唉……

厚道说："131 到 88。"

我问："高压多少？"

"131。"

"低压多少？"

"88。"

"压差是多少？"

"什么？"

阿姨解释："就是 131 减去 88 是多少？"

"让我想一想啊！"

我说："不急，你有足够的时间。"

"53。"

我微笑着摇了摇头："再想想。"

"哦，是 43。"

阿姨们表扬了他！

路过花店，厚道选了一盆熊掌。

叔叔说："这花喜光，十天浇一次。"

厚道说："好的。这个，你是什么时间浇的？"

叔叔笑了："昨天浇的。"

"哦，那还要九天。"

叔叔说："你还挺细心。"

上楼后，厚道打了一个喷嚏。厚妈问："凉吗？"

我看了一眼说："不凉。"

"你摸了吗？"

"摸了，不凉。"其实我没摸，在忙着"写作业"。

厚妈又问："冒汗了吗？"

这回目测不了了，我只好走过去摸了摸说："有一点汗。"

厚道一边摆弄着自己的贴纸，一边说："这就是人们通常问你第一个问题后，还会再问你一个相关的。所以，第一个骗了人，第二个嘛……"

他一时没有合适的词儿，用眼神告诉我：明白吧！第二个骗不了，得真来摸了吧？

我用表情告诉他：小鬼头！

我逗厚道："我出题，你答对一道给一块钱。"他笑笑，表示同意。

"10÷2 等于几？"这是我们第一次"玩儿"除法。

"20。"

"不是乘法，这个是除法。"

"除法？10 除去 2 吗？"

"不是。10÷2 就是把 10 个东西平均分成 2 份，每份是多少？"

"哦，那是 5 个。"

"对。所以 10÷2=5。10÷5 呢？"

"2。"

"20÷5 呢？"

"4。"

"20÷10 呢？"

"2。"

增加难度。我说："20÷20 呢？"

"0。"

"不对。"

"1。"

"对了，20 个东西，平均分成 20 份，每份 1 个。"

"来个难一些的啊。7.5×10 等于多少？"

他认真地想了大约半分钟："95。"

"不对。"

"咋不对呢？他在纸上写给我看。4 个 7.5 是 40。80+15=95。"

看他算完了，我说："4 个 7.5 是 30。"

"哦！"他念叨着，"30+30+15=75。"

我说："其实有更简单的算法。我写给他看，1×10=10。加个零就行了，7.5×10=75，小数点往后移动一下就行了。"看他的样子没听懂，我知道，我这样讲对他来说跨度大得有点不讲理了。他也不太想听了，我没有往下讲。

我在给厚道讲这些的时候，通常不是按照书上的方法告诉的，而是凭感觉告诉，我认为这样有利于培养"数感"。书上的方法留给老师吧！

过了一会儿，他在地上摆了一个路障，说："过一次 7.5 元，需要办卡充值吗？"

我递给他 100 元。他问："100 里有多少个 7.5？"

我说："不是整数个。要少于 100，不要多出去，应该是 13 个 7.5 还剩 2.5 元。"

"好吧，那就过 13 次吧。"

让孩子尽兴

2018 年 10 月 26 日 星期五

晚饭后去商场，下楼的时候，厚道走在前面，我跟在后面。走到三楼，他突然转身，对我挥动两只手唱起歌："国旗，国旗，真美丽！金星，金星，照大地，我愿变朵小红云，飞上蓝天亲亲您……"

我认真地看他表演，并左右挥动双手。他看我欣赏得认真，唱得更投入了。唱完后，我深情地为他鼓掌，然后聊着音乐继续往下走。

我用表情为厚道提供气氛，让他的"兴头"尽情地发挥。如果此时我笑他或者是催他"快走吧，别臭美了"！厚道那偶遇的灵感，就少了一次喷发的机会，少了一次体验与感受的机会。

孩子在某时突然有了表达感情的欲望与心情，我们应及时地捕捉，不要介意时间与地点，让他尽情地去体会表达吧！

阅读不是做阅读题

2018 年 10 月 27 日　星期六

晚上 7 点参加了通辽市实验小学佐晓梅校长"光合作用"感悟人生读书会（第四季）。佐校长讲道："阅读不是做阅读题。"

我深有感触。开始读时，能翻开书去读就是好的。不要急于考孩子，孩子读完后，我们马上提出一些问题来测试他，这样有为难孩子的意思。我认为，多数孩子也都说不太明白，毕竟他才开始阅读，虽然说不明白，但心里也许是清楚的。

举个例子：下午，到曲老师家做客。曲老师不在家，我和曲老师的儿子曲含章（4 岁）玩了起来。

含章拿来一张 A4 纸，上面有 4+5=9，8+4=12，11+3=14，他考我这几道算术题。我把最后一道题答错了，含章给我纠正过来。

他想把这张纸贴在墙上。纸的左下角自带了胶布，他把这一处粘牢后，纸从上面耷拉下来，他去找来胶布和剪刀，对我说："帮我剪两块胶布，哦，不对，剪四块。"

我在剪第一块的时候，他看了一眼那张 A4 纸说："剪三块，三块就行了。"

粘好后，我问："你能告诉我为什么让我剪三块吗？"他没有回答我，笑了笑跑开了。

我不知道他是否能说明白。但是，他看一眼就知道：只需要三块。我们都知道是 4-1。

让我来试着替含章回答一下这个问题：

第一答案，他可能说："因为已经粘了一块。"

第二答案，他可能说："有四个角，已经粘上一个了。"

第三答案，他可能说："因为，再有三个就够了。"

第四答案，他可能说："4-1=3。"

……

我想：孩子都很聪明，只是这种聪明最早体现在心里，表现在察觉与思想上。由于表达清楚的能力滞后于思考能力，所以，我们不仅要关注孩子说了什么，更要关注他想了什么，因为，想到是说到的前提。

　　不要逼孩子让表达力追上察觉力，刚开始阅读的时候不要考他。

　　佐校长说："目前中小学教科书进入统编时代，这套教科书专治不读书，少读书。1到2年级课外阅读总量应该不少于5万字，3到4年级不少于40万字，5到6年级不少于100万字，7到9年级达到400万字。"

　　个人建议：阅读很重要。但要在孩子喜欢阅读的基础上进行，哪怕能认真完成家长或老师安排的目标也好，至少不能讨厌。然后，一点一点引导孩子进行走心的阅读。

厚道的书痴生活

2018 年 10 月 30 日　星期二

　　最近，厚道依然像个小书痴。

　　周日晚上，他的同学——展歌妹妹来家里做客。他俩玩了一小时左右，厚道坐到书桌前看起书来，看了30分钟左右，继续跟展歌玩儿。

　　家里来朋友，是厚道非常开心的一件事儿。即便这样，中途也要看上一会儿书，看书就像下课十分钟一样。

　　晚上去书城，还是老规矩：读上几本再买上几本。我也买了自己喜欢的书。

　　回家途中，厚妈要去商场买一样东西，我俩在车里等。我打开前排的阅读灯看我的，他打开后排阅读灯看他的。

　　20分钟左右厚妈回来说："光线这么暗，多伤眼睛呀，快回家！"

　　等第一个红灯时，我把我的书递给厚道说："给爸爸放到袋里，下车别忘了。"厚道没有反应。我回头一看，原来他在借用天窗透过的路灯光线，偷看着自己的书。他把书放在大腿的侧面，可能是防止被厚妈发现。

我自己动手，把书收好。到了家楼下，我打开车门说："少东家，请下车！"

他说："等一会儿，等一会儿。"他打开书，借着单元门的灯光，看了一眼说："第50页，好了。"原来他用手指当了一路的书签儿，免得回家连不上。我感叹地说了一声："我的儿啊！"

说明书即科普书

最近，厚道私自在网上买了几样东西，看他收到包裹时美美的样子，不亚于厚妈买了新裙子的美劲儿。

收到后，自己组装，布置摆放，遇到困难才请我帮忙。

中午，"手腕式电子血压计"到货了。他看完说明书，给我们测了个遍。在给厚妈、爷爷、奶奶测量的时候，我简单地看了一下说明书，他使用的基本正确。

仪器上有两幅说明图片，这样的图片我没见过，想看看他是怎么理解的。我指着第一幅图问："这个是什么意思？"

他指着自己的手腕说："手腕回折处与仪器的距离，应该是一厘米。"

"下面这个是什么意思？"

"不知道。"

"再仔细看一下。"

"心脏与仪器的距离。"

"应该是。"

生活中的物品都有使用方法或说明书。这是设计者为我们讲清楚使用方法的方式。能看懂不同的说明书及图片，对孩子来说是一项比较重要的能力。

6 周岁日记

厚道的童年日记

在这方面，如果孩子有兴趣，我们要积极地评价，适当指导。如果没有，我们应该引导，比如：我们在看说明书的时候，可以找一些他能知道的，我们假装不知道的问题，请教他一下，哪怕是看一下"物品的生产日期"也行，让他来关注这些，并产生兴趣。

家校合力（一）

2018 年 11 月 10 日 星期五

厚道的班级在组织"金话筒"活动。厚道每两天会录一段朗读作品传到群里分享。曲老师听了厚道昨天的作品，发私信告诉我：厚道的平卷舌需要练习纠正。

厚道平卷舌不分体现得确实比较严重，曲老师说得对，但是我没有告诉厚道，也没跟他提这件事儿。

开学这段时间学习拼音，他在纠正自己平卷舌方面很用功。我们逛街、散步、玩游戏，他经常把拼音用上，有时坐在马桶上，也在刻意推敲着平卷舌的发音，点着头，使着劲儿说："厕所，厕所。"试着把音读标准。我们没有告诉他要这样做，他也不觉得这是在费力地练习，更像是在玩儿。根据厚道的表现，他应该很快会练好平卷舌的，不用担心。

结论：曲老师的指导是正确的，我没有告诉厚道也是正确的，因为我们的目标是一致的。厚道自己已经走上了纠正平卷舌的路，我们没有必要快马加鞭，免得影响厚道自己的练习节奏。

如果厚道平时不在乎自己平卷舌的问题，那我会利用好老师发来的指导，做好厚道工作，推动他尽快提高。

老师的教育优势是：有专业的知识，通过学生之间的对比，知道孩子处在什么水平，哪方面存在问题。但对于孩子的生活细节及内心世界，却没有家长了解得多。所以，老师说的话更像是方向，如果我们的方向已经对了，则没必要跟孩子说，增加他的思想负担。

老师是可以给家庭教育做准确评分的人。老师与家长的深入沟通，对家庭教育有重要的指导意义，可以让孩子的成长更顺畅、更自由、更高效。

明爸爸

2018 年 11 月 11 日　星期六

早晨，厚道和厚妈做语文练习卷。

有一道题：dì、pá、di、pó 用四个拼音说一句话。

厚道拼了几下，没有说出来。厚妈唠叨说："前几天学的，都忘了？"

厚道显得有些不开心。我在网购，搭话说："谁能做到完全的过目不忘呀？儿子，忘一些是正常的！"

厚妈说："别捣乱。"

厚妈话音未落，厚道说："我喜欢！"

厚妈说："你喜欢什么？"

"我喜欢我爸捣乱。"

我们都笑了。

厚道认为我说的话在理，厚妈有些强人所难。

过了一会儿，厚道自言自语地说："因为小的时候，拼音我没整过，所以这块儿学得有点慢。"

他的这个认识很客观，说明他知道：昨天影响了今天，今天也会影响明天。

原创小能手

2018 年 11 月 18 日　星期日

提前一天给厚妈过生日。

中午吃饭时，厚道趴在厚妈耳边说："祝妈妈百寿百岁！"这个词是他自己组合来的。

厚道偶尔会溜出一些句子和词语来。比如"好你了""考论",等等。

由于词汇使用得不够熟练,每个小孩都会有"原创"的句子。虽说是编的,但也能感觉到靠不靠谱,表达的意思是否正确,若是词散神不散,说明他知道这个词的本义,我们不用刻意纠正,只要能恰当地表述,新创的词语也很好。若是用得不着边际,则说明他错误地理解了词意,或是没有把握好当时的情境,我们可以闲聊着给予纠正。

家校合力(二)

2018 年 11 月 22 日　星期四

近日,厚道班级的"金话筒"朗诵活动开展得有声有色。

对于朗诵,刚开始厚道显得很不在行,困扰他的主要因素是:(1)"平卷舌"发音把握不准。(2)朗诵的节奏把握不太好,总是有些急,"抢"着往下读。(3)感情不够饱满,不能把自己的情感与文章融合,不"入戏"。

对于第一个因素,厚道利用日常对话,正在认真修正中,我不想再给他添乱。

对于第二项和第三项,每次他朗诵完毕我会提出一些建议:哪里应该多停顿一会儿,哪里应该轻柔一点、深情一点……

为了不让他烦我,我只是"点题式"地说上两句。有时看他不爱听地走了,我会表现出一副极具兴趣的样子,读起他刚刚朗读的内容,那气氛就像"你走你的,终于轮到我了,我玩儿我的"。我一边深情地朗诵着,一边想"育子如戏,全靠演技"。

就这样"玩儿朗诵"大约 10 次左右,厚道已经被我改变了,节奏的把握、感情的饱满程度也不比我差多少了。

晚上的一段《再别康桥》,读得我鸡皮疙瘩一身,我个人认为:感情基本饱满、节奏基本适当。我示范和建议的点控制得都不错,平卷舌也进步明显。

曲老师经常组织丰富的活动，有读书、写字、日记、绘画……厚道在每一项活动中，都能得到不同程度的进步。

总结：有的时候，孩子对我们的指导会表现出不满或不愿意接受，这是正常的。我们不要"硬来"，他不想听了，我们还拉着他说，结果只能是更不想听。我们要在他有限的耐心下，用一两句话把重点说了，后面不想听就算了，可以等他想听了再说。也可以用我们的行为进行示范或"勾引"，他听着听着，说不定就被我们同化了。

当时的想法很重要

2018 年 11 月 23 日 星期五

早晨做练习卷时，有一道题是"把能吃的物品的拼音涂上颜色"——每组拼音都写在空心的苹果里。厚道全涂上了红色。厚妈看了说："雨衣能吃吗？树木能吃吗？"

厚道凑过去"噢"了一声，没有多说。

厚道是心思比较细腻的孩子。对于他的错题，我很想知道他是怎么想的，当时是个什么状态？

我凑过去问："儿子，在往上涂的时候，你是怎么想的？你认为这些都是苹果，所以都可以吃，是吗？让把能吃的选出来，像这种情况通常是不会全选的。"

他笑着说："不是，我当时以为'会读的都可以涂上'。"

我笑着说："急于做完了吧？"

他只是笑。

错题是孩子状态的反应，分多种情况：马虎，不会，没理解题意，理解错了，等等，具体是什么情况，我们需要调研。

比如，厚道给"我"组词：我（　）（　）

他写过：我（的）（家）。

很多时候孩子会有自己的"认为"。他理解错了，我们告诉一下就

能改过来。若是不想去理解或是经常马马虎虎，则需要从长计议。我们要在理解孩子的基础上去引导、帮助。

不可看到错误，便马上批评或生气。那样，孩子思考的大门会处在紧闭的状态下，是难以开启智慧的。

家校合力（三）

2018 年 12 月 1 日　星期六

老师留的复习资料里有"金色的沙滩"和"彩色的项链"。

厚道在做练习卷时写成了"金色的项链"与"彩色的沙滩"。

厚妈进行了纠正。

我搭话："我认为，厚道写得也可以，不也符合现实吗？我们不能被资料束缚住，只要合理就行。老师的资料里写的是对的，但我们也没有错，要灵活地看待处理。我认为，老师的本意也并没有'项链必须是彩色的'意思，只是用'彩色的项链'做个例句。我们要借助老师的例句，灵活地处理所学所用。"

不同的阶段不同的事儿

2018 年 12 月 6 日　星期四

厚道有些感冒的症状，我们和他商量，明天请一天假吧？

厚道说："我还是想上学，要不然有一些知识都学不到了。"

这话，对我和厚妈来讲还是有些意外的。现在的厚道，已经把上学的重心转移到学习知识上来了，不再恐惧。

我想：可能每个人在不同的时期或阶段，所在意的事是不一样的。所以，孩子在意了一件他不该在意的事儿的时候，我们要正确地看待、对待。要帮他度过这个阶段，然后再把他引向应该在意的事上。在这个过程中，我们要有耐心，要掌握方法。

关于新题型

晚上，厚道同学的妈妈来家里做客，说："快到期末了，这段时间复习，每天可能都有新题型，尽量不要耽误，新题型练不到，期末考试该不会了。"

我没有多说，等阿姨走后，我对厚道说："儿子，爸爸并不同意阿姨的观点。事实上，考试的题型多如牛毛，再怎么练，也见不全，只要我们平时注意积累、善于思考，多少新题型都是可以应对的。爸爸、妈妈这么大年龄了，每天也会有新问题发生在身边，难道需要我们之前都经历过才能解决吗？显然是不可能的。所以，只要我们仔细想、多琢磨，即便整张卷子都是新题型，也没有关系。"

孩子接触了一些不妥的观念后，我们要给他提醒，帮他纠错。否则，多多少少也会受一点影响。

我对厚道说过：我们去学校是为了学知识、长本领，不是为了考试。从厚道平时的表现来看，他能理解，平时读书，做奥数题，研究研究这个，琢磨琢磨那个……他做这些明显不是为了考试。如果他认为学习是为了考试，那他只想着纸上的功夫就行了，多见题型就行。等考试的时候，见到陌生的题型，在思想上会认为：这个不会也是正常的。

我想：孩子认为学习是为了掌握知识、提高本领，是为了解决问题、发现问题，是为了创新，那他会期待新题型的出现，因为那才有意思，才有乐趣，解决后才能体会到喜悦。

学是为了用，这样会学得有意思，有价值。

对于考试成绩，厚道也不纠结，100 分和 95 分一样高兴。

我们只是聊一聊"这道题是怎么错的？""当时的想法是怎样的？"总结总结也就可以了。

他也知道我和厚妈不在乎他考多少分。我们在乎的是他当时的想法。

好老师难当

2018 年 12 月 13 日 星期四

厚道仍然是吃饭时也听着故事，心思不在饭上。我多次和他商量，他都不同意，有时还会以哭相逼。

早晨，他一边吃饭一边听，我给曲老师录了一段十秒钟的视频发过去。视频中，厚妈问他："下课和谁玩儿？"他听得太入迷，并没有听厚妈问的是什么。

我把视频发给曲老师，随后附两段话：厚道每天吃饭都这样听，你看他听得多入神，心思都没放在吃饭上，这样时间长了，我们怕影响他脾胃的运化。

我和他商量过多次了，他都不同意，由于不是什么错误，我实在不好深说，麻烦曲老师，有空时帮我说说他，拜托！

中午放学回家，他还一边吃一边听。我和他聊天："今天和曲老师聊天了吗？"

"没有啊！"

晚饭前，我和他聊天："曲老师和你聊天了吗？"

"聊了，他说：'看看我最近吃饭表现怎么样？'"

"那怎样算好呀？"

"就是不说话什么的。"

"那听这个应该也不行吧？"

"是，这不还没吃饭呢吗？"

"是是是，吃饭之前关了就行。"

我想：得罪人的事交给曲老师办了。遇上我这样的"好爸爸"，他这个"好老师"难当成了！

特别的理解

厚道的语文卷得了 93 分。我和平时一样，还是不在意。

厚妈说："我儿子说了，我的语文也就这样了。我学得也是蛮多的，以后会好的。"

我只是笑。

吃完饭，我拿过厚道的卷子，是最后一道题错了。厚道是这样写的。

七、新年快到了，给家人写一句祝福的话吧。

亲爱的 妈妈：

祝您在新的一年里 百岁百寿 。

您的 张厚道 ：8：44

后来改成：

亲爱的 妈妈：

祝您在新的一年里 越长越漂亮 。

您的 儿子：张厚道

我看完笑了好一阵，说："我儿子写得好像也没啥毛病。"

他怪笑着看我，知道我是在笑话他。

晚上，厚妈问："你们第二节课是 8 点 40 分上课吧？"

他说："是。"

"那你不是 4 分钟就写到这道题了？"

"当时，我看了一眼挂钟，好像是。"

我提建议说："儿子，答完题的闲暇时间，可以看些课外书。"

"老师不能让。"

"能让，不信哪天你跟老师申请一下，准让。"

晚上，我想起了他的答案还在笑。

我想：厚道还是喜欢动脑的，只是想法特别的时候比较多。不按套路地思考，加上爱学习，将来可能会有意想不到的收获。

6 周岁日记

厚道的童年日记

267

学习也要刺激点儿

2018 年 12 月 18 日　星期二

晚上，厚妈聊天式地问："最大的一位数是几？"

"9。"

"最小的两位数是多少？"

"10。"

"差是多少？"

"1。"

最近学校在学这个，所以，厚妈问起。

我说："这有啥意思，看我的！"

"儿子，最大的三位数是几？"

"999。"

"最大的五位数？"

他开始念叨个位、十位、百位、千位："999999。"

"不对。"

"99999。"

"正确。"

"最小的四位数。"

"1000。"

"最大的五位与最小的四位数的差。"

他笑了："这个我还没有学。"

我说："就是 99999 减去 1000 呗！"

"哦，90000……8000……999。"

"正确。"

大家一起笑。厚妈又说："你前面 4 个人，后面 3 人，队伍里有几个人？"

"列式吗？"

"可以。"

"3+4+1。"

"儿子，还是爸爸给你出个有意思吧！答对了，有奖励！"

"什么奖励？"

我没有回答，直接出题："一个队伍里有10个人，从前面数你是第8个，从后面数我是第8个，我们中间有几个人？"

他转着眼睛猜："6个？"

"不对。"

"7个。"

"不对。"

"5个。"

"不对。猜的结果可不能算。"

他接着猜："4个？"

看我没吱声，他追问："给什么奖励？"

"亲一口。"

"不行。"

"那你说。"

"玩一会儿游戏。"

"可以。"

"那是4个吧？"

"是4个，但我要重新出题。这次你只有一次答题机会，错了就不能玩。队伍里有10个人，从后面数我是第9个，从前面数你是第8个，我们中间有几人？"

他马上说："5个人。"

"看这速度，他不是算出来的，还是猜出来的，但结果是对的。"

"我没说对错，让他伸出十个手指，确认一下。"

他数了数说："就是5个。"

"你对了！"

他坏笑着说："其实我不会，但是你刚刚给了我提示，8个8个，中间有4个。9个和8个那中间就5个呗！"

是我大意了。

经历了才体谅

2018 年 12 月 19 日　星期三

最近，厚道经常把我们的手机屏幕锁换来换去，有时是数字，有时是各类图案，每次改完他都认真地告诉我们。但由于更换得太频繁，我们经常记不住。我没说什么，只是告诉他"这样太麻烦！"他还在不断地改。

下午，我要打电话，怎么也想不起来新屏幕锁。试了多次都不对。屏幕上显示"请一分钟后再试""请 30 分钟后再试"，整个下午只能接电话。

回到家，我请他帮我解锁，并给他讲了下午发生的事儿，他体会到了我的苦衷，把密码改成了我最习惯的那个图案，没再改过。

孩子很多时候是这样，我们把利害关系给他讲清楚，把发生的事儿也给他讲明白，让他体会体会，他会做出自己的判断，然后做出自己的决定。

之前，我怎么说"麻烦呀！""不喜欢呀！"他都不在乎，他认为那没关系。直到听了下午的事儿，他才意识到：这样真会耽误事，才肯放弃自己的"爱好"，在这一过程中，说教无动于衷，体验了才肯改变！

当然，他在第一次改密码的时候，我就大喊大叫地严令禁止，是可以成功阻止他的。

我想：这个也禁，那个也止，时间长了，他只会把心里有底的事儿做了，面对新事物会畏首畏尾不敢尝试，怕影响他的拓展性。

从设计者的角度讲问题

2018 年 12 月 20 日　星期四

前一段时间，厚道问过我："马路上左转待转区的作用是什么？"

我指着正在左右直行的车说："这时候我们进待转区，碍事吗？"

"碍事。"

"你看左前方和右前方正在进入待转区的车,他们进待转区碍事吗?"

"不碍事。"

"对,不仅不碍事,而且马上轮到他们走了。这时候,我们进待转区碍事吗?"

他想了想:"碍事。"

等我们右侧的车开始直行了,我说:"这回我们进待转区,碍事吗?"

"不碍了。"

"对,因为下一次负责我们的红灯该变绿了。这样每次都可以多通过一些车,可以提高通行效率。"

"噢!"

讲了那么多,我是想让他知道为什么这样设计。

对于如何使用待转区,我可以简化地告诉他:"相同方向直行车开始行走了,我们就可以进入左转带转区。"他记住了,也会知道怎么走,但却不一定知道为什么。

下午,走到十字路口,这里新施划了直行待行区。我说:"哎,直行也有待转区了!"

厚道说:"直行,应该叫'待直区'吧?"

我笑了:"是不应该叫'待转区',应该叫'直行待行区'吧?儿子,你观察一下,我们应该在什么时候进这个待行区?"

他看了大约 10 秒钟,我们左前和右前的左转车已经开始走了,他说:"现在就可以进了。"

"是的,现在刚好,既不碍事,我们后面还能多通过几辆车。"

厚妈说:"为什么呢?"

我和厚道都没有回答厚妈,也许我们都清楚:这些讲清楚很麻烦,另外,说了厚妈也不一定懂!

之前我给厚道讲"左转待转区"的时候,是站在设计者的角度讲的,他明白了设计的原理与道理,这样理解起"直行待行区"来,则驾轻就熟。所以,我们站在设计者的角度为孩子讲,孩子也会从这个角度看问题。

重点是让孩子知其所以然。

比如：指导孩子朗诵。

第一种方法：读完题目后，告诉孩子，停留五秒再进入主题，让背景音乐响一会儿。

第二种方法：读完题目后，让音乐流淌一会儿，让我们的感情酝酿一下，再开始正文。

前者是固定的方法，比较死板；后者则是原理，是灵活的。孩子知道了这个原理，会举一反三地应用，根据不同的文章，让感情酝酿适合的时间。

再比如：前几天我们去彩印一张照片，那台彩印机的外壳被卸掉了，架在墙上。打印的时候，我把厚道举到我的肩上，让他观察机器是如何打印的。他看后说："噢，原来是一层一层打印的。"他用小手在自己的脸上比画着："先打印眉毛，再打印眼睛，再打印鼻子……这样。"

假期学宽不学专

2018 年 12 月 21 日　星期五

"假期应该学什么？"很多家长都纠结过。有的家长为孩子选择学课外本领，有的家长会让孩子学下学期要学的课程。

个人建议：若课内知识不过关，应补学好课内知识；若课内知识已经过关，应该学习课外的。在孩子可以应对将来课内知识的情况下，不要提前学。如下图，"课内"学习方格应该让老师来给孩子涂抹，假期或是闲暇时间，让孩子涂抹"课外"的。这样，孩子知识与能力的路会越走越宽。

厚爸假期学习方格

孩			课外	课外		越
子		课外	课外	课外	课外	
的	课内	课内	课内	课内	课内	走
	课内	课内	课内	课内	课内	越
路		课外	课外	课外	课外	
			课外	课外		宽

刺激的才有意思

2018 年 12 月 28 日　星期五

厚道支原体感染输液红霉素第五天，今天下午明显好转。

晚上，我和厚妈聊天。厚道捡起地上的乒乓球，用羽毛球拍往厚妈身上打，前三个没打中，我们也没太在意。第四个刚好打在厚妈的脖子上，我们才意识到，他一直在瞄准。

厚妈生气地说："干什么？"

厚道假装不好意思地说："我不是故意的。"

厚妈说："怎么不是故意的？都打了好几下了。"

厚道没说话。

我说："他就在等你喊呢！"

厚道"扑哧"笑了，表示认可。

我继续说："你什么时候喊，他什么时候停！儿子，你这样做是不是心里有个小怪，就在等妈妈喊？"

厚道没说话，继续认可地嘿嘿嘿傻笑。

近一段时间，厚道偶尔用头撞一下我们，或者用打不坏人的东西攻击一下我们，还说："想训练一下我们的防御力。"

每次攻击我成功后，我会笑着对他说："有点疼！这样做可不好。"每次击中厚妈，会招来大喊，厚道道个歉也就算了。

他心中的小怪：厚道击中我，我反应平平没意思。击中厚妈，则会招致大喊，他会觉得有点刺激。所以，下次在我和厚妈之间，他往往会选择刺激的。

还是"瞎琢磨"

2019 年 1 月 10 日　星期四

早晨醒来，厚道一边穿衣服，一边自己叨念："问一句话，要用问号，一句话没说完，要用逗号，一句话说完了，要用句号。"

看他停了，我问："什么时候用感叹号呀？"

他拉着长音："哇……喔……表感叹的时候，用感叹号。"

"什么时候用双引号呀？"

他略想了一会儿，说："比如说'儿子'的时候！"

这几天，我往电脑里输入日记。他在旁边看过几次，经常看见我输完"双引号"后输"儿子"。他知道那是我说的话，但不知道怎么表达，才这样说。

我说："用双引号的句子，是表示这句话是一个人说的原话。"

"噢。"

我们并没有讲过标点符号的用法。我写稿的时候，他经常在后面看，有时会问，有时自己翻看字典研究琢磨。

厚道经常会突然想起一些事儿，然后自己叨念着。这时候，是我们把问题引向深入的好机会。一方面，他自己叨念了，说明他对这件事感兴趣，这时候谈这个话题，会给他留下很深的印象。另一方面，他叨念了，我们接过他的话，往下谈，可以鼓励他思考、琢磨、推敲……

不该出现时装聋作哑

2019 年 1 月 11 日 星期五

晚上，厚道自己录制朗诵作品。流程是：用收音机播放背景音乐，打开手机里的录音软件，拿着课文深情朗诵。

之前，老师没有要求朗诵时间，厚道选的通常是一分多钟的作品。寒假期间要求不低于五分钟。

厚道在录音之前，一般不提前熟悉稿件。所以，五分钟之内一处不错，还是比较难的。

我在沙发上看自己的书。他深情地朗诵突然停止了，回头看了我一眼，嘴里念叨："哦！错了。"

他有点不好意思地回头看我。我目不转睛地看自己的书，假装不知道他的错误。

重新录，过了一会儿又停了，回头看看我，还是念叨："哦，停顿的时间太长了。"

我还是假装不知道。

又重新录，录到一半，有一个音发错了。这回他不再回头看我，也不再念叨，直接重录。

他知道我在认真地看书，不理会他的"错误"。他没必要再不好意思地看我而分心了。录了六次，终于完成了一个完整的作品。

他保存好，跑过来让我听。我认真地听了一遍说："很好！建议上传。"他又乐颠颠地让厚妈听。

厚道在录制的过程中出错，是一件趣事。他不好意思地看我时，我可以笑，也可以提些建议。但是，他会知道我在"盯"着他，关注着他的"错"，会导致他静不下心来重新开始。

我用行为告诉他：我没看见，也不关心，他的注意力就不会像我的方向分散，可以全神贯注地做下面的事儿。

拦不住的兴趣

2019 年 1 月 11 日　星期五

这几天，厚道看书的时间变长了。三天前买了一个系列的 24 本连环画。有成语的，有名城的，有古诗的……他大约五分钟就会笑出声一次。

今天，他看了有半小时了。我提醒他："儿子，休息一下眼睛吧，书可不是一下子能看完的。"

他头也不抬："马上！马上！"不肯放下。

过了一会儿，我凑过去："儿子，今天看了有十本了吗？"

他继续看着，没有回应我。我转过头问厚妈："上次一共买了多少本？"我想估计一下，厚道一天看几本。

厚妈说："24 本。"

厚道接话说："还有一本就都看完了。"

"儿子，休息一下吧！"我伸手想帮他把当前页折上，这一本就剩下三页了，我伸到一半的手收了回来。

书就像有磁力一样，吸引着他的眼球。

越不行的事越要慢慢来

2019 年 1 月 13 日　星期日

现在已是三九天，外面很冷，我想让厚道学学羽毛球，我们可以在室内运动运动。

傍晚，我说："儿子，咱俩玩颠羽毛球吧？能连续颠 20 个有大奖哦！"

"什么大奖？"

"看一集电影。"

"太少。"

"还少？可不少了！"

"不行，太少。"

"那你说，什么够多？"

"你说！条件是你出的，你说！"

"再加个包裹。"

"不行。"

"那我可真不知道了！"

"明天把卷子复印了？"

"可以。复印卷子干啥？"

"考你们俩呀！"

"可以。"谈判结束，开始练习。

厚道每次只能颠四五个，有时候一两个。开始状态还可以，后来没什么进展，每次颠的时候，他就像跟羽毛球较劲一样，脸憋得通红，表情沮丧，动作僵硬。我劝他："儿子，这只是玩儿，没有必要太在意，放松。"

他放松了一些，但明显是表演出来的。可以看出他在心里还是较着劲儿。他有时候会假装不小心踩在羽毛球上，但明显是故意的，他在宣泄着对羽毛球的不满，他可能在想："为什么那么努力，还是颠不好？"

我说："儿子，放松！放松才能有智慧、有感觉。"他的身体像面条一样放松地试了几下，还是不行，说："太放松，也不行！"

我引导他："看球打偏了，不要放弃，要调整拍子的角度，把球救回来，把落球点再放低一些。"也都试了，还是老样子。

我心想：厚道在运动方面还真是难点拨。知识类、思考类的几乎一点就通，还能举一反三。就颠球而言，若是运动方面可以的孩子，看大人颠几下，自己就 OK 啦。

就这样，没什么起色地练习了几十次，还是老样子。我劝他休息，他不肯。

过了一会儿，他说："若是能一次颠到 10 个以上，就可以累计往上加。"

"完全可以。"

为了不让他有压力，每次我给他发完球都去做一些其他的事，不看他颠。有一次，我听着声音数着，打了 10 个。他捡起球，没底气地说："11

个。"意思是，下面可以累计了。

"好的。"

由于第一关闯过了，他心里轻松了，动作也流畅了许多。第 12 个到第 30 个进步很明显。从第 31 个开始，他一口气颠了 20 个，中间有一次，球马上要落到书架上，他居然调整了回来。

打完了，他高兴地说："正好 20 个。"

他如释重负，目标终于完成了。

总结一下他的状态：开始是较着劲儿打，怎么也打不好。突破了 11 个的瓶颈后，状态明显变好，进入了一种良好的状态。我们要想办法给孩子这个状态，不要计较那第 11 个是否打中。

练习了三天颠球，我们开始对打了。

孩子往往会在某一方面表现得不擅长，这时，我们要为孩子储备足够的耐心，慢慢来。

大气做事

2019 年 1 月 22 日　星期二

快过年了，自厚道出生以来，爷爷、奶奶和大姑一家的除夕都是在我们家过的。晚上，我和厚妈讨论今年到哪里过年，厚道在练习"主"字。

我对厚妈说："厚道爷爷建议回老家过年？"

厚妈说："有点冷吧？"

"厚道大姑想让我们去她家过一个年。"厚道大姑家离我家很近。

"也行，但是大姐不太擅长做饭，怕厚道吃不好！"然后笑着说，"我去做饭也行，但你们一人出 500 元费用，我到商场随便花，老仗义了……"然后，笑得像买完了一样。

"行，有价就好办，我们一人出一千，再给你补点跑腿费。"

这时，厚道转过头来说："我也出 100 ！"

厚妈说："哪儿呢？你有钱吗？"

"有，只是不是整钱，有点零！"

我说："零钱也一样。"

他跑去找钱。厚妈说："他的零钱，我买了一些菜，肯定不够了！"

厚道打开自己的钱袋子，数了有十分钟。我和厚妈还在聊着，都忘了他在找钱的事儿了。

他数完拿过来，全是一角和五角的硬币，有点难为情地说："只有30元了。"

为了给他一个台阶，我说："爸爸可以赞助你一下。"

"不用，过年不还有几天呢吗？这几天我再多挣些，应该能够。"

大约五天前，他制定了一套方案：他做家务，我们支付工资，倒垃圾1元，收拾一个房间5元，收拾所有房间15元……我们都同意。

我说："前两天，我们应该支付多少工资了？"

他说："一块三，先给我吧！"

"好的！"我去给他拿钱。为了解他"燃眉之急"，我拿了一张100元的给他。他说："不用，我要零钱。"

我找了一张5元的，他开始念叨："一块三，五元，找你三块七。"

他拿了三块三的硬币给我，我说："不对，拿错了。"

他核对了一下，又改成了三块七，说："这回我有三十一块三了。"

平时，我们鼓励厚道做事要大气些、仗义些。今天这事办得不小气！

自信的状态

2019 年 1 月 26 日　星期六

昨天晚上，一鸣姐姐来家里住，让我给讲一些物理知识。我利用厚道的电路玩具，给他俩讲了串联电路和并联电路。他们也提了一些相关问题，学习很愉快。

早晨起来，我去煮馄饨。厚道去观察昨天连好的并联电路，用电器是一个电扇，一个灯泡。厚道问："爸爸，为什么它们串联的时候，电扇转得慢，灯泡不那么亮，而并联的时候，电扇转得很快，灯泡很亮，就像只连上它自己一样？"

"你这个发现很好，一节电池是几伏？"

"1.5伏。"

"两节电池呢？"

"3伏。"

"对，串联的时候这3伏电压要分给两个用电器，而并联的时候每个用电器都可以得到3伏电压。所以，就出现了你问的情况，这是并联电路和串联电路的特点。"

讲完时，馄饨已经从锅里冒出来了。

孩子说的话或关注的事，可以体现出他是否用心，及用心的程度，我们可以根据孩子的情况，把他的问题引向深入。

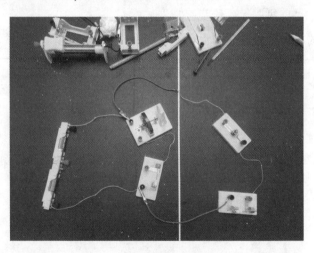

并联电路

大家坐好，准备吃饭，厚道说："姐姐，你在四年级的时候学的最难的一个字是什么？我能组上词，你信不信？"

一鸣想了想说："'鼎'字。"

厚道很快说："我头上顶了一个铁板。"

我和一鸣都笑了，厚道也笑。

我解释说："姐姐说的'鼎'和你说的'顶'是同音不同字，意思也完全不同。"

我把两个字写给他看，说："你的'顶'字那样造句是对的。但姐姐说的'鼎'字是古代的一种容器，用金属制作的，比如铜之类的。"

我用手机查出司母戊鼎的图片给他看。他惊讶地"哇"了一声。

厚道在学习方面表现得很自信，甚至还爱吹点小牛。这种自信让他学习状态很好，不管我们讲什么，讲得多难，他都会认真听，还经常打断我们谈自己的理解和想法。

这种自信给人的感觉是学什么都不惧不怯。即便听不懂，也不会觉得纠结，而是先放下，哪天想明白了，再来讲他的思考过程。

父亲的爱 朋友的感觉

2019 年 1 月 27 日 星期日

为了保护厚道的眼睛，我在家里安装了屏幕投影。

早晨，厚道想看一会儿动画片，他一边与厚妈商量，一边把投影的屏幕往下放，一边把窗帘拉好，但厚妈没同意。

他的情绪很沮丧，看样子有点认真。他平时不这样，可能是今天姐姐在，想和姐姐一起看一会儿吧！

他看厚妈坚持不同意，一边拉开窗帘，一边伤心地晃动身体。我感觉这种情况若是不同意，有些不近人情，毕竟姐姐在，也算例外。

我搭话说："就看一集行不？"

厚妈说："你看你这人！"

我替厚道求情："就一集。"

厚道马上开心地拉好窗帘，打开投影和姐姐一起看起来。

下午，厚妈去逛街，厚道来恳求我"想看一集"，我笑着说："你小子可有点得寸进尺哦！上午若不是我给你一个台阶下，我替你说句话，上午的你可都看不上。"

他露出了淡定又古怪的笑容。那意思好像是：是的，是的，谢谢你！

谢谢你!

看他坏笑,我继续说:"你可不能过分。上午的就已经是意外之财了,关键是眼睛不行,若是不伤眼睛,你看一整天我们也不拦你,万一把眼睛看坏了,那可就有大麻烦了。"

我说完了,他也不再争取。

最近,我和厚道经常会有那种只可意会,不可言传的互相之笑,那意思无法用语言表达透彻,就像我们常说的"你懂的"!

孩子是主角,我们是配角

2019 年 1 月 30 日 星期三

寒假过半,厚道保持着很好的学习状态。老师留的寒假作业,半个月之前已经写完了。

现在,每天早晨练一些字,写一些算数,写写日记,练练阅读。这些是厚妈给安排的,厚道很配合厚妈,高高兴兴地就把厚妈"交代的事儿"给"办"了。

然后,玩一些自己的玩具。有时恳求厚妈,看一集动画片,虽然多数失败,他也"屡败屡战"!我估计他心里想:万一行呢!

天气好了,厚妈带着他到外面玩。天气不好,或是玩玩具,或是找自己喜欢的书看。粗略地算一下,每天自主阅读时间,不低于两个小时。看书的速度仍然很快,看到高兴处,还会读给我们听。

做以上这些事儿,故事机还是从来不停。

大约一周前,厚道想在公众号上买一套故事书,说:"爸爸,我想买这套成语故事。"

"多少钱?"

"151 个成语故事,69 元。"

"哇,这么贵!"

近一年来，他买了大约有1000多元的故事书了。我只是说贵，却从不拦着。

我觉得听成语故事挺好，假装勉强又不舍得地说："好吧！"

听一个星期了，我偶尔也注意一下，有掩耳盗铃、沉鱼落雁……

中午，他在听"疑邻盗斧"的时候，我说："你还别说，这套故事书可真不错！"

厚道停下写字的手，半转过头说："要不能那么贵吗？69元呢！"

我们都笑了。

我的认可会增加他听下去的动力。这种认可要说出来，并且让孩子听到。

有时候，我们心里有了"这套故事书可真不错！"的想法，但没说出来，那孩子并不知道我们是怎么认为的，他只会凭自己的感觉去做或者不做。若是我们说出来给他听，他会想："原来，他们也是这样想的！"可以增加他做下去的动力。

晚上，他说："爸爸，咱俩打羽毛球呀？"

"好哇。"

我在修理卫生间的顶棚，他去找球拍。找了一会儿，问："爸爸，另外一只球拍在哪？"

我从凳子上下来，想去帮他找。他又说："爸爸，我刚才有点明知故问了。你说屋子让我和小妹弄得这么乱，你又一天没在家，你怎么会知道在哪儿呢？"

这是在跟我晒他的成语啊。我说："有道理！成语用得挺溜啊！"

他笑着继续找。

孩子给我们"晒"有用的事儿时，我们要帮他"晒"，增加他的成就感。

他想当主角，我们应该当好配角，把戏"唱"好！

早期教育、家庭教育，孩子是主角，我们在定好自己这个配角的位置后，便能产生正确的思想，用正确的态度说正确的话，使用合理的方法。

厚道游书海

家庭教育零散方法 40 条

1. 调整孩子的好方法是引导他的念头。孩子的念头即是他的追求，我们引领、疏导他的念头，既是培养他的追求，也是培养他的兴趣所在。有了好的念头，就会有好的习惯，结出好的果实。

2. 小学之前该不该教孩子学东西？个人认为：不要刻意地去教。孩子想知道的及时告诉，孩子不想知道的，引导他想知道，等他想知道时就告诉。

每位父母都希望自己的孩子比其他的孩子强大一些。所以，有的家长不考虑孩子是否喜欢学，而是采取必须学的方法，或送补习班，或按照课本的章法去教，导致了幼儿园小学化现象。我想：补习班里的教育，爱的成分太少，孩子那么小，是不会喜欢的。

孩子在 3 到 6 岁左右，每天的问题会多到让我们为难。这时候我们要及时地，用适合的方式告诉孩子。

这一简单方法，会让孩子在学前掌握大量的知识。这些知识并不成体系，是一个一个碎片式的知识点，像一颗颗山楂。上学后，老师会用竹签给穿上，再用些课外知识包裹上糖衣，就是美味的冰糖葫芦。

如果孩子问，我们没回答，时间长了，孩子就会失去问的兴趣。

3. 珍惜孩子的兴趣点，孩子一会儿一个想法，同时也一会儿一个兴趣。我们要趁孩子在"兴头上"的时候，抓住时机引导。他对什么问题产生了兴趣，我们就陪他讨论，帮他找到或提供答案。随着积累，他会对各类事情充满兴趣，爱好广泛。但不要强迫他对我们的安排感兴趣。

4. 随手可取的书比书柜里的书更让人想读，敞开的书比合上的书更让人想读。不要把书收拾到柜子里，虽然那样很整齐，但不能随手拿来或经常看到。家里乱一点不重要。

5. 我在给厚道读东西时，总是用手（笔）指着读，这样他就知道我读的是哪个字，这一方法快速地增加了厚道的识字量。后来，在和朋友聊天时，她说这叫"指读"，也是有弊端的，可能会影响孩子的阅读速度。个人认为：若是"指读"会影响阅读速度，那孩子学走路时我们扶着，也会影响孩子将来的奔跑速度吧？

事实证明：我们给厚道读了一年左右，常用字认识得差不多了，厚道就不喜欢我们给读了，他自己读的速度很快。有一次，我逗他："你这是一目十行呀？"他说："我是一目二十行！"我说："小生，佩服！"厚道写作业也很快，有时厚妈想坐在旁边看，找来凳子还没等坐下，他已经写完了，是个"真快手"。

6. 我们学习文字与语言的目的是为了传递思想。在孩子阅读初期，如果有读错的字不要打断。等到阅读完毕后，在不影响他思考的前提下去纠正。否则孩子过分的重视文字的对错，会影响他对文章思想的理解。

7. 遇到什么事情，我们的反应要适当。例如孩子手上扎了刺，其实他并不知道如何是好，如果我们大惊失色，过度紧张，自然就把孩子带入了那个恐惧的氛围之内。如果我们淡定而温和地说："没事的，只是一根小刺，拿出来就可以了。"以后，他自然也会这么认为。

8. 孩子给我们分享食品或者帮我们做事，我们尽量接受，不想吃也先收下。我们做事的时候，选出他力所能及的，请他帮忙。他会有分享的喜悦和劳动的体验。

9. 爱孩子同样"过犹不及"，我们应该拿一半的爱与时间来陪伴孩子，若是投入全部，我们的爱会失去理智。另一半用来做好工作与提高自己。他是我们的孩子，也是社会的一员，我们盼望他能够快乐健康地成长，也要让他对社会有价值。

10. 在孩子没有分辨能力的时候，不要逗孩子。孩子的世界非黑即白，大家逗来逗去，会让孩子的思想经历较大的变化，对孩子成长不利。例如：我们答应了孩子去买玩具车，过一会儿，逗他说："不买了。"其实还是买，只是想逗逗他。孩子会表现出沮丧或难过，直到孩子要哭了，大人才抱过来说："买买买。"这一过程，孩子经历了喜悦到忧伤到不安。这种不安会引起孩子烦躁。

11. 教育孩子做好事，做好人，但也要知道坏人通常是怎么想的，怎么做的。

12. 引导孩子有严谨的思想，也要有变通的能力。不可变通的、重要的事情要执着严谨，不达目标不罢手；可变通的、可简化的、非必要的事情要找到尽可能简单的处理方法。

13. 让孩子在玩的状态下学习，用玩的心情去学习。因为在玩的时候，孩子是轻松的，思想是开放的，学习起来更能举一反三，触类旁通，效率会很高。

也有家长认为：玩就是玩，学就是学，绝不可放在一起，否则孩子学的时候想着玩，断然不行。我认为：（1）学和玩即便分开，也避免不了孩子在学的时候想着玩。（2）取得较好成就的人，都应该是在轻松的状态下完成或想到的。（3）如果告诉孩子"玩是愉快的，学习是严谨的、苦的"，那孩子求学的路就是艰难的，大多数孩子都是坚持不下来的。

在陪伴厚道的过程中，我坚持把知识融入他玩的过程中。在聊天的时候，帮他树立正确的认识："学习的过程是愉快的，学到了本领更愉快！"我用行为告诉他：空闲的时间是最好的学习时间；无聊的时候打开书就愉悦了；我在读书的时候，他拉我去玩，我会恋恋不舍地说："等一小会儿，爸爸再看一小会儿。"

14. 如果提到学习孩子就紧张，想到作业孩子就沮丧，那孩子的状态就需要调整。日记里记录了一些调整的方法与思路。

让孩子开心地走在上学的路上，而不是放学的路上。让他觉得每天都有成长的喜悦，每天都有价值，每天都被欣赏。孩子走在上学路上的心态与成绩有直接关系。喜欢课堂的学习效率会高，成绩会好。让孩子喜欢课堂，是一个综合的、长期的培养过程，在陪伴厚道的过程中，我一直注重培养这一点。

15. 早晨一睁眼，给孩子一个好心情，为他传递乐观的状态。比如：做一个他喜欢的小游戏；哼一首小曲；吟一首诗；念几句乘法口诀……用行为告诉孩子：我的心情很好，我很乐观。这些会自然地传染给他，就像歌里唱的：我喜欢一起床就看到大家微笑的脸庞。

下班一进门或是上班出门前，给孩子一个喜悦的表情，为他传递积极的状态。比如：亲亲他，抱抱他，与他互动一下。告诉他"我很高兴，也很努力"。

16. 孩子学到新知识，为他创造机会用。厚道 4 岁左右，有那么一个阶段，我给他讲了什么知识，他认为厚妈不知道，转过头便去给厚妈讲一遍，讲得基本都对，也很有趣。厚妈也听得和之前不知道一样。这让厚道的新知识，得到了巩固，也锻炼了应用知识的能力。

如果厚妈做出一副"早都会"的样子，并用我讲的知识来考考他，那将是截然不同的感觉。

教和学的感觉是不一样的。孩子学到新知识，向我们展示的时候，我们要认真地倾听，还要适当地"装傻"，让他"臭美"起来。

17. 孩子说的话会体现他对事物的认识、对概念的理解。如果是对的，要鼓励和认可；若是错的，要适当地纠正。不要让错误的概念或不妥的思想在他的头脑里待太久。

18. 不要让孩子做盲目的选择。比如：孩子还不了解唱歌、美术、演讲、架子鼓……我们就问"你喜欢学唱歌吗？想去口才班吗？想学架子鼓吗？"在他没有体验过的情况下，他会给出武断的答案，这个武断的答案会影响孩子后面的决定。

19. 厚道在玩折纸时不小心把纸撕坏了，我会说："没事，一会儿自己想办法粘上。" 我不会说："没事，一会儿爸爸想办法给你粘上。"这两种说法，孩子的感觉不一样。

20. 孩子不能只会学习，就像人活着不能只为赚钱一样。学习好很重要，爱好广泛也很重要，增长见识，增加生命体验同样重要。到了适合的年龄，让孩子懂历史，懂哲学，最后才能成长为独立自主的人。

21. 地球大吗？告诉孩子"地球不大"。如果我们说"通辽市很大"，他会想："那内蒙古就更大了！中国就更更大了！地球大得无法了解了，学习和研究起来困难极了！"如果他从小就认为"地球不大，中国是地球的一部分，内蒙古是中国的一部分，通辽是内蒙古的一部分，我就在通辽市里"，将来学起关于地球的知识来，就会认为：不难。

22. "第三秒原则"：如果孩子在第三秒才能理解或做对，请不要在第二秒去催促，否则会消磨孩子的主动意识。

在不了解孩子的前提下，不要急着干扰他。要等一等，看一看，让孩子把自己的想法进行完。

23. 孩子对我们表达事情时，即便说得不对，我们也不要打断，让他把自己那个连贯的思路讲完。我们听完后也不要急于否定。对的要正确地评价，把不全面的地方补充完整。错的我们可以带他去体验或者尝试，引导他自己总结出哪里不对，无法验证的讲清楚。

24. 关注孩子阅读的状态。有的孩子阅读状态很好，读的时候真切地关注了文章里的内容，是为了增加知识而阅读，在用心读；有的孩子阅读是为了走过场或是完成任务，读完后，心里并没有留下什么，是用嘴读。同样是阅读，这两者差别很大。对于后者需要我们一点一点帮孩子调整。

孩子读完了，我们不要马上去考他。那样我们所表现出的意思就是："是在给我们读，我要看看你读的质量怎么样？"

引导孩子用心阅读的方法：读完了就用。比如选一些简单物品的说明书，让他帮我们看一下，读完就去操作。这样他就不会走过场，是为了解决问题而读。他喜欢的连环画也可以，读完了我们做里面的游戏，他当导演，类似于设定"项目"。

为了解决问题，为了应用而阅读，自然就会用心。

25. 教育孩子舍得出力，比舍得出钱更重要。有的家长在教育孩子方面很舍得出钱，却不舍得出力或不知怎么出力。假期报各类学习班，每天送来送去。

孩子所有的学习班，只有我们是那个一贯的老师。只有我们能全面地关注孩子的学习状态、效果和内心真实的想法。送了学习班，并不意味着"有人管了"。

26. 童年时学会了乐观，就不会再悲观，学会了勇敢，就不会再怯懦……

27. 如果孩子的方向是对的，就让他心无旁骛地去做。这样取得的成绩才会有高度。思虑太多，太杂，很难成功，也难以获得幸福。

28. 如果孩子喜欢学习，也擅长学习，那么不用太听老师和家长的话，不是说老师或家长说的话不对，是不一定适合。如果不是，那就要听。

29. 孩子的生命，大自然给了一半，我们给了一半。教育孩子时，

我们也要摆正自己的位置，不可大包大揽。我们只有权利在自己给的那少半上做工作。该让自然做的要留给自然，还孩子以自身的本真。

30. 教育是一件顺向开展的事儿。不管孩子现在怎么样，我们都要在这个基础上一点一点地、扎扎实实地去改变。

教育方法里没有"硬手段"。"硬手段"虽然能暂时解决问题，但从长远来看，一是不利于孩子良好性格的养成，因为他会跟我们学会"硬"。二是不利于我们与孩子之间的真诚沟通，"哪里有压迫，哪里就有反抗"，孩子对抗不过我们，会觉得我们不理解他，或是不通情理，时间长了，有什么事儿也就不对我们说了，甚至撒谎，这是他们"反抗"的方式。

"不能与孩子有效沟通"这条底线一破，我们对孩子的教育就会呈现闭塞状态。

31. 谅解孩子的错误，他才会对你说真话，才能建立有效的沟通。孩子有很多想法，最初是不知道对错的。如果我们一直很体谅他，那这部分想法就会表达出来。只有他表达出来，我们才能对他进行引导与纠错。他若不说，我们便没有正确的教育。

孩子喜欢与我们沟通，是因为能得到正确且有效的回应。

32. 厚道写日记的一般过程是：他说→厚妈记录→他抄到日记本上。

一篇日记的形成应该是这样的：做明白→想明白→说明白→写明白。也就是说，孩子做什么事或是玩什么东西都是行云流水自然完成，经历过以后，若是能在脑海里把这些回忆清楚难度就大了些，回忆清楚再到口述清楚难度又大了些，再从口述清楚到顺畅地写到纸上，最后这一步是难度最大的一环，尤其是对书写汉字还不够熟练的孩子。

那么我们应该做的是：陪着他玩，启发他想，引导他说，这就离成功地写到纸上近了许多。这些方法在孩子会说话了就可以开始了，等孩子的写字量积累到可以写日记的时候，四层楼已经盖好了三层，自然容易得多。

33. 作文就是"说心""写心"，把想说的话写明白。有的孩子一提起写作文，可以说"心门紧闭，大脑一片空白"，凑字、硬挤、生编，这样是写不出作文的。真正的写作是不会把注意力放在字数上的，而是把一件事怎样表达清楚，让自己的"心里话"有效地传递给读者。

对于写作，孩子的"心里话"很重要。

34. 对于兴趣的培养，可以从玩耍，甚至是"乱来"开始。比如画画、唱歌、学英语、打桌球、看书，开始可以让他随便画、随便唱、随便打、随便看、随便说，这是为了培养兴趣。等有了兴趣，他自己就会确立目标，他自己就想把它做好，因为有兴趣就像植物有根。

35. 孩子学习成绩不理想，学习状态不佳，听课质量不高，我们可以示范，可以引导，可以用他喜欢的方式训练，不要生气，不要恐吓。我们不能期待孩子在恐吓和压力下取得长足的进步。哪一个取得重大成就的人都不是在恐吓中，以"不让某人生气"为动机取得的。要保证孩子在愉快，至少轻松的状态下去认真地做事。

孩子没有兴趣，没有理想不要紧，我们可以想办法，尽我们所能地"给"，这种"给"需要策略，需要方法，也会是一个较为长期的培养过程，我们要有思想准备。

孩子所体现出的问题，我们要认识到：那多半是我们的责任。可能是我们之前做得不够好，可能是我们本身的能力或学识不够理想，可能是我们的行为习惯和思维方式，为孩子进行了不恰当的示范……

无论我们与孩子是什么状态，从现在开始，我们要往那个好的方向走，不成功，也要处在通往成功的路上。

36. 父母理解问题的透彻性，表达事物的清晰性，会对孩子造成一定的影响。同样的一个问题，有的人讲了好一会儿，孩子也是一知半解，有的人三言两语，孩子便醍醐灌顶。

37. 培养孩子的核心品质：自信，自立，担当，博爱。自信让人充满激情，做事有良好的开始。自立能够丰富孩子的体验，提高孩子的能力，做事有良好的过程。担当能培养孩子的情怀，对问题的认识有高度，做事有正确的目标。博爱让孩子交好运，人们爱帮助与跟随博爱的人，做事有人相助、获得赞美，便会有好的结果。

38. 没有任何一种教育方法，能适合所有的孩子。所有的教育策略都需要我们在了解孩子的基础上去实施。不要空谈、空学方法，好的育儿技巧蕴藏在陪伴孩子的具体事例中，大家用心地做了，很快就会有自己的想法，孩子的进步也会是"一日千里"。

39. 教育是缓慢而优雅的过程，不可急于求成。孩子需要适合的教育，只要我们多观察，多体会，就会发现他需要什么样的教育。

40. 时间很快，孩子转眼就大，教育不能等。

后记

　　早期教育不是让孩子尽早学会哪些知识，应该以培养兴趣、开发智力、丰富见闻为主。事实上，在培养兴趣和开发智力的过程中，孩子自然会掌握很多知识。同样掌握知识，以培养兴趣和开发智力为重点与为了孩子提前学会知识为重点，会截然不同。这不同会体现在方法与心态方面，就像多数人都愿意与朋友聊天，却不喜欢与老师聊天一样。

　　陪伴孩子就像熬粥，要有主动操心意识，不要等"粥煳了"，才想起来去搅一搅。陪孩子的时候，我们要设计游戏，规划内容，引导孩子动起来，把时间用在有意义的事情上。孩子动起来后，我们再退下来，不去干扰他。

　　近年来，在身边发生了很多"孩子暴露出问题了，才重视家庭教育的情况"，因为孩子的问题严重了！

　　个人认为：这时候重视家庭教育，就是"粥煳了"，就晚了一步或几步，但不是彻底地晚了，什么时候开始都会有收获！

　　早期教育不难，但要知道早期教育很重要。没有不爱孩子的父母，有了这个前提，花上一些时间，就会有成功的早期教育。

　　对于新的事物，孩子是一张白纸。

　　我们说："万般皆下品，惟有读书高。"孩子就认为："噢！读书最高明！"

　　我们说："学海无涯苦作舟！孩子你一定要吃下这份苦！"孩子还没坐到书桌前，就已经感觉"那很苦"了。

　　我们说："学到了知识很开心！"孩子看完了书，也会感觉："嗯，是挺开心的！" 脑子里想不起艰难、痛苦之类的词汇。

　　我们也要让孩子看到：他的父母就喜欢学习，学习的过程很快乐。

陪伴孩子对我们的智力、耐力、体力都是一种考验，是个有点儿辛苦的事。但更要认识到，今日的差之毫厘，明日是失之千里。这样说并不言过其实，也不是危言耸听。孩子受教育的效果，会随着年龄的增长而减弱，教育要趁早。早期教育就像为孩子拓展地盘。如果拓展了一亩地，今后只能在这一亩地上规划自己的人生；如果拓展了十亩地，今后就可以在十亩地上规划自己的人生……

　　在孩子 6 岁之前，少加些班，少应酬些，少参加些意义不大的活动，放下手机、电视，陪孩子过实这 6 年，孩子会受益，我们会受益，国家与人民会受益。

2019 月 6 月 16 日　父亲节

@ 所有父亲

　　节日快乐！

教育是让孩子懂，教育的结果是他自己调整自己。
